最冷最冷的冷门知识

赵伟 ◎ 编著

话题达人无所不知的终极武器

民主与建设出版社

·北京·

© 民主与建设出版社，2021

图书在版编目（CIP）数据

最冷最冷的冷门知识 / 赵伟编著 . -- 北京：民主
与建设出版社，2018.10（2023.12重印）

ISBN 978-7-5139-2306-4

Ⅰ . ①最… Ⅱ . ①赵… Ⅲ . ①科学知识—普及读物
Ⅳ . ① Z228

中国版本图书馆 CIP 数据核字 (2018) 第 218847 号

最冷最冷的冷门知识
ZUILENGZUILENGDELENGMENZHISHI

作　　者	赵　伟	
责任编辑	刘树民	
封面设计	仙境设计	
出版发行	民主与建设出版社有限责任公司	
电　　话	（010）59417747 59419778	
社　　址	北京市海淀区西三环中路 10 号望海楼 E 座 7 层	
邮　　编	100142	
印　　刷	三河市华东印刷有限公司	
版　　次	2018 年 11 月第 1 版	
印　　次	2023 年 12 月第 2 次印刷	
开　　本	710 mm × 1000 mm　1/16	
印　　张	16	
字　　数	280 千字	
书　　号	ISBN 978-7-5139-2306-4	
定　　价	42.00 元	

注：如有印、装质量问题，请与出版社联系。

序 言

生活中，有很多的知识是我们习以为常的，但是，也有很多的知识是我们所不知道的。这些知识就如同一颗颗埋在沙里的珍珠，需要我们的挖掘和欣赏。一旦这些知识为我们所用，那么就可以为你的人生添上重重的一笔。

当我们在聊天中无话可说时，冷知识可以帮助你打开话匣；

当我们在生活中犯下错误时，冷知识可以帮助你改正错误；

当我们在事业上遇到瓶颈时，冷知识可以帮助你另辟蹊径；

当我们在旅途中无聊之至时，冷知识可以帮助你消磨时光；

当我们在恋爱中需要博学时，冷知识可以帮助你折服恋人。

此书分别从生活、科技、动植物、天文地理、文学、异族风情等各个方面为你详细解密你所不知道的冷僻知识，让你的知识宝库瞬间充实起来，让你的生活从此改变。

目录

第一章　丰富渊博的历史知识

第二章　不得不知的国学常识

第三章　舌尖上的饮食文化

第四章　千奇百怪的生活知识

第五章　五花八门的科学知识

第六章 奇怪有趣的人体知识

第七章　丰富多彩的生物世界

第八章　引人入胜的天文地理知识

第九章　意想不到的异域风情

1

第一章
丰富渊博的历史知识

1. 古人是用什么擦屁股的

现代人在上厕所后，都用专门的卫生纸来擦拭。但是，造纸术直到汉代才由蔡伦改进，那么汉代之前的几千年时间里，人们在日常生活中是用什么呢东西来擦屁股的呢？

据考证，早期的人们使用的"厕纸"是竹片，即使是皇帝也不例外。在唐宋之前，人们常用的是一种叫作"厕筹"的木头片或竹片，准确地说它的用法不是擦而是刮。在日本的考古研究发掘中，发现了很多古代厕所中的"厕筹"，如1992年在奈良县高殿町发掘藤原京遗址过程中，发现了被称为"日本最古老的厕所"遗迹，厕所遗迹出现在7世纪末的藤原京右京七条一坊建筑遗址的外侧，"厕坑中出土筹木150余根"。中国在古代对日本的影响非常大，所以，日本的这些发现对推测唐宋时期中国人的擦秽之物非常有参考价值。

当然，古人也并不都是使用竹片。有的地方，石头、鹅卵石等都可以用来当作擦秽之物。不仅洗一洗还可以再用，而且还环保。到了唐宋时期，粗纸开始被使用，但一直到元朝，纸才被广泛运用于如厕。我们知道，汉代就出现了纸张，但为何这个改变人类文明进程的东西直到元代才被国人用来擦屁股呢？后人揣测，元朝是蒙古人建立的，文化相对比较落后，没有汉民族"敬惜字纸"的意识，所以才使得厕纸进入人们的生活。

2. 三国里最倒霉的人是谁呢

我们在品三国的时候，看的是曹操的老奸巨猾，看的是关羽的至死忠诚，看的是诸葛亮的神机妙算，但是，你有没有看到一个非常倒霉的人呢？这个倒霉的家伙就叫蔡邕。

蔡邕倒霉就倒霉在他的才华上。

蔡邕非常有才，而且是多方面的人才！经史、天文、数学、绘画、书法、音乐等都有很深的造诣。正因为他的才华横溢，他才被"群芳"所妒。有人妒出了"高血压"、有人妒出了"心脏病"、有人妒得没治了短了命、有人恼得恨不能一脚将他踩进泥坑里。

蔡邕作为议郎，曾被汉灵帝召进宫中议政。他直言不讳地斥责"帝贪，政暴，吏酷"，说了一大堆坏话。大宦官曹节听了这些话后心里特别不舒服，逼着皇帝治蔡邕一个"议害大臣"之罪，不仅下了狱，而且还要处死。幸亏有忠臣死谏，他这才保住了颈上人头，被流放到朔方边地。

宦党曾派刺客一路追杀欲将他致死途中，但刺客却被他的忠勇之气深深打动，未忍心对他下狠手。一招不灵，宦党自然不会死心，他们又贿赂地方官员，让地方官员找个适当的机会除掉他。好在那地方官也是个好官儿，十分仰慕他的才华，非但没有下手，反而将此事透露给他，让他多加小心处处留神。蔡邕就这样绊绊磕磕、慌慌张张、窝窝囊囊地活了一阵子。

这以后，蔡邕上书皇帝，要求写《后汉书》，皇帝便诏免他的"罪过"，令他返回原郡。可是，蔡邕在即将返乡的时候又生出了波折——当地太守、大宦官王甫的弟弟为他饯行，他死活不买这个账，结果又被上书诬告，他被迫逃到了江南。这一逃，就是十二年。

要说"知人善任"，还得说是那个大奸臣董卓。他威逼蔡邕进宫，若不进宫就要诛灭他的九族。蔡邕为了他的九族免灾，被迫应召。可他应召不久，坏事情又来了——董卓被王允灭了九族。董卓死后，蔡邕对董卓念念不忘，毅然当市抚尸大哭。这让妒忌他、仇视他很久的王允抓住了把柄，立即逮捕他欲判死刑。可惜的是，是否要判蔡邕死刑的争议尚未停止，蔡邕就死在狱中了。

蔡邕真是一个倒霉透顶的人才啊。

3. 哪个皇帝是掉进粪坑里呛死的

据说史上死得最离奇的国君竟然是掉进茅坑里呛死的。这个倒霉的国君就是春秋时晋国的晋景公。这位老哥上了年纪后，身上多少有些毛病，于是就派手下去找了一个算命的先生来给自己算一下。算命先生可能是活腻歪了，竟然说："你老啊，活不过今年吃新麦子的时候了。"这老哥一听，心里十分不爽。到了新麦子下来的时候，他把算命的给召来，捧着碗说："你看，我还是活到吃新麦子的时候了，不过，在我吃之前，你先得死。"说罢就把算命的推出去砍死了。

这晋景公刚端起碗，突然觉得肚子不舒服，就把碗放下去上茅房。可是左右侍卫左等右等，饭都凉了，还不见国君回来，分头去找，哪儿都找不到，最后才发现这位晋景公掉进了粪坑里呛死了。作为国君，他这种死法也可谓前无古人、后无来者了。

4. 古人行刑为什么都选择打屁股

林语堂曾在《论踢屁股》这篇文章里说过：中国社会只有两种阶级：踢人家屁股者及预备屁股给人家踢者。在中国几千年的历史文化里，屁股一直受到古代刑罚的青睐。我们经常在电视剧中听到这样一句话"拉下去，重打x大板！"这"重打"的部分就是指屁股以及屁股的延长部分。那么古人为什么会选择屁股作为刑罚的主要区域呢？

原因有二，其一，此处脂肪较多，打之不伤筋骨，相比其他部位比较容易痊愈，而且也不用担心会把犯人打死；其二，臀部为人耻部，中国乃礼仪之邦，先生教育人们"知廉耻"，因此，当众把裤子脱下来让人打，终究是心痛超过身痛的事情。

在古人的眼里，打屁股其实就是打其脸，效果是非常明显的。

5. 嘉庆皇帝是被雷劈死的吗

在正史上，清朝的皇帝死得都很正常，即使是突发性猝死，也都会记录得非常冠冕堂皇，例如清太宗皇太极的死，正史就记载的是"端坐而崩"。然而，野史和传说就不同了，可谓是五花八门，让后人一头雾水。在清朝的皇帝中，嘉庆皇帝的死因最为离奇，野史上说他是被雷给劈死的，而且是众说纷纭。

第一种说法是：嘉庆皇帝在承德避暑山庄木兰秋狝时遇疾，卧床调养，并无甚大碍，精神尚佳，照常处理政事。一日，热河上空骤变，雷鸣电闪，寝宫顿时遭雷击，致使嘉庆帝"触电"身亡。

第二种说法是：嘉庆帝到达承德避暑山庄后，稍事歇息，即全副武装，率领满汉大臣和八旗劲旅直奔木兰围场。他们围猎多日，虎熊全无，只猎获一些野兔，连平常遍地觅食的麋鹿也甚少见。嘉庆帝非常扫兴，决定提前结束秋狝。回来的路上恰遇变天，雷电交加，大地震撼，忽然平地一声雷，那么多人中，唯独皇帝被击中落马。凯旋回营变成了护丧返京。

第三种说法是：嘉庆帝长期嬖宠一小太监，经常寻欢作乐，引起近侍大臣们的非议，驻山庄以后，他变本加厉。帝之寝宫设于"烟波致爽殿"，殿后有一座小楼，名"云山胜地"，据说此楼正是皇帝与小太监幽会的场所，某日，他们正在此寻欢，忽然道道闪电劈开云层而下，一个火球飞进小楼，在嘉庆身上炸开，他顿时毙命。

但嘉庆皇帝到底怎么死的至今还是一个谜。

6. 孟姜女真的哭倒了长城吗

提到"长城"，很多人都会想到孟姜女的故事，那历史上真的有孟姜女吗？她真的哭倒了长城吗？和辽宁有没有什么关系呢？

孟姜女哭长城的传说各地区版本不尽相同，其中一种流传较广的版本是：孟姜女为陕西人，年十六，一天在家后园洗澡，被逃进园中躲避抓夫修长城的范杞看到，于是孟姜女就嫁给了范杞。他们成婚之际被官府发现，范杞被抓到山海关

修长城，这一去就是三年，杳无音信。北方冬天寒冷，孟姜女就做好棉衣，历经千辛万苦，来到山海关寻夫。可是她的丈夫已经因修长城累死，埋在长城下面。孟姜女悲痛至极，哭声震天动地，终于将修到海边的长城哭倒，孟姜女寻到丈夫的尸骨埋葬地，自己投海自尽。于是在浩瀚无边的大海中出现了孟姜女坟——即今绥中县西南四块露出海面的黑色礁石。

其实，在历史上孟姜女和秦始皇毫无关系。据学者考证，孟姜女实为春秋时的齐国人，比传说中早几百年。公元前 549 年，齐庄公攻打莒国，杞梁为先锋，不幸战死沙场，杞梁有妻，善哭，在齐国十分有名。她哭杞梁极为哀婉动人，以致把城哭倒，把山哭崩，真的是惊天地，泣鬼神。整个齐国也都效仿，风气为之改变，齐国成了一个善哭的国家。故事一直流传了几百年，到了秦时也和长城没有什么瓜葛。一直到了唐五代时期，人们才把城墙哭倒的杞梁妻附会成了孟姜女哭倒了长城，这样一传就是一千多年，传到了现在。

7. 历史上第一个太监叫什么名字

宦官作为古代封建王权特有的产物，那么历史上第一个太监是谁呢？

过去，在中国的历史文献中发现的最早记载宦官的是在春秋时代的周王朝，时间大约是公元前 8 世纪。可是，根据 20 世纪初考古学家对甲骨文的研究，甲骨文上有"羌"的字样，是阴茎，则表示切断。羌其实是殷朝西方的游牧民族。这片甲骨文叙述了殷朝的士兵将抓来的羌人阉割后变成宦官以祭神。也就是说，大概在中国 1300 年，就证实已经有宦官了。

历史上有记载最早的太监是齐桓公时代的竖刁。竖刁本身不是太监，但是为了拍齐桓公的马屁，不惜自宫成为太监。这竖刁也不知道对得起对不起他的祖宗。

8. 和珅到底有多少家产呢

无论从电视还是书本上，我们都知道和珅这个名字。和珅的出名不仅因为他是乾隆皇帝身边的宠臣，更因为他是历史上最有名的贪官。那么，和珅被抄家后，他究竟有多少家产呢？

在清朝的正史上记载的是2000万两白银，但这还没有估算和珅的固定资产，比如说和珅名下的当铺、绸缎庄等。

野史说和珅的家产是当时清政府15年的国民总收入。15年什么概念啊！康熙时，清政府一年的国库收入是2900多万两。当时一斤大米或者白面的价格在9～10文左右，一斤肉也在30文左右。按照一两银子按千文来计算的话，应该能购买100多斤的大米，如果比作我们现在的话，一两银子就是200多块人民币。统计一下就是一共有4.4亿两白银，换成现在大概就是880亿元人民币！实际的数比这个更大。

和珅也不枉这千古第一贪的"美名"啊。

9. 扬州瘦马：历史上最早的二奶

"扬州瘦马"与马无关。从明朝开始，在扬州一带，出现了大量经过专门培训、预备嫁与富商做小妾的年轻女子，而这些女子以瘦为美，个个苗条消瘦，因此被称为"扬州瘦马"。扬州出美女，世人皆知，而"扬州瘦马"在明清时期更是名噪天下。所谓"瘦马"，其实就是被买卖的二奶预备队。到了明清时期，"养瘦马"成了一项暴利的投资，有一大批人专门从事此项职业。

"瘦马"的风行，与扬州的经济发展有密切的关系。在明清时期，扬州出现了一批富得流油的盐商。扬州城内，繁华骚动，歌舞升平。富人们总是喜欢一些怪异变态的消费和审美，在他们对"丰乳肥臀"审美疲劳之后，"瘦马"就应运而生。

在那些大腹便便的盐商身边，围聚着一堆恶心的苍蝇，只要他们稍稍透露了纳妾之意，那些人口贩子就会一窝蜂地扑将上去。在扬州，从事介绍"瘦马"职业的人达到百人。繁华的扬州城，成了二奶的集中营，成批成批的"瘦马"在经过一番苛刻的调教后，被卖到全国各地。

"瘦马"多是贫苦人家的孩子，在七八岁之时，被人口贩子买去。之后，等待她们的就是漫长的集中营式的魔鬼训练期。"瘦马"的瘦，既有天生体弱的原因，也是被刻意"饿"出来的。

10. 中国历史上唯一向全世界宣战的是谁

中国从古至今，都信奉儒家的"仁"，从不主动侵犯他人的领土，即使有外敌入侵也是大事化小、小事化了。中国历朝历代中，最好战的朝代要数元朝了，忽必烈带着蒙古铁骑一直打到欧洲多瑙河。但即便如此，忽必烈也没有向全世界宣战。那么中国历代的皇室中是谁向全世界宣战呢？答案是：慈禧太后。

1900年6月21日，农历五月廿五，当时中国的实际统治者慈禧太后做了一件空前绝后的大事——向全世界宣战。慈禧在《诏书》中信誓旦旦地说："与其苟且图存，贻羞万古；孰若大张挞伐，一决雌雄。"如此气势，完全不是那个丧权辱国的老佛爷作风。

这也正应了那句话：天下最毒妇人心。

11. 一千年前西方国家与中国的差距到底有多大呢

很多人都说中国现在落后西方欧美国家几十年，摆在中国前面的路还很长。但是，在一千年前，中国又何尝不超过欧美国家几十年呢。下面就让我们来看看一千年前，西方与中国的差距到底有多大。

一千多年前的夜晚，全世界的城市都是一片漆黑，只有中国的城市灯火辉煌、光明灿烂。一千多年前的夜晚，全世界的城市都是一片安静，只有中国的城市人流涌动、欢歌笑语。

一千多年前全世界只有中国有超过100万以上人口的超大城市。11世纪，欧洲最大的城市英国的伦敦、法国的巴黎、意大利的威尼斯、佛罗伦萨等城市的规模都不过万人，而中国的首都有150万人。

一千年前中国的城市规模超过 20 万人口的有 6 个，10 万户以上的城市有 46 个。

一千年前的中国城市就已经有施药局、慈幼局、养济院、漏泽园等福利设施，这是城市高级现代化的特征。一千多年前欧洲很乱很穷很落后，美洲未开发、非洲很原始。

一千多年前的中国正朝着成为海上强国的方向发展。一千多年前西方最富裕地方的意大利威尼斯人见着中国的商船不禁感慨："中国的商船也是人们能够想象出的最大的船只，有的有 6 层桅杆，4 层甲板，12 张大帆，可以装载 1000 多人。

一千多年前意大利人见着中国的面条后，他们发明了今天的意大利面。

一千多年前中国华北的钢铁业年产就达 125 万吨，这是个什么概念呢？公元 1788 年欧洲工业革命开始英国钢铁业年产才有 7600 千吨。一千年前世界与中国的差距不是一点半点，不是几倍而是十几倍。一千年前中国遥遥领先于世界。

一千多年前中国人是最会做买卖的，宋朝人用泥土（把泥土烧成瓷器）就轻易换来大批的金银珠宝。一千多年前中国人用高科技换取原材料、资源。

一千年前的中国农业、商业、制造业、手工业、娱乐业都是世界最发达的，一千年前中国的第一产业、第二产业、第三产业都是世界第一。

一千年前我们如此辉煌，一千年后我们为什么差距那么大呢？

12. 史上最传奇的九大状元郎

科举考试，是古代中国大多数读书人出官入仕的唯一途径，而科举考试中的状元，更是万众仰慕的佼佼者。自隋朝创立科考以来，历代状元有姓名可考者，自唐高祖武德五年的孙伏伽起，到清光绪三十年的刘春霖终，共有 592 人。这 592 个状元中，亦各有千秋。现摘录其中九位，以飨读者。

（1）中国历史上唯一可考的驸马状元——郑颢

自古以来，民间就经常把"驸马"与"状元"这两个词联系起来，好像中了状元就可以做驸马。实际上中国历代可考的驸马状元只有郑颢一位。郑颢是唐会

昌三年（公元843年）的状元。本来他早有婚约在身，中状元后打算迎娶卢家的千金。可是这位年轻英俊的状元被皇上看中了，非要将自己心爱的女儿万寿公主许配给他，郑颢偏偏不爱公主，非娶与自己青梅竹马的卢家小姐。唐宣宗便让宰相白敏中说服他，白敏中费尽口舌，又多方威逼利诱，终于迫使他娶了万寿公主，婚后两人生活得并不幸福，后来郑颢多次弹劾白敏中，幸好唐宣宗自知理亏，替白敏中压下了弹劾的奏章。

（2）脸皮最厚的状元——裴思谦

唐文宗时，宦官仇士良掌权，朝臣的生杀予夺，都掌握在他的手中。裴思谦当时只是一个秀才，但他巴结权贵的功夫十分了得，很快便与仇士良打得火热。这一年，裴思谦心血来潮，想当个进士，便向仇讨了个帖子，去找当年的主考官高锴。高锴为官清廉，将他轰了出去。裴思谦气愤之际，声称明年非状元不要。第二年，裴思谦又拿着仇士良的帖子来找主考官高锴，对他说："仇大人有信，荐裴思谦为状元。"高锴早把裴思谦忘掉了，对他说："状元已经有人了，状元以外的可以按仇大人的意思办。"裴思谦厚着脸皮说："裴秀才非状元不放！"高锴知道这次再得罪仇士良不会有好果子吃，就说："既然如此，我要见裴秀才。"裴说："卑吏便是。"不得已，只好让他当了状元。自己去要功名，而且非要个状元，此君脸皮之厚，状元中无人可比。

（3）相扑扑出的状元——王嗣宗

宋太祖赵匡胤"坐天下"的第十六年，太祖亲临讲武殿举行殿试。考生王嗣宗、陈识最先完卷，一同上呈，且二人的试卷均为上乘之作。谁为第一太祖实在犯难。最后马上得天下的太祖让二人角力（即相扑），胜者为状元。王嗣宗便与陈识在大殿上扑斗起来，结果陈识倒地，王嗣宗夺得了当年的状元。

（4）最自信的状元——胡旦

宋太宗元年，有一书生到山东某县游览。知县大人得知该书生颇有文采，便设宴款待。知县的公子很蔑视那书生，问其有何特长，书生说工诗。公子便让他诵读一首，书生诵了一首，最后一句是："挑尽寒灯梦不成。"公子一听，大笑说："此乃一瞌睡汉。"书生十分气愤。这书生便是吕蒙正，第二年，吕蒙正一举夺魁。他写信给那公子："瞌睡汉如今中了状元啦。"公子看了他的信，冷笑一声：

"待我明年第二人及第，输你一筹。"第二年，新科状元正是这位公子——胡旦。综观科举史，有如此自信者，胡旦当属第一。

（5）身份最高的状元——赵楷

宋徽宗的三儿子赵楷，偷偷地参加了重和元年的科举考试，由于他文采的确非凡，竟一路披靡，进入了殿试。在殿试中发挥更是出色，夺得了头名状元。发榜后，赵楷将实情告诉了徽宗。徽宗高兴之余，怕天下士子说闲话，就把当年的第二名（榜眼）王昂提为状元。据传清朝康熙帝也曾偷偷参加科举，并获得第三名（探花），但毕竟不是状元。所以赵楷便成了中国历史上身份最高的状元。

（6）最悲惨的状元——陈安

明太祖朱元璋年间，福建闽县人陈安于洪武三十年高中榜首，成为大明第六个状元。巧的是，这次中进士的都是南方人。更巧的是，三位主考官也都是南方人。榜一公布，北方士子不服，纷纷上告主考官偏袒同乡，贬斥北方士子。朱元璋大怒，命张信、陈安等12人复查。这时又有人举报张信、陈安有意将北方考生水平不高的试卷交皇上审阅。这本来是"莫须有"的事，可是朱元璋震怒，将陈安革除功名，车裂而死。陈安仅仅做了不足20天的状元，便死于非命，下场极为悲惨。

（7）最受人推崇的状元——康海

明孝宗时，28岁的康海进京参加会试，他发誓要夺得第一名，可惜的是，第一名还是被鲁铎夺去了，他仅仅得了第四名。康海不服气，对众人说："会试时让了鲁铎，殿试时决不再让他人！"殿试时，康海果然发挥出色，一举夺魁。其文章令主考官拍案叫绝。送皇上审阅时，孝宗也赞不绝口，声称："我大明一百五十年来，无此佳作，此卷变今绝古！"遂朱批康海为状元。

当初会试时康海不服鲁铎的气，这次自然有人不服他的气，第二名孙清便是一个。他对众人说自己的文章比康海的强多了。待到他看到康海及第时的文章，十分叹服，跑到康海家里，对着他拜了半天，称自己甘愿为徒。皇上、首辅和同年的赞誉，使康海名扬天下，朝野景慕，争相一睹其风采。能与康海家沾上点边的，都引以为豪。康海的祖父曾在南京做过官，南京人便声称："康状元乃南京风水所出。"康海的文章如此令人推崇，可惜的是，我们无法看到那篇超今绝古的奇文了。

（8）富有传奇色彩的状元——史大成

史大成是清朝浙江所出的第一位状元，在他中状元之前，浙江民间便流传着一种说法，说浙江的状元在清朝是"始于史，终于钟"。殿试时，他的试卷被主考官拟为第三，皇上御览时，十分推崇他的书法，说"此人楷书工整，必定是个正人君子"，于是钦定他为状元。巧合的是，浙江所出的最后一个状元叫钟骏声，惊人地验证了"始于史，终于钟"的说法。

（9）最能吃的状元——李蟠

李蟠是康熙年间丁丑科的状元。他身材高大，特别能吃，加之思路、写字都很慢，所以在殿试时揣了36个馒头。意思是，今天无论如何，赖也要赖在考场里把文章写完，怕到时挨饿，所以要带足干粮。

果然，天黑了，考生们都交了卷，李蟠才刚刚开了个头，监考官过来催他交卷。他急得满头大汗，声泪俱下地央求主考官："学生毕生之业，在此一举。请千万不要催逼，容我慢慢写完。"监考官见他可怜，就发给他几支蜡烛。这时他带的36个馒头早已吃完，又厚着脸皮要了几个馒头，挑灯夜战。一直写到深夜才交卷。康熙帝知道这件事后，不但不怪罪他，反而认为这是一位难得的苦学之士，竟破例让他当上了头名状元。与他同榜的探花作诗一首调戏李蟠："望重彭城郡，名高进士科。仪容好绛勃，刀笔似萧何。木下还生子，虫边还出番。一般难学处，三十六饽饽。"自此，"饽饽状元"之名传遍士林。

13. "天下"的范围有多大

"天下"是古人对于世界的一种笼统说法，不同时期所指代的地理范围也不同。

"天下"一词最早出现在先秦古籍中，如《诗经·小雅·北山》中有"普天之下，莫非王土；率土之滨，莫非王臣"。这时的天下并不大，主要指夏、商、周三代王权所统治的范围，具体包括黄河中下游地区和长江流域的湖北以及江浙地区等地。到了秦代，随着郡县制的设立，"天下"的概念扩大，南边和东边都到了大海边，北边和西边则依旧没有具体边界。不过，先秦的一些哲学家认为，"天下"比人们想象的要大得多，如阴阳家代表人物邹衍就认为，儒家所说的"天下"实际上只占真正天下的八十一分之一。不过，这种观点在当时被认为是无稽之谈。

至明清时期，中国人通常以包括中国以及周边的日本、朝鲜等附属国在内的区域为"天下"。不过，更多时候，天下已经没有了地理意义，而成为一种政治上的概念。比如明末清初顾炎武所说的"天下兴亡，匹夫有责"，其中的天下指的仅是中国。显然他知道"天下"并没有这么小，而只是将"天下"作为一种政治概念。

14. "华夏儿女"为何能代指中国人

远古时期中国境内分布有许多氏族部落。至公元前 2100~前 770 年，黄河流域主要形成两个部落，其中"华"是黄帝部落的名称，"夏"是炎帝部落的名称。"华""夏"两个部落长期与周遭的商族、周族等其他部落交流融合，逐渐形成华夏族。春秋战国时期各诸侯国不断相互兼并，地区之间经济文化交流频繁，加强了华夏族与其他各族的密切联系，至秦朝则形成以华夏为主体的统一多民族国家。汉朝时，我国人口繁衍，影响力日盛，逐渐以汉族代替了诸夏、华夏等旧称。

后世也常有人用华夏来指代汉族，如，明朝叶盛《水东日记·喜信和勇》："佛本夷人，固宜神。则有当事者而吊祭之礼不知，则是其自异于华夏矣。"如今我们常用的"华夏儿女""炎黄子孙"，都是取华夏族的这一层含义。

15. "四夷"真的仅指四个民族吗

四夷，是古代华夏族对中国边区文化层次较低各族之泛称。据《吕氏春秋通诠·审分览·知度》记载，四夷一般指代东夷、西戎、北狄、南蛮四个部族。

东夷，即东方少数民族的统称。在夏商周时期指生活于今山东淮河地区，活动在今泰山周围的众多部落、方国。秦以后多指居住于朝鲜半岛、日本列岛及琉

球群岛等地的外族或中国东北的少数民族。

西戎，是华夏族对西方少数民族的统称。战国以前主要指氐羌系各部落，秦汉以后狭义指氐羌诸部，广义则包括中国西部各民族。

北狄，即华夏人对北方少数民族的统称。战国以后，北狄族群华夏化，一部分南下融入胡人之中，成为匈奴的重要来源之一。

南蛮，即南方少数民族的统称。南蛮成分复杂，大体可分为百越、百濮与巴蜀三大族系。百越族系分布于长江以南的广大地区，百濮族系分布于今湖南、贵州一带，巴蜀族系分布于今四川、重庆一带。现今南方的少数民族大多由南蛮民族演变而来。

16. 古代的"九州"指的是哪里

"九州"一词最早见于《尚书·禹贡》，是战国时魏国人士托名大禹而著的文章。该文说，大禹在治水的时候把天下分为"九州"，分别为冀州、兖州、青州、徐州、扬州、荆州、豫州、梁州、雍州。如今，这九州有各自对应的地域：冀州起自黄河壶口，涉及今山西、河北、河南等省部分地区；兖州起自黄河下游、济水，涉及河北、河南、山东部分地区；青州起自渤海、泰山，涉及河北、山东半岛地区；徐州起自黄海、泰山、淮河，涉及山东、江苏、安徽部分地区；扬州，起自淮河、黄海，涉及江苏、安徽、江西及其以南的地方；荆州起自荆山、衡山，涉及湖北、湖南等地；豫州起自中原、黄河下游，涉及河南、山东等地；梁州起自华山、黑水，涉及陕西、四川、甘肃、青海等地；雍州起自黑水、西河，涉及陕西、内蒙古、宁夏、甘肃、新疆等地。

以上九州的划分，将古代中国全部国境囊括在内。所以，九州又一直被当作全国、天下的代名词。除"九州"外，后世又有"十二州"之说。"十二州"比"九州"多出来的地域，主要为今河北最北部，内蒙古、辽宁和黑龙江的一部分。

17. 圣旨前为何要有"奉天承运皇帝诏曰"八个字

古代皇帝的诏书前，通常会有一段特殊的文字，用来昭示其合法性。例如汉代皇帝的诏书前多有"应天顺时，受兹明命"八个字，强调皇帝的权力是天命所归，他人不得窃夺。至唐代，诏令分为册书、制书等七种形式，天命所归的话往往见于皇帝的即位诏令中，如德宗即位册文有"昊天有命，皇王受之"。宋代的诏令继承唐代又有所变化，以"朕绍膺骏命"或"朕膺昊天之眷命"开头的占有相当比例。

我们如今所见的"奉天承运皇帝诏曰"，主要运用于明代。明太祖为加强中央集权不遗余力，自然少不了受命于天、君临天下的气势，所以其诏书开头就是"奉天承运""承天受命"等字样。清承明制，诏书也多以"奉天承运皇帝诏曰"开头，中间诏示内容，最后一般以"布告天下咸使闻知"结尾。直至1912年宣统皇帝发布退位诏书，"奉天承运皇帝诏曰"式诏书才告终结。

18. 我国古代是一夫多妻制吗

我国古代实行的并非一夫多妻制，而是一夫一妻多妾制度，但各个妻子之间的地位不平等，这种差别就以嫡庶为区分。嫡庶制度是中国古代婚姻制度的核心内容。

通常，一个男子只能有一位正妻，称为嫡妻。嫡妻与丈夫地位平等，在服制、车制等礼仪制度方面享受同等待遇，即便是皇后与皇帝也是如此。嫡妻所出的子女为正宗、大宗。在宋元之前，无特殊许可而有两位正妻的行为，会被处以一年以上徒刑和相应的杖刑处分，并被强制离婚。

除嫡妻以外的其他配偶就是庶妻，通常称作姬妾，如嫡妻的同族陪嫁女子。一些没有经过正式婚姻仪式的配偶，如婢女或妓女等贱民女子有时也被称为妾。庶妻地位低下，可以买卖。庶妻所出的子女为旁支、小宗。宋元以前，妾不能为妻，否则男方可能被处以一年半的徒刑。但宋元以后，嫡庶的差别逐代减弱，把妾扶正的情况十分普遍，买卖妻子的情况也时有发生。

第一章 丰富渊博的历史知识

19. 皇袍一定是黄色的吗

皇袍，即古代皇帝的服饰。在唐以前，皇袍的颜色没有定制，如西周、东周时期，据《礼记·月令》记载，天子"着青衣"。至春秋时期，由于诸侯国纷争，国君袍服颜色全凭君主个人喜好选择，如齐桓公就喜好"服紫"，连齐国百姓在他的影响下也尤好穿紫衣。

战国到秦汉魏晋之际盛行"五行"之说，秦始皇按水、火、木、金、土与黑、赤、青、白、黄五色相配的"五德"说，穿黑色袍服，连旌旗等也以黑色为贵。晋代实行金德制度，但却以赤色为贵，故晋代皇帝着红袍。后来，"五德"说受到挑战，皇帝不再以"五德"说作为皇袍颜色的选择准则。当时，人们认为黄色为中央正色，所以从隋唐开始皇帝着黄袍，唐高祖更下令百官百姓禁穿黄色衣服。此后，黄色就成了历代帝王皇袍的专用色，对黄色的垄断一直持续至清朝。当然，蒙古族所建立的元朝不在其列。

20. 何谓三宫六院七十二嫔妃

对于皇帝的后妃，古有三宫六院七十二嫔妃的说法。其实，这只是一种泛泛之谈，皇帝后妃的编制历朝历代相近，但在名目和数量上大不相同。

所谓三宫，是指后妃居住的中宫和东西两宫，这是明清以后的体制。其实，三宫最早是指诸侯夫人的居所，天子后妃居所应称六宫。《礼记》记载："王后六宫，诸侯夫人三宫也。"可见，六宫才是皇后居住之所，所以人们又用六宫代指皇后。

所谓六院，亦作六苑，是后宫嫔妃们所居的宫苑，后泛指后妃。明朝之后，三宫六院才被用来泛称皇帝的妃子。

所谓七十二嫔妃，是一种指代皇帝后宫人数众多的虚词。实际上皇帝后宫侍妾的数目远比七十二为多。例如《礼·昏仪》中写周代后妃制曰："古者天子后立六宫，三夫人，九嫔，二十七世妇，八十一御妻。"可见早在诸侯时期，国君就已经妻妾甚众了。至秦汉时代，更有了后宫佳丽三千的说法，规模要比三宫六院七十二嫔妃大得多。

21. 宫女制度是从何时开始的

宫女，指在宫中供役使的女子。历代宫女都从良家女子中选拔，选拔程序十分复杂，入选者必须体态健美、模样周正、声音动听、举止得体，仪态举止稍有不当者即被淘汰。宫女的数量各朝各代均不相同。西汉初年宫女只有十几人，至汉武帝时宫女突破一千名，到东汉桓帝时，后宫宫女则多达五六千人，而唐开元、天宝年间后宫宫女人数则跃升至四万。此后，宫女数量略有减少，如清代宫女不过三千人。清代宫女在选拔范围上也有改革，只从内务府包衣佐领下的女子中选取。

宫女入宫后出路大不相同，优秀者可成为宫中女官，资质平平且地位低下者只能充当普通奴役。也有极少数被皇帝宠幸，擢升为皇帝嫔妃。皇帝也可以把宫女作为奖品赏赐给功臣、亲属，与外族联姻等，王昭君就是如此。绝大多数宫女在宫中整日劳碌，直到满二十五岁乃至三十岁才许出宫婚配。

22. "三公九卿"都是哪些官

三公九卿这个词由来已久，夏朝时即设三公九卿，如《礼记》有云："夏后氏官百，天子有三公、九卿、二十七大夫、八十一元士。"不过，历代对于三公九卿具体指代哪些官职，素有争议。

一般来说，三公为最为尊贵的三个官职的合称。《尚书大传》《礼记》等书以司马、司徒、司空为三公，《周礼》则以太傅、太师、太保为三公。至秦代不设三公，但置左右丞相，又设太尉管理军事、御史大夫为丞相副手。自汉武帝起，因受经学影响，丞相、御史大夫和太尉也被称为三公。

九卿，本不指代具体官职，一般为列卿或众卿之意，不一定是九个人。汉武帝以后由于儒家复古思想的影响，人们就将一些高官附会成古代九卿。例如《续

汉书》将太常、光禄勋、卫尉、太仆、廷尉、大鸿胪、宗正、大司农、少府定为九卿；隋唐九卿则为太常、光禄、卫尉、宗正、太仆、大理、鸿胪、司农、太府。这时的九卿已无行政之权，多为虚衔或加官、赠官。

23. "锦衣卫"是干什么的

锦衣卫，全称"锦衣亲军都指挥使司"，原为明朝内廷御林军，后成为皇帝的军政特务机构。

锦衣卫的前身为朱元璋设立的"拱卫司"，后改称"亲军都尉府"，掌管皇帝仪仗和侍卫。洪武十五年（1382年），朱元璋裁撤亲军都尉府，改置锦衣卫。锦衣卫掌管刑狱，有巡察缉捕之权，下设镇抚司，从事侦查、逮捕、审问等活动。

由于锦衣卫由皇帝直接管辖，朝中官员无法与之抗衡，所以锦衣卫可处理牵扯朝廷官员的大案，并直接呈送皇帝。不过，锦衣卫的刑讯范围只针对官员士大夫，一般不会审讯普通百姓。普通百姓刑、民事案件只通过正常的司法进行处理。

凭借锦衣卫，朱元璋几兴大狱，把辅佐他打天下的文武功臣屠戮殆尽。后来，由于锦衣卫存在虐待囚犯的行为，朱元璋下令焚毁锦衣卫刑具，将锦衣卫废除。不过，明成祖时，锦衣卫又得以恢复，这一流弊终难去除。明代灭亡，也与锦衣卫有着千丝万缕的联系。正是锦衣卫制造了大量冤假错案，滥用特权胡作非为，致使社会混乱不堪，最终导致明朝分崩离析。

24. 古代官员的"俸禄"是多少

俸禄，即古代皇朝政府按规定给予各级官吏的报酬，主要形式有土地、实物、钱币等。各个朝代的俸禄制度略有不同。

商周时期，官吏由贵族充任，拥有封邑、禄田，所以以封地收入为俸禄，朝廷不再另外发放。春秋时期仍沿用，但在末期开始出现实物俸禄，至战国则逐渐形成以粮食为俸禄的制度。秦统一中原后，废封地，确立以粮食为俸禄的俸禄制。

此后，汉朝、魏晋南北朝都承此制。

至唐代前期，俸禄分土地、实物和货币三种。至开元年间，则转变为以货币形式按月发放，如一品月俸料八千，食料一千八，杂用费一千二，防合二万，合计每月钱三万一千。至宋代，又增加了许多令人眼花缭乱的名目，如茶汤钱、给卷（差旅费）、厨料、薪炭等，也折合成钱币支付。

明代俸禄较低，初期以给米为主，偶尔给些钱钞，百官俸禄不足养自身。清代前期官员俸禄也不高，分俸银与禄米两种。由于俸禄过低，雍正时期始发养廉银，至乾隆时又有补充调整，实际成为一种附加的俸禄，数额大大高于正俸。京官的养廉银由朝廷划拨，但数目比地方官少很多，大多数人仍以正俸为主。所以，雍正特下令允许京官支双俸，称"恩俸"。

俸禄制度要求官吏在享受俸禄的同时履行一定的职责，若官吏违反朝廷有关法令，或有渎职行为，其俸禄便要相应扣除。

25. 青铜剑是我国最早的剑吗

青铜剑是我国最早的剑，可追溯至商周时代。商周时期的剑身较短，形状像柳树的叶子，制作也比较粗糙。至今出土最早的青铜剑，即"鄂尔多斯直柄匕首式青铜短剑"就是此种形制。这把剑由扁平铜片制造而成，其形状为前端尖锐、两边有刃，剑身无背，无剑格和剑首，剑身短小精悍。古代武士使用时通常将其佩戴在腰间。

至春秋晚期，青铜剑的制作达到成熟。此时的青铜剑，剑身被加长到五六十厘米，在剑身和把手之间还有一块凸起来的隔板，叫作"格"。比较讲究的青铜剑，"格"上面会有装饰物，以显示使用者的身份和地位。这些装饰通常使用玉质材料，所以这种剑也叫"玉首剑"。

西汉以后，铁制兵器完全取代了青铜兵器，青铜剑从此退出了历史舞台。

近代以来，通过考古工作者的辛勤努力，全国各地在田野考古发掘中相继出土了种类繁多的青铜剑，特别是出土的吴王夫差剑和越王勾践剑，堪称价值连城

的稀世珍宝。

26. "十八般兵器" 都有哪些

"十八般兵器"一词始见于元曲,《敬德不伏老》中就有"他十八般武艺都学就,六韬书看得来滑熟"的唱词。十八般兵器的具体所指在各个时期有所不同,但基本上大同小异,有长器械、短器械;软器械、双器械;有带钩的、带刺的、带尖的、带刀的;有明的、暗的;有攻的、防的;有打的、杀的、击的、射的、挡的;等等。如今,我们一般把刀、枪、剑、戟、斧、钺、铲、叉、鞭、锏、锤、戈、镋、棍、槊、棒、钯、矛等称为十八般兵器。

十八般兵器出现较早,有古籍记载十八般兵器是战国时代军事家孙膑、吴起所创。其实,这些兵器的出现比孙膑、吴起时代要久远得多,至少在中石器时期,我们的祖先为了防身和狩猎需要,就开始懂得制造和使用木棒、石刀、石斧等一类原始的兵器。随着生产力的发展,青铜、铁等被用来制造兵器。南北朝以后,铜制的兵器都被铁和钢代替。到了明代,"十八般兵器"基本上已完备定型,成为实战中最常用的兵器。

27. "三十六计" 分别是什么? 这个说法始于何时

《三十六计》即中国古代三十六个兵法策略。"三十六计"的说法起源于南北朝时期,成书则是在明清时期。该书没有真正的作者,因为书中大部分计谋来自孙武的《孙子兵法》中,是后人在研读《孙子兵法》过程中总结出来的,是历代军事家的智慧结晶,由后人集结而成书。

《三十六计》按计名排列,共分六套,即胜战计、敌战计、攻战计、混战计、并战计、败战计。前三套是胜战计,即处于优势所用之计;后三套则为败战计,即处于劣势所用之计。每套各包含六计,总共三十六计,分别为瞒天过海、围魏救赵、借刀杀人、以逸待劳、趁火打劫、声东击西、无中生有、暗度陈仓、隔岸观火、笑里藏刀、李代桃僵、顺手牵羊、打草惊蛇、借尸还魂、调虎离山、欲擒故纵、抛砖引玉、擒贼擒王、釜底抽薪、浑水摸鱼、金蝉脱壳、关门捉贼、远交近攻、假道伐虢、偷梁换柱、指桑骂槐、上屋抽梯、树上开花、反客为主、假痴不癫、美人计、空城计、反间计、苦肉计、连环计、走为上。这三十六计是我国古代兵家计谋的总结和军事谋略学的宝贵遗产。

28. 古代审案时会用"惊堂木"吗

惊堂木，也叫醒木、界方、抚尺、气拍，是一块长方形的硬木。惊堂木有角儿有棱儿，使用时需用中间的手指夹住，轻轻举起，然后在空中稍停，再急落直下。古时官员审案使用惊堂木，不仅可以严肃法堂，壮大官威，对犯人也有一定的震慑作用。

惊堂木在春秋战国时期就已经出现，如《国语·越语》中记载："惊堂木，长六寸，阔五寸，厚二寸又八。添堂威是也。"唐代之前"惊堂木"并无图案，只是为方便起见，将其顶面做成弧形而已。唐太宗时期，惊堂木上开始出现动物图案，有龙，有虎，有狮，不一而足。宋代惊堂木统一形制，一律雕刻成卧龙模样，张牙舞爪，十分威武。此后，各朝代惊堂木多为龙形，只是略有差异，如明代龙形肥大，清代龙形瘦小，看起来就像一条小蛇。

惊堂木的选料极为讲究，多采用质地坚硬、纹理细腻的高档红木，如檀木、酸枝、黄花梨、鸡翅木、黄杨木等，这种材质的惊堂木敲击桌案时声音十分响亮。在北方，也有人采用桑、枣、黑槐木制作惊堂木。

29. "十恶不赦" 都包括哪 "十恶"

在现代汉语中，"十恶不赦" 常用来形容恶贯满盈、罪无可恕之人。这里的 "十恶" 并非实指，而是泛指重大罪行。而在我国古代刑罚律令中，"十恶" 则指十个具体的罪行，《齐律》称其为 "重罪十条"，规定凡犯 "重罪十条" 者，绝不赦免刑罚。隋唐时期，经过隋代《开皇律》与唐代《唐律疏议》的进一步修订，正式形成了 "十恶不赦" 的罪名说法：

谋反，指企图推翻朝政，历来都被视为十恶之首；

谋大逆，指毁坏皇室的宗庙、陵墓和宫殿；

谋叛，指背叛朝廷；

恶逆，指殴打和谋杀祖父母、父母、伯叔等尊长；

不道，指杀害无辜的一家人及肢解人身；

大不敬，指冒犯皇室尊严，如偷盗皇帝祭祀的器具和皇帝的日常用品，伪造御用药品以及误犯食禁；

不孝，指不孝祖父母、父母，或在守孝期间结婚、作乐等；

不睦，即谋杀某些亲属，或女子殴打、控告丈夫等；

不义，指官吏之间互相杀害，士卒杀长官，学生杀老师，女子闻丈夫死而不举哀等；

内乱，亲属之间通奸或强奸等。

由于 "十恶" 罪行直接危害了封建专制制度的核心君权、父权、神权和夫权，所以自隋唐确立 "十恶" 之罪以后，历代封建法典都将十恶作为不赦之重罪。

30. 古代夫妻可以离婚吗？

我国古代夫妻可以离婚，且在西周以前离婚相当自由，所谓 "夫妇之道，有义则合，无义则去"。自周朝开始，夫权制婚姻家庭制度逐渐建立，但家庭基础并不稳固，《周易》中记载了许多妻子离家出走、男子招赘、寡妇抛弃孩子改嫁等现象。唐宋时期，随着夫权意识不断强化，法律规定"妻妾不能擅去其夫"，但在某些特殊情况下，可以向官府申诉离婚。

古代贵族离婚有一定的仪式。《礼记》中就有相关记载，不但有夫出妻的仪式，也有妻出夫的仪式。仪式上，双方都要以谦辞自责，首先要重述夫妻缘分，接着说明离婚原因，如个性不合等等，最后要互相送上离婚祝福。由于婚姻关系涉及双方家族，所以离婚仪式需要两家父母、亲戚共同做证。

古代虽可离婚，但不被提倡。例如宋代以后，士大夫多认为出妻的人没有品行，所以离婚率非常低。

31. "献哈达"是一种什么礼节

"献哈达"在传统上是藏传佛教寺庙以及藏族人民的一种普遍而崇高的礼节。在西藏，无论婚丧嫁娶、迎来送往、拜会尊长、觐见佛像、送别远行等，都有献哈达的习惯。献哈达是对对方表示忠诚、尊敬的意思。在藏区，藏民进了寺庙大门，会先献上一条哈达，然后才去参拜佛像，到各殿参观；离别时，还会在自己坐过的位子上放一条哈达，表示人虽离去，但心还留在这里。

一般来说，哈达是一种生丝织品，纺得稀松如网，也有以丝绸为料的。上品的哈达上面有莲花、宝瓶、伞盖、海螺等表示吉祥如意的各种隐花图案。哈达的质料，因经济条件不同而异。但人们并不计较质料的优劣，只要能表达主人的良好祝愿就行了。哈达的长短不一，长则1至2丈，短则3至5尺。在藏族人眼里，白色象征着纯洁和吉利，所以哈达一般都是白色的。此外，还有五彩哈达，颜色为蓝、白、黄、绿、红。蓝色表示蓝天，白色是白云，绿色是江河水，红色是空间护法神，黄色象征大地。五彩哈达是最尊贵的礼物，是献给菩萨和近亲时做彩箭用的。佛教教义解释五彩哈达是菩萨的服装。所以，五彩哈达只能在特定情况下才能使用。

32. 古代死刑为何选在午时三刻执行

古代小说有"午时三刻开斩"之说，意即在差十五分钟十二点时开刀问斩。因为午时三刻太阳挂在天空中央，是地面上阴影最短的时候。古人认为这是一天当中"阳气"最盛的时候，而杀人为"阴事"，无论被杀的人是否罪有应得，他的鬼魂总是会来纠缠判决的法官、监斩的官员、行刑的刽子手以及和他被处死有关联的人员。所以，古人选在阳气最盛的时候行刑，可以避免犯人死后再来纠缠。

另外，在"午时三刻"人的精力最为萧索，处于"伏枕"的边缘。"伏枕"，就是要睡觉的时候，此时犯人懵懂欲睡，行刑时痛苦会减少很多。若犯人被押送至法场后，时间还不到"午时三刻"，行刑官还需等待片刻，直至时间到了才能开刀问斩。如果错过了这一行刑时间，通常要推迟至第二天行刑。

33. 唐伯虎未曾点秋香

明代的唐伯虎在我国民间是一个妇孺皆知的名人，流传着他很多有趣的传说，其中以唐伯虎"三笑点秋香"的故事最离奇，也流传最广。由于弹词说唱和影视剧的宣传影响，在人们心目中，唐伯虎是一个爱拈花惹草的风流家伙。

但是，传说内容夸张了很多。历史上真实的唐伯虎确实是一名才子，也有过三段婚史，但是并不风流。

唐伯虎是明代人，因为生于寅年寅时，寅为虎，故取字伯虎。他自幼聪颖，擅长诗画，十六岁中秀才，十九岁娶徐氏。但是几年后父母及妻子接连病故，对他打击很大。在种种打击之下，他发奋苦读，在乡试中名列榜首。自此，"解元公唐伯虎"一时名遍南京城。唐伯虎二十七岁时续弦，娶妻何氏。后来，唐伯虎进京考进士，因同乡都元敬妒其才能，诬告他行贿主考官，被押入大牢，几番周折才获释。何氏见他做官无望便离他而去。在唐伯虎深陷囹圄之时，有一位名叫九娘的青楼女子一直周济帮助他。出狱后，唐伯虎便娶了九娘为妻，远离官场，潜心作画，成为丹青高手。

清代学者俞樾曾在《茶香室丛钞》中为唐伯虎辟谣，断定传说中的"唐伯虎点秋香"是好事者借着唐伯虎的盛名，把别人的事转在他的名下。有人也考证过，历史上确有秋香其人，但是比唐伯虎大二十岁，是当时南京一个颇有名气的青楼妓女，似乎不可能与他有风流情事。所以，历史上的唐伯虎也许根本就没有"点秋香"的艳遇。

至于说"唐伯虎有九个妻妾"，也可能是从他最后娶的妻子"沈九娘"的名字上以讹传讹而来的，当时唐伯虎贫困交加，怎么可能有九个妻妾？

34. 为什么古时候"出家"很难

"出家"听起来似乎是很简单的事，只要把头发剃光，换上袈裟，便是皈依佛门了。但真正的"出家"其实很难。

古语有这样一句话："出家乃大丈夫事也，非王侯将相所能为也！"是说，"出家"是大丈夫的事情，就是将军宰相也未必能做得到。这话听起来很夸张，因为将军可以凭武功平定贼寇祸乱，保卫国家；宰相可以凭其才能处理政务，使国家太平。将相几乎掌握着天下的大事，怎么偏偏"出家"例外呢？之所以说"出家"难，是有原因的。

在古代，"出家"的内在条件具备后，即具有强烈的出家的主观愿望，还必须持有度牒。度牒是官府发给的用以证明僧尼合法身份的凭证，是被朝廷所认可的出家资格证明。度牒一般由尚书省下的祠部颁发，故亦称祠部牒。

度牒上一般会写明所度僧尼的法名、俗名、身份（指明童子或行者及其职衔）、籍贯、年龄、所住或请住持寺院（入何寺院名籍）、所诵经典、师名等，并有祠部的批文、签署日期和官署名等。僧尼有了度牒，便有了合法的身份，才能算得上一个正规僧人。留居本寺或行游其他地方便不会被为难，可免赋税和劳役、兵役等义务，并有政府的保护。

要得到一本度牒可是很不容易的。几乎历朝历代的官府为了增加国库收入，都不会无偿发放度牒，而是明码标价出售度牒，买到它可不是一笔小的开销，所以穷人是不能够"出家"的。在宋代，有一段时间，曾停止印制度牒，要得到它就更难了，想"出家"也更不易了。

35. "衣冠禽兽"原是褒义

"衣冠禽兽"一语最早来源于明代官员的服饰。明朝规定，文官官服绣禽，武官官服绘兽。品级不同，所绣的禽和兽也有所不同。

具体的规定是：文官一品绣仙鹤，二品绣锦鸡，三品绣孔雀，四品绣云雁，五品绣白鹇，六品绣鹭鸶，七品绣鸳鸯，八品绣黄鹂，九品绣鹌鹑。

武官一品、二品绘狮子，三品绘虎，四品绘豹，五品绘熊，六品、七品绘彪，八品绘犀牛，九品绘海马。

在服饰的颜色上，不同的品级，也有不同的颜色。文武官员一品至四品穿红袍，五品至七品穿青袍，八品和九品穿绿袍。所以，当时的"衣冠禽兽"指的是官员的服饰，有令人羡慕的味道，一般用作赞语。

"衣冠禽兽"开始被用作贬义，是在明朝中晚期。当时宦官专权，政治腐败。大部分文官武将欺压百姓，无恶不作，导致官场一片声名狼藉，老百姓视官员为匪盗瘟神。于是，老百姓称那些为非作歹、道德败坏的文武官员为"衣冠禽兽"。到了清代以后，"衣冠禽兽"一语完全被用作贬义，泛指那些外表衣帽整齐，行为却如禽兽，道德极其败坏之人。

36. "二百五"的说法来自什么典故

日常生活中，人们常把傻瓜或处事随便、说话不正经、好出洋相的人叫作"二百五"。这种说法来源于战国时期，跟苏秦有关。

苏秦是战国时最有名的说客，他凭借三寸不烂之舌，取得了很多诸侯的信任，身佩六国相印，一时间威风八面。但他也树敌很多，后来在齐国被人暗杀。对此，齐王很恼怒，发誓要为苏秦报仇，可没有证据，一时也抓不到凶手。于是他想出了一条计策，让人把苏秦的头从尸体上割下来，悬挂在城门上，旁边贴着一道榜文："苏秦是个内奸，现在已被人杀掉，真是大快人心。现在谁杀了他，请来领赏黄金千两。"榜文一经贴出，就有四个人声称是自己杀了苏秦。齐王说："这种事情可不许冒充呀！"四个人都一口咬定是自己杀了苏秦。齐王说："好，那就算是你们四个人一起杀的吧。这一千两黄金，你们四个人各分得多少？"四个人齐声回答："一人二百五。"齐王拍案大怒道"来人，把这四个'二百五'都给我拉出去斩了！"

"二百五"一词就这样流传了下来，从这个词的来源看，用来形容那些傻乎乎、好出洋相的人，倒也贴切。

37. 汉服是一种怎样的服饰

汉服，又称汉衣冠，中国汉族的传统服饰。是自黄帝、尧、舜垂衣裳而天下治，到明末这四千多年间，以华夏礼仪文化为中心，历经周朝礼法的继承，到了汉朝形成完善的衣冠体系，并通过儒教和中华法系，影响了整个汉文化圈。汉人、汉服、汉语、汉俗由此得名。汉服的基本特点是交领，右衽，用绳带系结，也兼用带钩，又以盘领、直领等为其补充。结构上，分为十个部分：领、襟、裾、袂、祛、袖、衿、衽、带、系。一套完整的汉服一般有三层：小衣（内衣）、中衣、大衣。

汉服的风格大气、庄重、灵动、飘逸，其整体线条优美，体现了汉民族坦然自若、委婉含蓄的审美情趣。

38. 旗袍一开始就那么曼妙动人吗

旗袍是民国时期的妇女时装，由满族妇女的长袍演变而来。由于满族人被称为"旗人"，故称其为"旗袍"。最初满族旗袍是为了方便劳动时穿着，其主要特点是宽大、平直，衣长及足。

从清末到 20 世纪 30 年代，旗袍在袖子和下摆部分，不同时期有不同变化，袖子从宽到窄，从长到短；下摆从长到短，从短到长，完全随时代的变化而变化。

20 世纪初期，旗袍还是用传统的直线裁制方式，显露不出女性的窈窕身段。辛亥革命后，旗袍经过不断革新，力求式样简洁，色调淡雅，注重女性的自然之美，才成了我们现在看到的样子。

39. "戒指"是从什么时候开始成为定情信物的

在中国，戒指的使用至少有两千多年的历史。从文献记载上看，妇女佩戴戒指是在秦汉之前。戒指在宫廷中除了作为饰物外，还有避忌的含义。在赵国人毛亨所著的《毛传》中就提到过戒指。书上说，古时候戒指一般专为后宫妃子们所戴，妃子们戴戒指有左右手之分：当一个妃子有了身孕或者来了例假，便需要在左手戴上金戒指，警示君主不要再有亲近举动；在平时，妃子们则在右手上戴上银戒指。由此看来，古时候妇女戴戒指并非为了炫耀，而是为了禁戒男人和她亲近，有"戒旨"的意思。

后来，戒指传到了民间，除了作为女人装扮自己的饰物外，慢慢变成一种定情信物，男女定情、定亲、成婚时都以戒指为媒介。戒指最早作为定情信物时是男女互赠，到了晚唐时候，这种互赠开始逐渐变成由男子赠给女子。古人非常看重信物，送出信物和接受信物往往表示许对方一生。倘若双方都能信守承诺，便能成就一段美好的爱情，否则只能凄凉收场。

40. 皇帝的坟墓为何要叫"陵"

陵，本意为底边为四边形的大土山。封建统治者为表现其至高无上的地位，不仅生前极尽荣耀，死后也要尽享哀荣，就连坟墓也追求极高的形制，不仅占地广阔，封土之高也要直追山陵。帝王的坟墓被称为"陵"，就是由此而来。

将帝王坟墓称为"陵"，约从战国中期开始，据《秦始皇本纪》载："秦惠文王葬公陵，悼武王葬永陵，孝文王葬寿陵"，这就是君王墓称"陵"之始。汉朝之后，皇帝的陵墓还有称号，如汉武帝陵称为"茂陵"，唐太宗李世民的陵墓称为"昭陵"，等等。

依规定，皇帝的墓可建九丈高，但古代皇帝陵墓总是超过这个高度。不仅如此，皇帝还限制百姓坟墓的高度，一般控制在三尺以下，否则就是违法，要接受严苛的处罚。

2

第二章
不得不知的国学常识

1."中国"到底指哪里

"中国"一词有3000年的使用历史,最早出现于周朝。当时因为华夏民族拥有了相对先进的农耕文明,并且建立了一套完善的礼仪制度,而周围的四夷仍旧裹着树叶兽皮靠打猎为生,于是把自己与四夷分开,以显示自己的优越。在这样的心理背景下,人们将华夏民族所居住的区域称为"中国",意即中央之国。

这时的"中国"并非指一个国家,而是一种地理与文化概念,其意与"中州""中夏""中原""中华"差不多。由于国家有时统一,有时分裂,中国一词的含义在不同时代也不同,大致统一时期略指全国,分裂时多指中原。"中国"在古典文献中有时还被用作诸如京城、中原地区、天子直接统治地区、国内等意。

中国正式作为国家名称是在1912年。当时合汉、满、蒙、回、藏五个大族为一家,定名为中华,全称为"中华民国",简称"中国",这个称谓才正式成为有近代国家概念的政治名词。1949年10月1日,新中国成立时,定名为"中华人民共和国",也简称"中国"。

2.龙生的九子是哪几个

相传天上的龙一共生了九个儿子,每个儿子都掌控着人间的某个领域,保护着人类。龙的这几个儿子非常有个性,都有自己不同的喜好:

(1)好重的龙:赑屃(音毕喜),最喜欢背负重物,所以背上驮一块石碑;

(2)好望的龙:鸱吻(音吃吻),最喜欢四处眺望,常饰于屋檐上;

(3)好吃的龙:饕餮(音滔帖),最贪吃,能吃能喝,常饰于鼎的盖子上;

(4)好杀人的龙:睚眦(音牙自),嗜杀喜斗,常饰于兵器刀环、剑柄;

（5）好打抱不平的龙：狴犴（音毕岸），最憎恶犯罪的人，所以常饰于监狱的门楣上；

（6）好烟火的龙：狻猊（音酸泥），性好烟火，常饰于香炉盖子的盖钮上；

（7）好水的龙：趴蝮（音八夏）位于桥边的最喜欢水，常饰于石桥栏杆顶端；在后门桥的四个角上趴蝮，造型非常优美；

（8）好安静的龙：椒图，最反感别人进入它的巢穴，常饰于大门口；

（9）好鸣的龙：蒲牢，最喜欢音乐和吼叫，常饰于大钟的钟钮上。

亲爱的读者们，千万不要以为自己在哪里见到的龙都是同一条龙哦！

3. "尚方宝剑"是一柄什么剑

尚方剑是指中国古代皇帝收藏在"尚方"的剑。尚方也作上方，这是掌管制造供应御用器物的官署，于秦朝始设。尚方宝剑，是一种最高权力的象征，皇帝若把尚方宝剑赐予大臣，大臣便有了特许权力。例如《前汉书》所载，朱云上书皇帝就曾说"臣原赐尚方斩马剑，断佞臣一人以厉其余"。可见，持有尚方宝剑的人是皇帝最信任的人，有先斩后奏之特权。明末辽东督师袁崇焕即是用御赐尚方宝剑，将东江总兵毛文龙斩首。而毛文龙本人也有尚方宝剑，但没能派上用场。当然，这样的先斩后奏也必须依法行事，尤其不能触怒君主。袁崇焕对毛文龙先斩后奏，就引起了明思宗的不满，该事件亦成为袁崇焕日后被处决的原因之一。

除了尚方剑，皇帝还可赐予臣子符节、丹书铁券、黄马褂等。以上几种都可作为荣誉的象征，符节和尚方剑一样，多作为一种授权形式，持节者有先斩后奏的生杀之权。而丹书铁券和黄马褂，主要是一种奖赏性凭证，有的甚至可以抵免死刑。

4. 什么是"三礼"

"三礼"之名始于东汉郑玄，是指《周礼》《仪礼》和《礼记》。

《周礼》是儒家经典，为周公旦所著，《周礼》所涉及之内容极为丰富。大

至天下九州、天文历象，小至沟洫道路、草木虫鱼。凡邦国建制、政法文教、礼乐兵刑、赋税度支、膳食衣饰、寝庙车马、农商医卜、工艺制作，各种名物、典章、制度，无所不包，堪称上古文化史之宝库。

《仪礼》简称《礼》，也称《礼经》或《士礼》，为儒家"十三经"之一，内容主要是讲述上古贵族生活各种主要礼节仪式。其中以记载士大夫的礼仪为主。秦代以前篇目不详，汉代初期高堂生传仪礼十七篇，另有古文仪礼五十六篇，已经遗失。

《礼记》由西汉礼学家戴德和他的侄子戴圣编著。《礼记》是研究中国古代社会情况、典章制度和儒家思想的重要著作。它阐述的思想，包括社会、政治、伦理、哲学、宗教等各个方面，其中《大学》《中庸》《礼运》等篇具有非常丰富的哲学思想。

"三礼"是中国古代礼乐文化的理论形态，对中国后世的政治制度、文化传统、社会思想、伦理观念影响深远。

5. 中国一共有过多少个皇帝

自公元前221年秦始皇称帝开始，至1912年溥仪在辛亥革命后宣布退位，其间的两千一百三十二年我国共产生封建王朝皇帝四百九十四人。其中未在位、死后被追封为皇帝的七十三人；边疆少数民族政权君王二百五十人；历代农民起义建元、称帝者约一百人；封建割据称帝者约有六十人。另外还有一个值得一提的君王，即"中华帝国皇帝"袁世凯。

在这四百九十四名皇帝中，在位时间最长的是清朝的康熙皇帝，他在位长达六十一年。乾隆皇帝在位时间也很长，但他表示不敢超越祖父功德，在位六十年后主动退位当了太上皇。乾隆皇帝是史上最长寿的皇帝，直到八十九岁才寿终正寝。位居长寿皇帝第二位的是女皇武则天，她活到了八十二岁，她也是历史上唯一的女皇帝。

在所有皇帝中，年龄最小的是东汉殇帝，他不到一岁继位，八个月后夭折了。还有一位境况更凄惨的皇帝，即金朝末代的完颜承麟，他刚刚当上皇帝就被入城的蒙古军杀死了，从继位到被杀还不到半天，是史上在位时间最短的皇帝。

6. 故宫为什么被称作"紫禁城"

古人很相信天象、星宿之说。认为天上有三垣，分别是紫微、太微和天市。而紫微垣居中，且位置永远不变，所以自古一直把紫微当作天帝的代表星，认为天帝就住在那里，天帝住的地方被叫作"紫宫"。皇帝又叫"天子"，一直被认为是上天的儿子，自认为是紫微星转世。皇帝住的宫殿，自然就跟上天的"紫宫"一样了。另外，在古代，"紫色"是一个吉祥的颜色，自古就有"紫气东来"的说法。

皇帝的居所一定是异常宏伟，围墙宽阔高大就像城墙一样。除了后宫的娘娘、宫女、太监、皇宫侍卫和被召见的大臣外，谁都不能随便出入皇宫。对于一般人来说，皇宫更是禁地。"紫禁城"的名字便由此而来了。

紫禁城分为外朝和内廷。外朝是皇帝办公的地方，也是国家举行重大活动和进行各种礼仪的地方。由天安门、端门、午门、太和殿、中和殿、保和殿组成的中轴线和中轴线两旁的殿阁廊庑组成。内廷是后妃们生活的地方，由中轴线上的乾清宫、交泰殿、坤宁宫、御花园和两旁的东西六宫等宫殿群组成。如今，紫禁城已经成为驰名中外的旅游胜地了。

7. "福禄寿"怎么来的

香港 TVB 电视台有档娱乐节目叫《无敌福禄寿》，非常受欢迎。这档节目之所以如此火爆，是因为它比较合乎民俗习气，因为"福禄寿"这三个兄弟可是我们中华民族心中的"幸运之神"。不过话又说回来了。我们天天嘴里喊着"福禄寿"，心里想着"福禄寿"，可这个"福禄寿"到底是怎么来的呢？

排在众星之首的福星原本是怪兽模样，他的头部似虎非虎一双豹目圆睁。他的代步工具居然是一只硕大的野猪。

福星转变是从唐朝开始的，《新唐书》里记录了一个真实的清官故事：唐朝时期，道州每年需要把身材矮小的人作为贡品送到宫中做太监。历任道州刺史往往把好端端的儿童置身于陶罐中，只露出头部由专人供给饮食，以满足皇帝荒唐的需求。阳城任道州刺史后，冒死上书给当朝皇帝，拒绝上贡，为当地百姓免除

了灾祸。从此以后，当地人开始把阳城当作福星供奉。后来福星阳城一直以温厚的长者形象示人。

禄星主管官禄，也叫文昌星，禄星是由一颗星辰演化而来，他位于北斗七星的正方，总与北斗七星相伴升起。

进入隋唐以后，科举制度的兴起让禄星开始走红。平民百姓有机会靠读书做官，自然会寻求神灵的帮助，于是，文昌宫里的那颗禄星就更显得明亮了。

据说桃木能祛病强身，延年益寿，魏晋以后，寿星的手杖便换成了桃木手杖，后来明朝取消了国家祭祀寿星制度，寿星从此进入民间，成为中国古代最具世俗品格的神仙。

寿星大脑门儿，也与古代养生术所营造的长寿意象紧密相关，一如丹顶鹤的头部就高高隆起，再如寿桃是王母娘娘蟠桃会上特供的长寿仙果。或许就是因为这种种长寿意象融合叠加，最终造就了寿星的大脑门儿的形象。

8. "乌纱帽" 最初是指什么

乌纱帽，是古代官吏戴的一种帽子，后来也用来比喻官位。

乌纱帽最初就是一种用黑纱做的帽子，东晋成帝时凡在都城建康宫中做事的人都要戴乌纱帽。后来，乌纱帽在民间也广为流传，成为百姓常戴的一种便帽。

乌纱帽成为正式"官服"始于隋唐时期。当时，天子百官士庶都戴乌纱帽，隋朝为了区分等级，便在乌纱帽上装饰玉饰，以块数多少显示官职大小：通常一品有九块，二品有八块，三品有七块，四品有六块，五品有五块，六品以下就不准装饰玉块了。至宋太祖赵匡胤时期，乌纱帽又有了新变化，即在帽子的两边各加一个翅。这是为了防止议事时朝臣交头接耳所采取的新举措，这样只要脑袋一动，软翅就忽悠忽悠颤动，皇上居高临下，可以看得清清楚楚。

乌纱帽成为文武百官的"专利"，则是始于明洪武年间。朱元璋规定凡文武百官上朝和办公时，一律要戴乌纱帽，平民百姓不可佩戴。

到了清代，官员不再佩戴乌纱帽，但人们仍习惯将"乌纱帽"作为官员的标志，"丢掉乌纱帽"就意味着被削职为民了。

9.《论语》是怎样一部书

《论语》是记载孔子及其学生言行的一部书,成书于春秋战国时期,由孔子的学生及其再传学生所记录整理,为儒家经典之一,对后世影响深远,宋代赵普就有"半部论语治天下"之说。

《论语》全书共有 11705 字,分为二十篇,前十篇被称为《上论语》,后十篇被称为《下论语》,各篇取篇首两字作为篇名,各篇章数不等。在语言风格上,《论语》遣词酌句精练而形象生动,是语录体散文的典范。《论语》通篇内容围绕孔子而谈,书中不仅有孔子仪态举止的静态描写,还有对其个性气质的传神刻画。对于孔子的教学方式,《论语》也大费笔墨。据其所载,孔子能够因材施教,对于不同的对象,他会考虑其不同的素质、优点和缺点、进德修业等,对其进行不同的教诲。《论语》还成功地刻画了一些孔门弟子的形象,如子路的率直鲁莽、颜回的温雅贤良、子贡的聪颖善辩、曾皙的潇洒脱俗等等,都给人留下深刻印象。

10.《孟子》对后世有何影响

《孟子》一书在战国时期不被重视,因为该书宣扬性善论思想,突出仁政、王道的理论,阐述了民贵君轻的主张,即"民为贵,社稷次之,君为轻"。这些主张不切合战国时代急功近利、激烈竞争的社会现实,所以在当时少有君主重视。

宋代理学盛行,《孟子》所倡导的儒家仁义礼智,儒家王道思想、仁政措施,才广泛为统治者所接受,孟子的思想也广为流传。《孟子》在政治及经济方面的新主张,如改进传统的"重农抑商"思想,阐述的"井田制"理想等,对后世确立限制土地兼并,缓和阶级矛盾的治国理论有着深远的影响及指导意义。此后,《孟子》成为人们修养品德和行王道仁政的理论根据。

《孟子》还继承和发展了孔子"因材施教"的教学方法,他认为教育学生必须要有一定的标准,使学生有一个明确的奋斗目标。孟子所倡导的学习方法和教育方法是我国古代教育学的结晶,对我们今天的学习和教育仍然有一定的参考价值。

11.《大学》有什么现代意义

《大学》一书，深刻地阐述了修身、治国的道理和方法。其文辞简约，内涵深刻，影响深远，两千年来无数仁人志士由此登堂入室以窥儒家之门。

《大学》所论的"修身"即为改变自己，"齐家治国平天下"即为改变环境。凡人在世，必得以自身与环境打交道，在此过程中或者改变自己，或者改变环境，或二者兼而有之。国父孙中山作三民主义之民族主义中第六讲题也提到："我们现在要能够齐家、治国，不受外国的压迫，根本上便要从修身起，把中国固有知识一贯的道理先恢复起来，然后我们民族的精神和民族的地位才都可以恢复。"而《大学》一书实为立身处世所必读，古人将它列为四书之首，非偶然也。朱熹更认为《大学》是"为学纲目"，故读"四书"要"先读《大学》，以定其规模"。上自国家元首，下至平民百姓，人人都要读《大学》以修养品性。即便在现如今，我们也应该潜心静气读《大学》，《大学》的思想政治及教育理念，必定会对中国社会的方方面面产生广泛而深远的影响。

12.《诗经》的体例分类是怎样的

《诗经》共有三百零五篇，分《风》《雅》《颂》三部分。

《风》包括十五国风，是从周南、召南、邶、鄘、卫、王、郑、齐、魏、唐、秦、陈、桧、曹、豳等十五个地区采集上来的土风歌谣，共一百六十篇。根据十五国风的名称及诗的内容大致可推断出，这些诗歌主要出自现在的陕西、山西、河南、河北、山东和湖北北部等地。就整本《诗经》而言，《风》的文学成就最高，有对爱情、劳动等美好事物的吟唱，也有怀故土、思征人及反压迫、反欺凌的怨叹与愤怒。

《雅》为贵族享宴或诸侯朝会时的乐歌，共一百〇五篇，包括《大雅》三十一篇，《小雅》七十四篇。大雅多为贵族所作，小雅为个人抒怀。《雅》多半是士大夫的作品，但小雅中也有不少类似风谣的劳人思辞，如《黄鸟》《我行其野》《谷风》《何草不黄》等。

《颂》为宗庙祭祀之诗歌，内容多是歌颂祖先的功业的。《颂》共有四十篇，包括《周颂》三十一篇，《鲁颂》四篇和《商颂》五篇。值得注意的是，《鲁颂》四篇并非祭祀或颂祖之歌，而是颂美当时仍健在的鲁僖公的歌谣。

13. 流传千年的《尚书》系"伪书"

《尚书》包括《今文尚书》和《古文尚书》两部分。《今文尚书》共二十八篇，《古文尚书》共二十五篇。

唐太宗时，孔颖达奉诏撰《尚书正义》，这本书将《今文尚书》和《古文尚书》混编在一起，此后历代流行。从南宋开始，就有学者对其中真伪存有异议，后来经过明、清两代的一些学者考证、辨析，确认相传由汉代孔安国传下来的二十五篇《古文尚书》和孔安国写的《尚书传》为伪造。

现存二十八篇《今文尚书》传说是秦、汉之际的博士伏生传下来的，用当时的文字写成，所以叫作《今文尚书》，其中《虞夏书》四篇，《商书》五篇，《周书》十九篇。一般认为《今文尚书》中《周书》的《牧誓》到《吕刑》十六篇是西周真实史料，《文侯之命》《费誓》和《秦誓》为春秋史料，所述内容较早的《尧典》《皋陶谟》《禹贡》反而是战国编写的古史资料。

《周易》的作者是谁？成书于何时

关于《周易》的作者与成书年代，历来就有争议。《汉书·艺文志》认为，《周易》为伏羲氏、周文王、孔子联合编著。其中，《易经》成书于商末周初，由伏羲氏画八卦，周文王演六十四卦、作卦爻辞；《易传》成书于春秋战国时期，为孔子作传解经。对此说法史学界一直存疑，认为《周易》的作者是广大劳动人民，成书时间也分别有周初说、春秋中期说、战国说等不同观点。

《周易》现存主要版本有两种，一为通行本，一为马王堆帛书本。其中"通行本"影响较大，注本也相当多，有魏王弼注本、唐孔颖达《周易正义》、宋朱熹《周易本义》、现代闻一多《周易义证类纂》、高亨《周易古经今注》等。1973年，湖南长沙马王堆三号汉墓出土的帛书《周易》与传世各家版本均有不同，是现存最早的别本。

14. 八卦是什么

八卦，是我国古代的一套有象征意义的符号。八卦的最基本的单位是"爻"，多是记述日影变化的专门符号。"爻"有阴阳两类，用"-"代表阳，用"--"代表阴，"阳爻"表示阳光，"阴爻"表示月光，每卦有三爻，三爻又有八种组成形式，分别为乾、坤、震、巽、坎、离、艮、兑，这八种组合形式即为八卦。

八卦的八组符号代表着万物不同的形制，《说卦》对此有如下解释，即，"乾，健也；坤，顺也；震，动也；巽，入也；坎，陷也；离，丽也；艮，止也；兑，悦也。"这八种性质又可以用"天、地、雷、风、水、火、山、泽"的特征来表示，即，乾代表天，坤代表地，震代表雷，巽代表风，坎代表水，离代表火，艮代表山，兑代表泽。

如果再将八经卦两两重叠，就可以得到六个位次的易卦，共有六十四卦，这六十四卦称为六十四别卦，每一卦都有特定的名称。《易经》就是对六十四卦系中部分易卦的象征意义进行解释，并对相应的人事做吉凶判定，包括卦符、卦名、卦辞、爻辞、爻题、爻序、卦序等内容。如果没有八卦的取象、定位和与天干、地支、五行等的结合，我们就不能理解易经的机理，更不能正确解释卦辞与爻辞，由此可见八卦在传统易学中的重要性。

15. 诸子百家，果真是有一百家吗

诸子百家是对春秋战国时期各种学术派别的总称。

春秋战国时代，是我国古代社会大动荡、大变革的时期，社会经济、政治、思想文化都发生了很大变化。在剧烈的社会变革中，各国的阶级关系不断出现新的变化，不同的阶级与阶层对社会变革发表不同的主张和看法，"诸子百家"便应运而生。

所谓"诸子"，即这一时期思想领域内反映各阶层利益的思想家及著作，也是各种政治学派的总称。"百家"，并非真有一百个学术派别，只是表明当时思想家较多，是一种笼统的说法。那么，春秋诸子到底有多少家？据《汉书·艺文

志》记载，数得上名字的共有一百八十九家，相关著作有四千三百二十四篇。这一百八十九家的基本宗旨，大都是为国君提供政治方略，其内容互相交叉、融合，共同推进了春秋战国时期思想文化的飞跃式发展。

16.《道德经》的思想精髓是什么

老子的代表作为《道德经》，该书又名《老子》，分为上下两册，共八十一章，前三十七章为道经，第三十八章以下属德经，全文约五千字。

《道德经》是一部充满智慧的著作，作者老子以其独有的视角，探究了宇宙的形成、万物的本原、国家的治理等一系列哲学和政治问题。他提出了"道""自然""无为"等哲学概念，以"道"解释宇宙万物的演变，认为"道"为客观自然规律，同时又具有"独立不改，周行而不殆"的永恒意义。《道德经》中还包括大量朴素的辩证法观点，老子认为一切事物均具有正反两面，并能由对立而转化，即"祸兮福之所倚，福兮祸之所伏"。老子还认为世间事物均为"有"与"无"的统一，而"无"为基础，"天下万物生于有，有生于无"。《道德经》中还有大量的民本思想，认为"天之道，损有余而补不足，人之道则不然，损不足以奉有余"等。

《道德经》是道家学派的"圣经"，对我国两千多年来的思想文化产生了深远的影响。

17. 孙武的军事思想对后世有何影响

孙武的军事思想是建立在朴素的唯物论和辩证法基础上的。他强调"知彼知己"，讲求"战道"，探索战争规律，要从弱强乱治的矛盾中看到向其对立面的转化等等，这些主张都是具有思辨特征的哲学思考。孙武认为要取得战争的胜利，必须强化对敌我、攻守、全破等对立面的认识，揭示出它们之间的生克消长关系，从而衍生出对各种作战方式的描述。这一军事思想，推动了当时军事学术的发展，对后世的军事实践产生了重要影响。即便在今天，他所揭示的某些规律仍有其生

命力，其中很多原则还被移用到经营管理、体育竞赛等社会生活领域，受到世界上许多国家的政治家、军事家和学者的重视。他的著作《孙子兵法》也被译为英文、法文、德文、日文等，成为国际最著名的兵学典范之书。

18. 鬼谷子是怎样的人

鬼谷子，姓王，名祤，字诩，战国时期卫国人，著名的思想家、谋略家、兵家、教育家，是纵横家的鼻祖，在中国历史上极富神秘色彩。据说其"鬼谷"之名，是由其出生地或隐居地得来。

鬼谷子是一位全才型的人物，他既有政治家的六韬三略，又擅长外交家的纵横之术，更兼有阴阳家的祖宗衣钵，预言家的江湖神算，被人们看作一位奇才。鬼谷子还是一位伟大的教育家，他比较知名的兵家弟子有孙膑、庞涓，纵横家弟子有苏秦、张仪，这四人都是战国时期的风云人物。鬼谷子著有《鬼谷子》及《本经阴符七术》，《本经阴符七术》集中阐述养神蓄锐之道，用以修心修身；《鬼谷子》则侧重于权谋策略及言谈辩论技巧。与《孙子兵法》相比，《孙子兵法》侧重于总体战略，而《鬼谷子》则专于具体技巧，两者可说是相辅相成，是战国时期许多兵家人物研读学习的必修书。

19.《孙膑兵法》是怎样一部书

《孙膑兵法》，是《孙子兵法》后"孙子学派"的又一力作。据《汉书·艺文志》记载，《孙子兵法》共有八十九篇、图四卷。但自《隋书·经籍志》始，《孙膑兵法》便不见于历代著录，因而人们推断该书大约在东汉末年便已失传。

1972年，临沂银雀山汉墓竹简出土，这部古兵法终于重见天日。《孙膑兵法》分上、下篇，各十五篇。上篇包括《禽庞涓》《见威王》《威王问》和《陈忌问垒》等，是在孙膑著述和言论的基础上经弟子辑录、整理而成；下篇内容与上篇内容相类，但编撰体例上有所不同，目前无法确定是否为孙膑及其弟子所著。如今我们所见的《孙膑兵法》收入十六篇，包括上篇十五篇和下篇中的《五教法》。

《孙膑兵法》是孙膑多年统兵作战的实践经验的总结，提出了一系列有价值的战略战术，丰富和发展了春秋以来的阵法。当然，该书也存在局限和不足，如它杂有阴阳五行等学说，认为日月星辰可以影响战争胜负，有时对战争中的地形等物质条件看得过于片面和绝对。不过，这些不足并不能影响它的价值，《孙膑兵法》可谓战国时期战争实践的理论总结，在我国的军事思想史上占有重要地位。

20. "二十四史"是哪些史书的合称

二十四史是我国历代编写的二十四部史书的合称，一直被历朝统治者视为正统，因此又称为正史。二十四史上起传说中的黄帝，即公元前 2550 年，下至明朝崇祯十七年，即公元 1644 年，长达三千二百一十三卷，约四千万字，都是用纪传体的体裁编写。

二十四史分别是：《史记》（西汉·司马迁）、《汉书》（东汉·班固）、《后汉书》（南朝宋·范晔）、《三国志》（晋·陈寿）、《晋书》（唐·房玄龄等）、《宋书》（南朝梁·沈约）、《南齐书》（南朝梁·萧子显）、《梁书》（唐·姚思廉）、《陈书》（唐·姚思廉）、《魏书》（北齐·魏收）、《北齐书》（唐·李百药）、《周书》（唐·令狐德棻等）、《隋书》（唐·魏徵等）、《南史》（唐·李延寿）、《北史》（唐·李延寿）、《旧唐书》（后晋·刘昫等）、《新唐书》（宋·欧阳修、宋祁）、《旧五代史》（宋·薛居正等）、《新五代史》（宋·欧阳修）、《宋史》（元·脱脱等）、《辽史》（元·脱脱等）、《金史》（元·脱脱等）、《元史》（明·宋濂等）、《明史》（清·张廷玉等）。

21. 哪部书被赞为"中国科技史上的里程碑"

北宋著名科学家沈括编写的《梦溪笔谈》收录了他一生的所见所闻和不凡的见解，其成就受到西方学者的普遍认可，称这部书为中国古代的百科全书，著名的李约瑟博士说这部书是"中国科技史上的里程碑"。沈括本人学识渊博，具有很高的科学素养，他所记述的科技知识，基本上反映了北宋的科学发展水平和他

自己的研究心得，被英国学者李约瑟称誉为"中国整部科学史中最卓越的人物"。目前，《梦溪笔谈》已经被翻译成多种文字出版。

《梦溪笔谈》包括《笔谈》《补笔谈》和《续笔谈》三个部分。其中《笔谈》共二十六卷，分为十七门，依次分别为"故事、辩证、乐律、象数、人事、官政、机智、艺文、书画、技艺、器用、神奇、异事、谬误、讥谑、杂志、药议"。《补笔谈》三卷，《续笔谈》一卷。全书共六百零九条，内容涉及天文、数学、物理、化学、生物、地理、气象、医药、农学、文学、历史、音乐和美术等多个方面。其中，自然科学方面的记载占了全书综述的百分之三十六。

22. 我国第一部按部首编排的字典是什么

《说文解字》，简称《说文》，是我国第一部按部首编排的字典。它的作者是东汉著名的经学家和文字学家许慎。《说文解字》成书于汉和帝永元十二年（100年）到安帝建光元年（121年）之间，本是许慎进献给汉安帝的礼物。

许慎根据汉字字形，创立了五百四十个部首，将当时已经使用的九千三百五十三个字分别归入这五百四十个部首。这五百四十个部首又根据字形之间的联系合并为十四大类，《说文解字》的正文就按照这十四大类分为十四篇，卷末有一篇序言，因此全书共十五篇。许慎在《说文解字》中系统地阐述了汉字的造字规律，即六书——象形、指事、会意、形声、转注、假借。在体例上，《说文解字》先列出小篆，如果古文和籀文不同，就在后面列出。这些都做好之后，就对这个字的本义进行具体解释，之后再解释字形跟字义或者字音之间的关系。《说文解字》开创了部首检字的先河，后世的字典大多沿用此方法。

《说文解字》对我国汉字的发展做出了卓越的贡献，主要表现在三个方面：

第一，第一次阐发了六书，为汉字建立了理论体系；

第二，第一次从汉字系统中归纳出五百四十个部首，并创立了按部首排列的汉字字典编纂法；

第三，保留下来的小篆是极为宝贵的文字资料，为后代学者研究和学习甲骨文、金文提供了便利。

《说文解字》自问世以来就引起许多学者的兴趣，他们不厌其烦地进行了研究。其中，以清朝的研究最为兴盛。这一时期，先后涌现出许多大家，最著名的代表人物和代表作是段玉裁的《说文解字注》、朱骏声的《说文通训定声》、桂馥的《说文解字义证》、王筠的《说文释例》《说文句读》。因为他们四人所取得的成就，被后世学者尊称为"说文四大家"。

23.《康熙字典》为什么有那么大的影响

《康熙字典》由康熙年间文华殿大学士兼户部尚书张玉书及文渊阁大学士兼吏部尚书陈廷敬主编，编写时参考了明代的《字汇》《正字通》两书。即便是到了现在，《康熙字典》还在不断重印，是语言文字工作者经常引用的工具书。

《康熙字典》采用部首分类法，按笔画排列单字，共分为十二集，用十二地支标识。其中，每集又分为上中下三卷，并按韵母、声调以及音节分类排列韵母表及其对应汉字，共收录汉字四万七千零三十五个，是汉字研究的最重要的参考文献之一。《康熙字典》还是我国第一部以字典命名的汉字辞书。

《康熙字典》之所以会有这样强大的影响力，主要在于以下三个方面：

第一，收字非常丰富，在很长一段时间内是我国字数最多的一部字典（直到1915年《中华大字典》出版，收字四万八千多，才超过了它）；

第二，它以二百一十四个部首分类，并注有反切注音、出处及参考等，每个字的各种音节和不同意义都列了进去，使用者查阅起来非常方便；

第三，除了非常少见的字之外，差不多每个字的不同意思都举了许多例子，而且所举例子都是能够翻到的古书。

24. 唐诗宋词之最都有哪些

唐诗宋词是我国几千年文化的瑰宝，在这些文化宝库里，有许多的"之最"，现在就让笔者给大家总结出来：

最快的船——两岸猿声啼不住，轻舟已过万重山。（李白）

最害羞的人——千呼万唤始出来，犹抱琵琶半遮面。（白居易）

最多的愁——问君能有几多愁，恰似一江春水向东流。（李煜）

最消瘦的人——帘卷西风，人比黄花瘦。（李清照）

最憔悴的人——衣带渐宽终不悔，为伊消得人憔悴。（柳永）

最忧愁的人——抽刀断水水更流，举杯消愁愁更愁。（李白）

眼力最差的人——众里寻他千百度，蓦然回首，那人却在灯火阑珊处。（辛弃疾）

最深的情——桃花潭水深千尺，不及汪伦送我情。（李白）

最高的楼——不敢高声语，恐惊天上人。（李白）

最大的瀑布——飞流直下三千尺，疑是银河落九天。（李白）

架子最大的人——天子呼来不上船，自称臣是酒中仙。（李白）

最深的雪——夜来城外一尺雪，晓驾炭车碾冰辙。（白居易）

最长的头发——白发三千丈，缘愁似个长。（李白）

被风吹得最远的房顶——茅飞渡江洒江郊，高者挂罥长林梢。（杜甫）

最穷的妇人——右手秉遗穗，左臂悬敝筐。（白居易）

25. 古人为什么要在门口放门槛呢

古代的门槛，是权力和地位的象征。谁家的门槛越高，说明主人身份越尊贵。如紫禁城的门槛就非常高，如果不抬高脚，是不容易迈过去的。皇家这么设计，是有深意的。当文武百官上殿的时候，大家迈步进来，跨过门槛，就需要弯腰。而在跨过门槛之后，更要一直保持弯腰的姿势，表示自己不敢正视龙颜，是对皇上的畏惧和尊敬。而皇家的门槛，也不是想怎么跨就怎么跨，更不是谁想跨就能跨的。一般的官员不能从正中迈过门槛。文官要从右侧进来，武官从左侧进来。七品以下的官员，则只能翘首企盼了，因为他们连进门槛的资格都没有。

封建社会有森严的等级观念，所以装门槛便成了传统建筑的定制。一般而言，宫门、院门、山门和墓门都要装门槛。宫门、院门体现家族的地位和身份，装上门槛可以理解，为什么山门、墓门也要装门槛呢？

入山门是要参拜佛祖，需要虔诚，常常三步一叩首。跨门槛，更是表示对神佛的尊敬。而墓门装门槛，也是对死者的尊敬。

26.《四库全书》的"四库"是什么意思，其下落如何

《四库全书》是我国历史上规模最大的一部丛书，由清朝乾隆时期著名大学士纪晓岚主持编纂，从 1772 年开始，一共编了十年。这套丛书按照经、史、子、集分成四部，基本上囊括了古代所有的图书，因此叫作《四库全书》。

根据文津阁的藏本，《四库全书》一共收录了古籍三千五百零三种，共七万九千三百三十七卷，装订成三万六千余册，保存了众多丰富的文献资料。不过，乾隆皇帝命人编纂这部书的真正意图在于钳制民间思想，因此，在编纂过程中，被焚毁的书更多。

《四库全书》完成后，抄录七部，分别藏于文宗阁、文汇阁、文渊阁、文津阁、文澜阁、文溯阁和文源阁七阁。其中，文宗阁收藏的《四库全书》在中英鸦片战争的时候被英军焚毁，藏于文汇阁的《四库全书》被太平军焚毁，藏于文澜阁的藏本虽然也被太平军焚毁，但在著名藏书家丁氏兄弟的努力下，渐渐修复复原，现藏于浙江省图书馆。文津阁的藏本一直保存到今天，现在收藏于国家图书馆。文渊阁内的藏本于 1860 年英法联军火烧圆明园时被焚毁。文溯阁藏本在"文革"时因为中苏关系紧张，被运送到甘肃，现在仍在甘肃。文渊阁藏本现收藏于台北故宫。

27.《增广贤文》为何被誉为蒙学经典

《增广贤文》是我国古代最为著名的儿童启蒙书目之一，也叫作《昔时贤文》，或者《古今贤文》。我国著名戏曲家汤显祖写作的《牡丹亭》中提到过《增广贤文》。因此，有学者推断，这本书最迟写成于万历年间（即汤显祖生活的时代）。不过，这本书是经过明清两代文人的不断增补，才变成今天这个模样，通称《增广贤文》。关于它的作者，书本上一直没有记载，后人推断这可能是民间智慧的结晶。

《增广贤文》在表面上好像杂乱无章，但是其中自有内在逻辑。和"亚圣"孟子的主张不同，这部书对人性的认识以"性本恶"为前提，用冷峻的目光洞察社会人生。它认为，维系家族的亲情已经被金钱污染，因此"贫居闹市无人问，

富在深山有远亲"；我们一向信赖的朋友也未必靠得住，因此"有酒有肉多兄弟，急难何曾见一人"；人的地位尊卑，不取决于他的道德学识，而由金钱来决定，因此"不信但看筵中酒，杯杯先敬有钱人"。《增广贤文》将社会上种种丑恶的现象进行高度概括之后，冷冰冰地陈列在读者面前。

《增广贤文》的绝大多数句子都来自各类经典，有雅有俗，雅俗共赏。这部书不需要讲解就能读懂，人们往往能够从中学到儒家的思想观念和为人处世的人生智慧。或许正是因为它一反常规，从"反面"来进行教导，又或许是因为它亲切平和，一直被当作儿童的启蒙读物，始终受到人们的器重和青睐。

28. 四合院为什么称为"四合"

所谓"四合"，"四"是东、西、南、北四面，"合"是指四面房屋围在一起，形成一个口字形。整个四合院，一般按照中国传统的习惯，采用外观中规中矩、中线对称齐整的方法建筑而成。四合院的围墙和临街的房屋一般不对外开窗。一大家子都住在一个封闭式的院子里，"合"更像是家庭的聚合。

四合院的正房，即坐北向南的北房，建在砖石砌成的台基上，规模要比其他房屋都大。三间北房中只有中间一间对外开门，称为堂屋。两侧的两间房向堂屋开门，形成套间，成为一明两暗的格局。堂屋是家人起居、招待亲戚或祭祖的地方。两侧多做卧室，由长辈尊者居住。

东西两侧的房子为厢房，一般居住的是家中晚辈。厢房一般比较对称，建筑格式也大体相同或相似，也是一明两暗的格局。正房与厢房之间有走廊，将四面的房子都连接起来，可以避风雨，也可以供人行走和休息。

与北房相对应的是南房。在角落里有耳房，作为粮库、厨房或者其他库房。一般西南角的位置是厕所，东南角则是院子的大门。院子大都采用黑漆木板大门，两扇大门的上下都放在轴心里，可以闭合关开，很安全可靠。在正门进门处的正对面，有一个影壁，是一堵砖墙，使外界难以窥视院内的活动，人们通常会在影壁上画上图案或者写上文字，以求吉祥如意。

29.《百家姓》为什么按"赵钱孙李"的顺序排列

《百家姓》是一本关于姓氏的书，在北宋初年成书发行。《百家姓》原收集了四百一十一个姓氏，后来又增加到五百零四个，其中，单姓四百四十四个，复姓六十个。《百家姓》是我国自北宋以来的幼儿启蒙读物之一，和《三字经》《千字文》并称"三百千"。

我国的姓氏文化源远流长，每一种姓都有着独特和丰富的文化内涵。每一种姓都有著名的代表人物，在我国漫长的历史上做出过卓越的贡献，也有的人臭名昭著，因此并无贫富贵贱之分。《百家姓》并没有完全记载我国的姓氏。据说，从文献上能够见到的确切的姓氏，就多达五千六百余种。因此，《百家姓》所记载的只是很少一部分姓氏而已。因为它上面记载的都是一些常见的姓氏，所以也具有非凡的代表意义。

《百家姓》的次序并不按照姓氏人口的多少来排列，而是从音韵的角度，做到读来顺口、易学好记。其中，"赵钱孙李"是《百家姓》的前四姓，这是为什么呢？原来《百家姓》成书于北宋时期，开国皇帝是赵匡胤，按照中国古代的思想观念，皇家最为尊贵，因此，赵是《百家姓》里面的第一姓。而《百家姓》形成于吴越钱塘地区，因此，吴越国国王钱氏、吴越国王钱做正妃孙氏以及南唐国君李氏紧接着成为百家姓的第二位、第三位和第四位。

30.《弟子规》的书名有什么含义

《弟子规》原名《训蒙文》，它的作者是清朝康熙年间的秀才李毓秀。《弟子规》的内容是《论语·学而》第六条——"弟子入则孝，出则悌，谨而信，泛爱众而亲仁。行有余力，则以学文"的文义。作者用三字一句、两句一韵的形式编纂而成。《弟子规》一共分为五个部分，即弟子在家、出外、待人、接物与学习上应该恪守的守则和规范。

《弟子规》共有三百六十句，一千零八十个字，三字一句，两句或者四句意思相连，前后押韵，读起来朗朗上口，易于记诵。《弟子规》先是"总叙"，接

着分为"入则孝、出则悌、谨、信、泛爱众、亲仁、余力学文"七个部分。它集中了孔孟和老子等圣贤道德教育的成果，是传统道德教育著作的纲领性书目。《弟子规》成书之后广为流传，许多教书先生用它对孩子进行启蒙教育，为孩子们将来的成长和发展奠定基础。"弟子"的意思比较多，具体说来，在家指孩子，在学校指学生，在社会上指公民。"规"就是规范。"弟子规"的意思就是"弟子"们应该遵守的社会道德规范。

李毓秀是清朝初年著名的学者和教育家。他曾经跟随他的老师党冰壑游历近二十年。成年之后还做过一任小官。他的主要兴趣不在官场，而在于教学。他精研《大学》《中庸》等经典，创办敦复斋讲学。前来听他讲学的人很多，太平县御史王奂也曾多次向他请教，十分仰慕他的才学，尊称他为李夫子。

31.《朱子家训》为何会流传千年而不衰

《朱子家训》是我国古代最著名的家训之一，又叫作《朱子治家格言》，或者《朱柏庐治家格言》。《朱子家训》的内容以家庭道德为主，全文仅五百二十二字，用简洁易懂的语言精辟地阐明了修身齐家的道理。《朱子家训》中的许多内容都继承了中国传统文化的优点，如尊敬师长、勤俭持家、邻里和睦等，即便在今天，仍具有伟大的现实意义。当然，由于时代的局限性，《朱子家训》里面也有许多封建糟粕，比如对女性的偏见。

值得注意的是，《朱子家训》的作者并不是宋朝大儒朱熹，而是朱熹的后代朱柏庐。朱柏庐早年曾刻苦学习，希望考取功名报效国家。然而他生不逢时，刚成年不久，便遭遇明朝灭亡，清军入关。在这种历史条件下，他放弃了对功名的追求。之后他一直在乡间教学，并潜心研究程朱理学，一时之间声名鹊起。康熙皇帝曾经多次征召，但是都被他拒绝了。他将中国几千年形成的道德教育思想，用名言警句的形式表达出来，即便是不识字的人也可以口头相传，还可以写成对联条幅挂在大门上和厅堂里，作为持家和教育子女的座右铭。这就是对后世产生深远影响的《朱子家训》。因为《朱子家训》所具备的这些优点，它一直受到士大夫阶层的器重，流传非常广泛，被尊为"治家之经"。清朝到民国这段时期，它一度成为儿童启蒙的必读课本之一。

32. 中国古代的年龄称谓

中国的文化博大精深，尤其是对年龄的称呼，分得非常细，不像外国人，一个单词"young"就把所有青少年都概括了。在中国古代，人在每一个年龄的称呼都是不同的，下面就让我们来总结一下。

襁褓——不满周岁；

黄口——本指雏鸟，后比喻 10 岁以下的儿童；

总角、孩提——幼年的泛称；

垂髫（tiáo）、始龀（chèn）——童年的泛称；

幼学——10 岁；

束发——15 岁左右；

弱冠——20 岁；

而立之年——30 岁；

不惑之年——40 岁；

知命之年、年逾半百、知非之年、艾服之年、大衍之年——50 岁；

花甲、平头甲子、耳顺之年、杖乡之年——60 岁；

古稀、杖国之年、致事之年、致政之年——70 岁；

杖朝之年——80 岁；

耄耋（màodié）之年——八九十岁的年纪；

鲐背之年——90 岁；

期颐（qīyí）之年——100 岁。

33. 各个行业的祖师爷都是谁

在中国不管你做什么行业，都讲究一个祖师爷，每到初一、十五还都得烧香拜奉。所以，我们在做一些事之前，总得知道这个行业的祖师爷是谁：

农业祖师：神农氏

蚕业祖师：马头娘、嫘祖

织业祖师：黄道婆、织女

织绸祖师：伯余

渔业祖师：伏羲、海龙王、姜子牙

纸业祖师：蔡伦

笔业祖师：蒙恬

陶业祖师：范蠡

铸业祖师：太上老君（老子）

盐业祖师：葛洪

酒业祖师：杜康

醋业祖师：帝予

水业祖师：水母娘娘

屠业祖师：张飞、樊哙

厨业祖师：詹王、易牙、灶君

药业祖师：孙思邈

医业祖师：华佗

仵作祖师：宋慈

染行祖师：梅葛二仙

车行祖师：马王爷

牛行祖师：牛王爷、龚遂

镖行祖师：达摩、洪拳五祖

木匠祖师：鲁班

石匠祖师：鲁班

泥匠祖师：张班、鲁班妻

鞋匠祖师：孙膑

画匠祖师：吴道子

玻璃业祖师：陆毒大王

鞭炮业祖师：祝融

席篾业祖师：张班

玉器祖师：邱长春

豆腐业祖师：孙膑、庞涓、关公

泥塑业祖师：女娲

锔补业祖师：女娲、老君

梳篦业祖师：鲁班、张班

化妆业祖师：观世音

膏药业祖师：铁拐李

乐器业祖师：师旷

梨园祖师：唐明皇

道情祖师：张果老

皮影祖师：李少君、李少翁

评书祖师：魏徵

坠子祖师：邱长春

相声祖师：东方朔

戏法祖师：吕洞宾

理发祖师：罗祖

乞丐祖师：伍子胥、范丹

占卜祖师：鬼谷子

竹匠祖师：泰山

茶业祖师：陆羽

豆腐业祖师：乐毅

评话业祖师：柳敬亭

火腿业祖师：宋泽

星相业祖师：柳庄

风水业祖师：刘伯温

制伞业祖师：鲁班

商业祖师：财神爷（财神赵公明；文财神比干、武财神关羽；五路财神何五路）

34. 我国古代的住宅是什么格局

住宅是人类文明的重要标志之一，人们除了追求它的实用性和艺术性外，还

重视它的精神功能，并且形成了阶级社会的门第观。

春秋时期，士大夫的住宅大门分为三间，中间为门，是办公的场所；左右为"塾"，是"家教"的地方；门内是庭院，上方为"堂"，是生活起居会宾礼仪的地方，堂的左右为"厢"，堂后的房子为"寝"。

汉代的贵族住宅不但要有门、塾、堂、厢等，还要有车房、马厩、厨房、仓库及仆人住房。建筑形式多为木结构和干栏式，悬山屋顶，出现了方形、圆形、长方形等多种形式的窗户，并有各种窗棂。用围墙组成的三合院、四合院已经出现，也有二、三层楼的坞壁式住宅。

魏晋南北朝时，北方贵族的住宅庭院多为对称布局，大门多为庑殿式，围墙内侧有廊围绕的庭院，在一个宅院中，有数组回廊包绕，有数个厅堂供不同之用。

隋唐五代时期，贵族的住宅布局更为自由活泼，出现不对称布局的庭院，大门由乌头门代替了庑殿式，常用直棂窗回廊绕成庭院。

宋代的城市住宅多为四合布局，以廊屋代替回廊，前大门进入后以照壁相隔，这种形式增加了居住面积，非常实用。

明清时期，住宅大致可分为规整式格局和自由式格局。规整式格局作为传统住宅样式的主流，一般为三合院或四合院。清政府还对住宅的格式、尺度、等级进行严格的规定。有"一正二厢"严格内外、尊卑有序，这促使规整式住宅转变为封闭内向型院落，建筑物都有中轴线，均齐对称，主次分明，体现了封建社会家庭生活观念。

35. "书香门第"香在哪里

我们常称祖辈上有读书人的家庭为"书香门第"。但"香"来自哪里呢？有人以为"书香"的"香"指的是书的香。这样的理解好像也没错。可书又因何"香"呢？难道白纸写上黑字就香了？事实上多数的墨迹是臭的，因此"书香"的"香"一定不是来自墨香。那么这"香"到底是什么香气呢？原来，古人为了防止书籍被蠹虫损坏，一般会在书籍里面夹上几片香草。这种香草叫芸草，是多年生草本植物，有特异的清香气，即使枯萎香气也不会变淡，它可以驱除蠹虫，古诗中就有"芸叶熏香走蠹鱼"的描写。所以"书香"的"香"指的是"芸草香"。

因为书中常夹芸草的缘故，所以，与"芸"字有关的词多与书籍有关。例如用"芸编"指书籍，"芸帙"指书卷，用"芸阁""芸馆"指代书斋，甚至国家藏书阁也命名为"芸署"，负责校勘书籍、订正讹误的校书郎雅称为"芸香吏"，唐代徐坚的《初学记》中说："芸香辟纸鱼蠹，故藏书台亦称芸台。"这些都是从芸香而来。

不过现在已很难见到芸草的踪迹了，为了防蠹虫，人们多使用樟脑丸、檀香片之类。书香情怀对于善于想象与怀旧的文人来说，也只能是书卷里所蕴藏、积淀的一种说不尽的历史记忆与个人缅怀罢了。

36."太岁头上不能动土"是什么意思

按照传统的星相学说，木星，又称岁星，每12年绕太阳一周，绕到哪个区域，就会在相应的地下出现一块会动的肉状东西，它就是太岁的化身。如果在这个方向上动土就会惊动太岁，给人带来厄运，所以就有"太岁头上不能动土"的说法。汉代王充在《论衡·难岁篇》中提到太岁一事，"移徒法曰：'徒抵太岁凶，伏太岁亦凶'。"太岁一直被人们当作一种神秘莫测的力量，在冥冥之中支配和影响人们的命运。

在古代，人们认为凡是建筑、迁徙、嫁娶等吉凶都与方位有关。这也形成了民间大兴土木时的风俗禁忌：每有建筑动土之事，就必须先探明太岁方位以避之，元明后还有专门的祭坛祭祀。"太岁头上不能动土"实际上反映的是人们要求建筑与所在的地理环境相适应，以达到与环境和谐统一、子孙富贵兴旺的目的。

37."五脊六兽"和建筑有什么关系

电影《龙须沟》里有这样一句话："我舍不得我的活儿，一天不干活，就五脊六兽地难过。"虽然这里的"五脊六兽"是在形容心理上的难受，但其实"五脊六兽"这个词最早说的是建筑构件。

所谓"五脊"，是指中国古代建筑的一种装饰，起脊的硬山式、起脊的悬山

式和庑殿式建筑有五条脊，分别为一条正脊和四条垂脊。其中最顶上的水平方向的脊为正脊，四面坡相交地方的脊为垂脊。这样的装饰在古代的宫殿和庙宇里面非常常见。

所谓"六兽"是指屋脊上的土制小动物。这种建筑装饰有严格的等级制度，普通的民房不能安装，除非经过皇帝的特许才可使用。这样的装饰被称作"义脊"，意思是说在这个建筑里居住的人受到了特殊礼遇，以此来显示家族的荣耀。屋脊上的动物很有讲究，大脊的两端是龙吻，又叫吞兽；另外四条垂脊排列着五个兽类，故而总称"六兽"。

不过，五脊上的"六兽"也不一定就是六个，兽的多少与建筑的规模和地位有关系，同时兽的摆放也有一定顺序。比如紫禁城中的太和殿，上面的小兽达到了十个之多。这些小动物除了起到一般的装饰作用外，也象征着身份，同时还有点实际用处，比如用来保护房屋。古代建筑大多都是木质结构，在房顶两坡瓦垄交汇的地方安装上这样的吞兽，可以对房顶起到加固的作用，还能防止雨水渗漏，保护房屋的木料结构。

3

第三章
舌尖上的饮食文化

1. 中国人什么时候开始烹调的

烹调的出现是一个伟大的进步。据考古发现，人们掌握烹调技术，最晚可以追溯到新石器时代晚期。所谓"烹"，就是用火煮或者烤；所谓"调"，就是加上各种调料。烹调的出现很快就丰富了人们的味觉，吃东西不再像原来一样只是为了填饱肚子，还可以充分享受那独特的美味。

在新石器时代晚期，人们食用的食物原料，还是来源于采集和狩猎，并不充裕。值得一提的是，人们已经发现了一些调味品，如粗盐、梅子等。从考古发现来看，这个时期的炊具已经很丰富了，有陶制的鼎、甑、鬲、釜、罐和地灶、砖灶、石灶等。不过，我国饮食文化在这个时期仍然处于刚刚起步阶段，如当时最好的美味就是彭祖为帝尧调制的野鸡汤。

到了夏商周时期，烹调取得飞速进展。这个时候，人们已经学会了种植五谷，我国开始从游牧社会向农耕社会转变。青铜冶炼技术的成熟为烹调的发展起了巨大的推动作用。现在考古出土的青铜器中，有相当一部分是炊具。此外，调味品也增多了，米醋和姜都已经出现。饮食的作用不仅仅是满足人的口腹之欲，而逐渐发展成为一种文化。夏商周时期的人们认为，饮食和人的健康有很大关系，周王朝设置了食官这样的职位，专门负责饮食。此外，吃饭的时候再也不能像原来那样大嚼大咽了，而要注意自己的形象，如孔子就曾说，"食不厌精，脍不厌细"。

从秦到唐的近一千年时间里，我国的烹调技术得到了空前发展。张骞出使西域之后，从西域引进了很多植物，如茄子、大蒜、西瓜、黄瓜、扁豆、刀豆等，极大地丰富了供人食用的蔬菜种类。据《盐铁论》记载，到了冬季，西汉的菜市场上仍然有蔬菜出售。此外，饭店也开始大量出现。在唐代以前，我国的经济中心一直位于北方，很多人也都喜欢吃北方菜，北方菜系在这个时候已经崭露头角。安史之乱以后，经济中心南移，人口也大量南迁。到了元代，南北人口的比例为八比二，人们在烹调的时候，结合南方的气候特点，逐渐形成了川菜、粤菜等南方菜系。

2. 贺知章金龟换酒共言欢

"少小离家老大回，乡音无改鬓毛衰。儿童相见不相识，笑问客从何处来。"这是唐代著名诗人贺知章的《回乡偶书》。贺知章不但诗写得好，而且喜欢喝酒。他和诗仙李白的结识，还有一段金龟换酒的佳话。

李白在 42 岁的时候，接到了唐玄宗召他进京的诏书后，兴冲冲地来到京城，不过唐玄宗并没有急着召见李白，而是让他在紫极宫先住下。

李白的到来可把已经年过 80 岁的诗人贺知章乐坏了。他早就读过李白的诗，非常欣赏李白身上的浪漫情怀，但一直没见过李白本人。

第二天，贺知章亲自来到紫极宫看望李白。两人很谈得来，都感到相见恨晚。贺知章李白最近写了什么诗，李白就把自己刚写完不久的《蜀道难》递给贺知章。贺知章看后，连连感叹，这首诗只有从天上被贬下来的仙人才写得出来啊。说完，就要去外面的酒肆摆酒为李白接风，并派人去请当时在京城里面的著名诗人。

不一会儿，当时的社会名流都到了，大家一边饮酒，一边在音乐声中欣赏李白的《蜀道难》《长干行》等诗歌，非常开心。这顿为李白接风的酒宴，一直持续到晚上。快要散席的时候，贺知章忽然惊叫道："坏了！"

一问之下，大家才知道贺知章没有带钱。于是，好多人都争着要付钱。贺知章拒绝了，因为这是他专门为李白摆的酒宴，就从身上解下一个亮闪闪的小金龟，对大家说："银子没有了，就用这只小金龟来付酒钱吧！"

从此之后，贺知章为李白金龟换酒的故事就在京城流传开来。在贺知章的极力推荐下，李白受到唐玄宗极高的礼遇。

3. 谁是饮食养生第一人

彭祖是我国传说中最长寿的人，他的传奇为后世很多人津津乐道，包括孔子

和庄子。

彭祖第一次出现在史籍中，不是因为他的长寿，而是因为他给帝尧做了一碗野鸡汤。帝尧吃完他做的这碗野鸡汤后，觉得很不错，就给他一个封地，并让他做了那个国的国王。彭祖的封地位于今天的江苏徐州一带。

传说彭祖擅长养生之道，活了880岁。彭祖曰："不欲甚饥，饥则败气，食诫过多，勿极渴而饮，饮诫过深。食过则症块成疾，饮过则痰癖结聚气风。"这段念起来拗口的话，其实就一个意思，吃的时候不要吃得太多。这看上去简单，其实很不容易做到。后来，道家继承了彭祖的养生学说，发展为辟谷之法。春秋时期鲁国人单豹曾到深山隐居，不穿衣服，不吃五谷杂粮，渴了饿了就喝溪水，到七十岁的时候看上去还像个年轻人一样。

不吃东西，却要长生，这自然有点不科学，但彭祖所提倡的"少吃，不要吃太饱"却是符合现代科学的。

4. 烹调的鼻祖是谁

伊尹是商代著名的思想家、政治家和军事家，同时，他还是一位美食家，对我国烹调做出了巨大的贡献。据史料记载，伊尹幼年的时候被寄养在一个厨师家里，跟着学习烹饪的方法。他长大之后，成为能烧一手好菜的烹饪大师，同时活学活用，将烹饪和治国结合起来。他曾经对商代第一个国君商汤说过治国和烹饪之间的关系，受到赏识，从而被任命为丞相，对商代各个方面都产生了深远的影响。

中国食物的精美在于其味道的调和，也就是烹调。据说，伊尹是烹调的鼻祖，他是第一个将食物"五味"（这里的五，并非就是指五样，而是说多种味道）调和的人。因此，后人会用"伊公调和"这样的词语来形容一个人烹调技术的高超。

伊尹认为，烹调美味，首先要认识原料的自然性质。烹饪时，用火要适度，不能太大，也不能太小，不要违背火的自然原理。食物的味道是非常微妙的，要仔细用心体会。食物放入锅里烹饪，其间的变化更加微妙，用语言无法表达，也要用心感受。如果烹饪的方法得当，食物就会达到"久而不弊，熟而不烂，甘而不浓，酸而不酷，咸而不减，辛而不烈，淡而不薄，肥而不腻"的高水平。我国历史上涌现出很多烹饪大师，但伊尹无疑是最出色的，他的烹调理论，直到现在仍被沿用。

5. 杨贵妃与贵妃鸡

去苏州游玩，在饭店点菜的时候，店员往往会推荐苏州名菜——贵妃鸡。贵妃鸡是怎样的一道菜呢？贵妃鸡选用肥嫩的童子鸡翅膀与香菇、淡菜、嫩笋、青椒一起焖烧而成，菜色鲜艳，绿、乳黄、黑、白相配，令人赏心悦目，香味扑鼻，嫩中有鲜，是当地少有的佳肴。

贵妃鸡，顾名思义，与历史上的某个贵妃有关。说到贵妃，很多人肯定立马想到了唐朝的杨贵妃。没错，贵妃鸡这道菜确实与杨玉环有着很深的渊源。

一天，唐玄宗与杨贵妃一起饮酒作乐，神魂颠倒。喝得醉醺醺的杨贵妃说："我要飞上天。"唐玄宗也醉了，以为她要吃这道菜，就吩咐厨子赶紧去做。厨子愣住了，因为从来没听说过"飞上天"这道菜。但皇帝的旨意不敢不听。正当大家无计可施的时候，一个江苏的厨子想到，鸡的肌胛肉最鲜嫩，鸡又是一种会飞的动物，拿来做"飞上天"肯定不错。他把自己的想法一说，大家都同意了。厨子们找来几只童子鸡，斩下它们的翅膀，与香菇、淡菜、笋片、青椒一起焖烧，色香味俱全，"飞上天"算是做成了。

当太监将"飞上天"端到杨贵妃面前时，她不禁眼前一亮，尝了几口后大声叫好。唐玄宗也尝了尝，连声赞叹，忙问是什么菜。太监回答说，这就是刚才陛下要求做的"飞上天"啊。唐玄宗回想起来，不免尴尬。这时，正吃得津津有味的杨贵妃说："这道菜色艳、肉嫩、味香，都与我相似，不如就叫它'贵妃鸡'吧！"唐玄宗宠爱杨贵妃，自然答应了。

后来，那个厨子告老还乡，将"贵妃鸡"的烹饪方法也带回了苏州，这道菜就一直流传到了今天。

6. 王允与貂蝉豆腐

江西地区有一道名菜，叫作泥鳅钻豆腐，其做法是将泥鳅和整块豆腐放在锅

中煮，随着水温升高，泥鳅受不了，就往内部较为凉快的豆腐里面钻。这道菜有一个很雅致的名字，叫作貂蝉豆腐，又称为汉宫藏娇。它与貂蝉有什么关系呢？

东汉末年，天下大乱，董卓带兵进京，从此把持朝政，挟天子以令诸侯。司徒王允很看不惯董卓的骄横跋扈，就想用计除掉他。王允想和周围的官员合作，但官员们都害怕董卓，拒绝了他。就在他无计可施的时候，养女貂蝉走到他面前，说他可以采用"美人计"，将自己送到董卓的身边，趁机铲除这个心腹大患。王允虽然舍不得貂蝉，但为了杀董卓，只好如此。果然，董卓自此之后沉浸在美色之中，对貂蝉言听计从。同时，王允又将貂蝉献给吕布，并让他几天后上门迎娶。几天后，王允苦着脸对吕布说，貂蝉被他的义父董卓抢走了。吕布听说后气不打一处来，并在不久之后将董卓杀死。

还是不知所云，对吧？别急。清代文学家袁枚是个多事的人，他在江西吃到这道菜之后，觉得雪白晶润的豆腐恰似貂蝉的冰清玉洁，而泥鳅则可比为董卓的奸猾，但最终还是逃脱不了司徒王允为他设计的命运。于是，他就将这道菜命名为貂蝉豆腐。

7. 苏东坡与东坡肉

苏东坡是我国北宋时期著名的文学家和政治家，他在诗文书画方面的造诣都很高，并且对美食也很有研究，现在颇为流行的东坡肉传说就是他发明的。

苏东坡在杭州任知州的时候，一年浙江西部连续降了好几天雨，太湖泛滥，无数庄稼被淹没。苏东坡为了帮助浙江的人民度过困难时期，亲自带头，组织民工疏浚西湖，筑堤建桥，一定程度上缓解了灾害。杭州的百姓们为了感谢苏轼整治西湖，听说他在徐州和黄州做官时最喜欢吃猪肉，就在过年时抬了很多猪肉和酒来拜年。苏东坡不好意思拒绝，就指点家人将肉切成方块，烧得红酥酥的，送给参加疏浚西湖的民工们吃。大家吃后觉得很好吃，就亲切地称之为"东坡肉"。这在《徐州文史资料》《徐州风物志》《徐州古今名馔》中都有记述，应当不是杜撰。

此外，苏东坡还专门写过歌颂猪肉的诗《猪肉颂》："净洗铛，少著水，柴头罨烟焰不起。待他自熟莫催他，火候足时他自美。黄州好猪肉，价贱如泥土。贵者不肯吃，贫者不解煮，早晨起来打两碗，饱得自家君莫管。"在文学史上也是一段佳话。

8. 包子是谁发明的

因为古典名著《三国演义》的演绎，诸葛亮在中国成为家喻户晓的人物，达到无人不知、无人不晓的地步。在《三国演义》中，诸葛亮是卓越的政治家、军事家、发明家，还是一种美食——包子的发明者。

相传，诸葛亮在七擒孟获的过程中，遇到了云南的瘴气，军队难以前进。询问当地的百姓之后，才知道当地多邪术，一定要向神灵祈祷才能获胜。而按照当地的风俗，要祭祀神灵就必须杀人。诸葛亮不忍杀生，就想出了用牛羊肉代替人肉，在外面包上面，做成人头模样，用于祭祀的办法。最后，诸葛亮彻底平定了孟获，而这种里面夹杂牛羊肉，外面有面皮的食物，则被称为"蛮头"，后来才改为馒头。

自从诸葛亮用"蛮头"代替人头祭祀神灵之后，这种食物就作为祭祀品出现。不过，当时的馒头里面都有肉馅，而且个头很大。到了宋代，馒头除了作为祭祀品之外，也走上了餐桌，当时不少太学生都将馒头当成点心。不过，馒头成为食品之后，就不再是人头的形状，又因为其中有馅，被改称为包子。

9. 咬萝卜"啃春"的由来

在农历立春的时候，我国北方的农村有一个习俗，就是无论大人小孩都要吃几口萝卜。这种习俗被称为"啃春"，并且有个神奇的传说。

我国古代是一个农业社会，从三皇五帝开始，历代统治者都将农业放在首位。因此，无论是达官贵人还是平民百姓，都特别注重立春。在立春这一天，统治者要祭天祈福，而平民百姓则会采用各种各样的方式庆祝。

一年立春前，一个村庄里的人们将田地院落收拾妥当，准备热热闹闹地迎接立春时，却暴发了瘟疫，所有的人都染上了一种说不出名的怪病。患上这种怪病的人，个个头重脚轻，好像喝醉了酒一般，浑身上下没有一点力气。

就在立春前一天，附近的一个老道来到了这个村庄，吃惊地发现村里没有一

点儿鸡鸣狗叫声，也没有人声。走访几户人家之后，他才发现村民染上了这种怪病。老道也不知道怎么办，最后他走到村子东头的一棵古树下，盘腿面向南面祈祷。祈祷了半天，老道长舒一口气，飞快地跑回道观，拿起锄头刨了一袋贮藏的萝卜，又赶紧回到村庄。老道赶到村庄的时候，已经立春了。

老道找到一只芦花大公鸡，拔下几根鸡毛，扔在地上，之后开始祷告。他的脑海中又浮现出观音菩萨的劝导：等鸡毛动了之后，让百姓们每人啃吃几口萝卜，瘟疫就会自动解除。过了一会儿，地上的鸡毛突然动了起来。老道惊喜万分，站起来奔向村庄里的每户人家，让他们啃吃萝卜。果然，人们吃了萝卜之后，病全都好了。

后来，人们为了纪念老道，以及救治他们的萝卜，就在立春这天吃几片萝卜，以求平安，渐渐形成了一种风俗。

10. 为什么正月十五吃元宵

西汉文学家东方朔学识渊博，幽默风趣，是汉武帝的宠臣之一。

一年冬天，接连下了几天大雪，而御花园里的梅花开得正好。东方朔想取悦汉武帝，就去御花园里面折梅花。刚进御花园，他发现有个宫女正泪流满面准备投井。东方朔赶忙上前搭救，并问她自杀的原因。原来，这个宫女名叫元宵，进宫之后就不能和家人见面。每当冬去春来的时候，她对家人的思念更加迫切。想到自己不能给父母尽孝，不能与家人团聚，不如一死了之。东方朔听后很同情她，并答应她一定设法让她和家人团聚。

几天后，东方朔在长安街上摆了一个卦摊。很多人都向他求卦，诡异的是，每个人求到的都是"正月十六火焚身"的签语。一时之间，大家都很恐慌。纷纷询问破解的办法。东方朔说："正月十三傍晚，火神君会派一位赤衣神女下凡查访，她就是奉旨烧长安的使者。我将抄录的偈语给你们，你们应当让当今皇上想办法。"说完扔下一张红帖后就扬长而去。

通过当地官员，东方朔的红帖到了汉武帝手中："长安在劫，火焚帝阙，十五天火，焰红宵夜。"汉武帝大惊，连忙请来东方朔。东方朔故作不知："听说火神君最爱吃汤圆，宫女元宵不是经常给皇上做汤圆吗？十五晚上可以让她做好汤圆，皇上你再焚香上供，并命令京城里所有人家照办。接着，再下一道诏令，让市民在十五晚上挂灯，满城点鞭炮、放烟火，造成满城大火的假象，这样就能瞒过火神君了。此外，还要通知城外的百姓在那天晚上进城看灯，好解除灾难。"汉武帝听后照办了。

正月十五晚上，长安城里张灯结彩，元宵的父母带着她的妹妹进城观灯，在看到写有"元宵"字样的大宫灯后，他们一家团聚了。一夜过去，长安果然平安无事，汉武帝就下令每年的正月十五都做汤圆供奉火神君，全城挂灯放烟火。因为元宵做的汤圆最好，人们就把汤圆叫元宵，把这天叫作元宵节。

11. 寒食节与大麦粥

"春城无处不飞花，寒食东风御柳斜。日暮汉宫传蜡烛，轻烟散入五侯家。"这是唐代著名诗人韩君平的《寒食》一诗，简练而生动地描绘了当时的寒食节。关于寒食节的起源，得从春秋时期说起。

春秋时期，晋国发生内乱，公子重耳被迫逃亡。跟随他逃亡的，还有一大批臣子和贤达的人。其中，就有介之推。十九年之后，重耳依靠各种力量，回到晋国做了国君，便是春秋五霸之一的晋文公。晋文公掌权后，提拔和奖赏了跟随他一起流浪十九年的随从，却忘了介之推。而介之推是一个生性淡泊的人，也不在晋文公面前表功。一段时间后，介之推便和母亲在绵山隐居起来。晋文公知道介之推隐居的消息后，非常后悔，就派人到绵山请他下山。可是，他派去的人怎么也找不到介之推，于是就想了一个愚蠢的办法——烧山。他们以为，只要烧山，介之推就会自己逃出来，没想到他宁死不屈，被活活地烧死在山上。晋文公知道后，难过得流下泪来。第二天，他发布了一条命令，在冬至后一百〇五天，晋国的臣民都不得烧火。

这一天不能生火做饭，吃什么呢？人们就只好事先准备好大麦粥等冷食，这就是寒食粥的来历。

第三章　舌尖上的饮食文化

12. 唐伯虎"佯狂使酒"

唐伯虎是我国历史上最出名的才子之一，"唐伯虎点秋香"的故事在民间广为流传。其实，历史上真实的唐伯虎并没有"点秋香"，也不像电视剧里面描述的那样风流倜傥。

唐伯虎天资聪颖，却在 25 岁那年卷入科场舞弊案，仕途无望。此后，唐伯虎的人生就和酒联系在了一起。他年轻的时候"佯狂使酒"，年老后借酒浇愁。1509 年，唐伯虎回到故乡，在苏州城北建成桃花坞，自称桃花坞主，著名的《桃花庵歌》就是在此居住期间写下的。"桃花坞里桃花庵，桃花庵下桃花仙。桃花仙人种桃树，又摘桃花换酒钱……"从诗作来看，唐伯虎的生活态度非常安然潇洒。

一天，唐伯虎和好友张灵相约外出喝酒。他们喝了很多，直到把兜里的钱全都喝光了。唐伯虎还不尽兴，就将衣服送去典当，暂时当作酒钱，继续和张灵痛饮。之后，唐伯虎趁醉画了几幅画，交给店掌柜拿去还钱，才将衣服赎回来。为此，他俩还专门写了一副对联：

贾岛醉来非假倒，刘伶饮尽不留零。

贾岛是唐代诗人，刘伶是西晋文人，都非常能喝酒。在对联中，"假倒"和"留零"都是谐音，相对成趣，令人叹服。

13. 杨贵妃与中秋月饼

杨贵妃除了和唐玄宗演绎了一场轰轰烈烈的爱情悲剧之外，还和很多传统饮食文化有密切的关系，比如前面提到的贵妃鸡。除了贵妃鸡之外，相传杨贵妃和月饼之间也有不解之缘。

一年农历八月十五，杨贵妃和唐玄宗李隆基一起赏月，桌子上摆着葡萄、西瓜、石榴等水果，还有十多种各式各样的糕点，有甜的、咸的，有带馅的、不带馅的，有方的也有圆的。杨贵妃拿起其中一个尝了尝，发现口感特别好，就问身边的太监这糕点叫什么名字。谁知道没有一个人知道，包括做这道糕点的御厨。这时，李隆基说："既然没有名字，爱妃就给取一个吧。"杨贵妃低头看看手中的圆饼，又抬头看着天上的明月，就随口说："那就叫月饼吧。"所有的人都齐声叫好。从此之后，中秋赏月时吃的圆形糕点，就被称为月饼。

14. 腊八节与腊八粥

腊八节是我国的传统节日之一，这个节日的起源和饮食风俗都和佛教的创始人释迦牟尼有关。

据佛经记载，在距今2500多年前，释迦牟尼为了看破世间的烦恼，放弃了王位，在竹林里面苦修了六年。为了苦修，他甚至到了一天只吃一粒米的地步。就在他因为饥饿而快要晕倒之时，他忽然想到，世人沉浸在声色犬马的享乐之中固然不对，但自己这样苦修，又怎么可能得道呢？于是，他决定调整修行方法，并走到离自己不远的恒河，打算在那里用清水洗掉自己因苦修而沾在身上的污垢。

恒河边有两名放牧的女子，一个叫难陀，另一个叫波罗。她们看到释迦牟尼平时苦修非常辛苦，就将肥壮的母牛赶到河中，洗浴干净，并挤出奶汁，敬献给释迦牟尼。释迦牟尼接受了，并说自己很感激她们提供的食物，一定要修成正果，超度众生。

调整了修行方法之后，释迦牟尼在菩提树下坐下，说，如果自己这次没有修成正果，就永不起身。这样过了四十八天，到中国农历腊月初七这一天，释迦牟尼看到了种种预示。第二天清晨，也就是腊月初八，释迦牟尼终于成佛。

因为释迦牟尼在腊月初八成佛，所以这一天就成为佛教里面最盛大、最隆重的节日之一。因为两名女子给释迦牟尼提供牛奶，中国的佛教徒纷纷效仿，在腊月初八这一天用五谷和其他水果做成粥来供奉佛祖，久而久之就成了风俗。

15. 海鲜主打的胶东菜

胶东半岛也被称为山东半岛，是我国三大半岛之一，因为三面临海，海产品丰富，当地人利用丰富的海鲜原料，调制出了以海鲜主打的胶东菜系。

胶东菜系是鲁菜里面的一个重要分支，最为讲究味道。对于一个胶东菜的大

厨来说，味道才是关键，而不像其他菜系一样，要做到"色香味俱全"，因此，胶东菜没有其他菜那样华丽的外形，也没有特别复杂的烹制过程，而鲜美的味道却是其永恒的追求。

古代胶东人甚至认为，吃海鲜就要吃原汁原味的，这与日本吃生鱼片的饮食习惯有相似之处。不过，因为绝大多数中国人都没有生吃的习惯，因此，现在吃原汁原味的海鲜的人也很少。不过，尽量追求食物本身的味道，却是胶东菜一贯的主张。为了达到这种效果，胶东菜的烹制方法就要相对简单很多。一般来说，胶东菜的烹制方法有：煮、蒸、炸、煎等。

一、煮

确切来讲，这种烹制方法应该叫烀，介于煮和蒸之间。比如说，在烹制各种贝类海鲜的时候，胶东人通常将其洗干净，然后直接放入锅中，加上少量水和盐，不放其他调料，盖上锅盖，直到煮熟为止。

二、蒸

这种方法一般用来烹制各种鱼干。比如，胶东人喜欢的鲅鱼干、鲳鱼干等，都是放在锅里面直接蒸熟下酒。

三、煎

煎是胶东菜经常采用的烹制方法之一，主要用于各类新鲜鱼类。胶东人对于烹制的鱼类是否新鲜有很高的要求，在漫长的饮食文化发展历程中，他们逐渐总结出了判断鱼是否新鲜的方法。一般来说，刚打上来不久的鱼，其眼睛中黑白分明；而放了很久的鱼，其眼睛则会变黄，甚至变红。

四、炸

这种烹制方法并不常见，一般用来烹制小鱼或带鱼。

胶东菜比较具有代表性的菜是熘黄菜、雪花肉丸子、猪肋条肉、虾子海参等。

16. 古老与前卫相结合的广东菜

在我国各地的饮食文化中，广东是别具一格的。"广东人什么都能吃，老鼠、蛇、黄鳝……"在平时的生活中，我们常常能够听到这一类的话。在一般人的印象中，广东人似乎什么都敢吃，而这种敢于第一个吃螃蟹的精神，并非到了现在才出现，而是很早就有了。唐代著名政治家和文学家韩愈被贬到潮州做官后，曾写过一些关于潮州的诗作，里面对当地的饮食文化也有涉及。在韩愈的这些诗歌中，就说到广东人喜欢吃蛇、蒲鱼、青蛙、章鱼、江瑶柱等看上去恐怖的野生动物的饮食习惯。

广东菜具有前卫的特点，但也具有深厚的历史底蕴。据史籍记载，早在两千多年前的汉代，广东菜就已经小有名气了。那个时候，广东还没有被开发，属于比较落后的地区，但因为其地理位置偏南，光照和热量充足，盛产各种各样的蔬菜。随着朝代的更替和战乱等原因，有很多人南迁到广东，将中原的传统饮食和广东丰富的菜肴相结合，并逐渐发展成为具有广东本地特色的菜系。

广东菜发源于岭南，广义上由广州菜、东江菜、潮州菜发展而成，以广州菜为代表。它集南海、番禺、东莞、顺德、中山等地方的风味特色，同时吸收了京菜、苏菜、浙菜等外省菜和西餐的优点，融为一体，自成一家。广东菜博采众家之长，用料丰富，选料珍奇，配料精巧，善于在模仿中创新。其烹调技艺多样善变，以炒、爆为主，同时还有烩、煎、烤等，讲究清而不淡，鲜而不俗，嫩而不生，油而不腻，有"五滋"（香、松、软、肥、浓）、"六味"（酸、甜、苦、辣、咸、鲜）之说。广东菜的时令性很强，夏天到广东，吃到的是比较清淡的，而冬春在广东，吃到的菜肴作料丰富，略微重口。广东菜著名的菜品有鸡烩蛇、龙虎斗、烤乳猪、太爷鸡、盐焗鸡、白灼虾、白斩鸡、烧鹅等。

广东菜做法比较复杂，精细，费时，费人工，消费比较高，因此它的受欢迎程度不如麻辣爽口而又价格便宜的川菜。

除了菜之外，广东其余的饮食文化也很发达，如早茶和工夫茶，在各个阶层中都比较流行。

17. 酷炫麻辣话川菜

在四川成都市西北郫县古城镇，有一处独具特色的博物馆，它里面收藏的不是奇珍异宝，也不是古籍文物，而是人们再熟悉不过的各种美味佳肴。这就是世界上唯一一个以菜系文化为陈列内容的活态主题博物馆，其内部又细分为典藏馆、互动演示馆、品茗休闲馆、灶王祠、川菜原料加工工具展示区等。为一种菜系专

门建立博物馆，由此可以想见川菜的影响之大。

近几年来，随着经济的发展，全国各地都有了川菜馆，川菜中独具特色的，以麻辣为主的火锅更是风靡全国。无论冬夏，四川或重庆火锅都是人们出去用餐的优先选择。川菜在我国八大菜系中是最受欢迎的，在我国烹饪史上占有重要地位，因其受众广泛，又被称为"百姓菜"。如此受人欢迎的川菜，是怎么发展起来的呢？

四川在我国历史上被称为"天府之国"，文化底蕴深厚，东边通向两湖，北接陕西和甘肃，西通西藏和青海，南达云南和贵州，交通优势明显。作为交通枢纽的四川，逐渐成为东西南北各种文化的交流中心，在饮食上融汇了东西南北各个风味的特点，博采众家之长，形成了独树一帜的川菜。

四川位于长江上游，气候温和，雨量充沛，辖区内河流众多，自然生态环境较好，成都平原是我国的几大粮食产区之一。至于蔬菜和各种家畜家禽，山珍野味，更是数不胜数。丰富的原料，为川菜的麻辣生香打下了坚实的基础。

川菜采用作料丰富，有干烧、鱼香、怪味、椒麻、红油、姜汁、糖醋、荔枝、蒜泥等复合味型，造就了其"一菜一格，百菜百味"的特点。川菜所采用的烹调方法也很多，有炒、滑、熘、爆、煸、炸、煮、煨等，其中小煎、小炒、干煸和干烧都有比较独到的地方。

川菜以麻辣为主，这与当地的气候环境有很大关系。曾经是四川辖区的重庆，名列"三大火炉"之中，整个四川夏天都比较热。食用麻辣的食品，能给人提神，还可以排除一些湿气。

18. 奢侈又清淡的闽南菜

福建和广东一样，在先秦两汉时期都是不毛之地，文化极为落后。因为瘴气弥漫，很不适合人类生存。到了唐代，南方的优势逐渐凸现出来。隋朝开通的京杭大运河，将南北经济文化连接起来。从安史之乱发生到明朝建立这600多年的时间里，许多北方人因为战乱迁往南方，不少选择广东和福建南部作为居住地。这些南迁的汉人，除了给当地带来先进的生产技术之外，还带来了中原地区悠久而又独具魅力的饮食文化。就这样，闽南菜在民族交融的过程中逐渐形成。

闽南菜中以泉州菜作为代表，很好地保存了古代北方的一些饮食文化和烹调技术，如"羹"，泉州的肉羹、虫豪仔羹、粉羹都保留了最古朴的烹调方法。泉州是海上丝绸之路的起点，在唐宋以来就是我国商贸对外交往的重要门户。当时很多外国人来泉州经商，并将他们独特的饮食习惯带到了泉州。如目前在泉州流行的沙嗲菜，原本是印度尼西亚的著名菜式，就是在那个时期传到泉州的。

闽南地区位于我国东南沿海，背靠武夷山，海岸线较长，气候温和，雨量充沛，光照和热量都很充足。得天独厚的气候环境，为闽南人带来了种类丰富的海鲜，以及其他地区不大容易能找到的山珍野味，保证了闽南菜的丰盛。此外，闽南菜的调味品也值得一提。明代郑和下西洋后，从东南亚带回来咖喱、沙茶、芥末等香辣型的调料，形成了以本地口味为主题，同时具有西餐的独特风格。

不过，现在的闽南菜随着人们口味的变化，很多调料在用料是一致，味道很浓的特点，而是突出清鲜香脆，口味清淡，酸甜适宜。

19. 苏菜与《随园食单》

"上有天堂，下有苏杭""腰缠十万贯，骑鹤下扬州"，这些俗语或者诗句，都道出了江浙地区的繁华和人们生活的富足。

江苏东部靠海，省内大小湖泊星罗棋布，水产品和海产品都非常丰富，是我国有名的鱼米之乡。因为丰富的水产品原料，苏菜擅长烹制鲜活淡水产品，讲究刀功，注重火功。久而久之，形成了擅长炖、焖、蒸、炒，重视调汤，保持原汁，风味清鲜，浓而不腻，淡而不薄，酥松脱骨而不失其形，滑嫩爽脆而不失其味的苏菜。

苏菜由金陵菜、淮扬菜、苏锡菜、徐海菜组成。其味清鲜，咸中稍甜，注重本味，在国内外享有盛誉。其制作特点是：用料广泛，以江河湖海水鲜为主；刀功精细，烹调方法多样，擅长炖、焖、煨、焐；追求本味，清鲜平和；菜品风格雅丽，形质均美。

清代文学家袁枚长期在江苏生活，对苏菜情有独钟，在这里写下了我国烹饪史上的经典巨著《随园食单》。所谓"随园食单"，其实就是他把自己在江南吃过，或者听过的美味佳肴，用小品文的形式做的一个记录。这是一本系统论述烹饪技

术和南北菜点的重要著作，现在已经被译为英语、法语、日语等多种语言。

《随园食单》在 1792 年出版，分为须知单、戒单、海鲜单、江鲜单、特牲单、杂牲单、羽族单、水族有鳞单、水族无鳞单、杂素单、小菜单、点心单等十四个方面，用大量的篇幅详细描述了我国从 14 世纪至 18 世纪中流行的 326 种南北菜肴和点心，对于美酒名茶也有涉及。据研究过《随园食单》的专家介绍，这本书出版以来，中国的菜肴到现在都没发生根本性变化，而袁枚推崇的很多美食，到现在还为很多人所追捧。

苏菜中比较著名的菜品有松鼠色、蛋烧卖、美人肝、凤尾虾等。此外，江苏南京等地的小吃也很有特色，如盐水鸭、卤鸭胗肝、鸭血粉丝汤等，后者近两年风靡全国。

20. 浙菜精品西湖醋鱼

浙菜是我国汉族八大菜系之一，富有江南特色，历史悠久，源远流长，是著名的地方菜种。

浙江菜的历史可以追溯到河姆渡时期，到明清逐渐成形。浙江临海，烹饪资源丰富。当地人利用丰富的烹饪资源，创造了丰富多彩的烹调技法，其中以炒、炸、烩、熘、蒸、烧 6 类为擅长。浙菜常用的烹调方法有 30 多种，因料施技，注重主配料味的配合，口味富有变化。浙菜注重原味，同时制作精致。

浙菜历史悠久，品种丰富，菜式小巧玲珑，菜品鲜美滑嫩、脆软清爽，其特点是清、香、脆、嫩、爽、鲜，在中国众多的地方风味中占有重要的地位。浙菜主要有杭州、宁波、绍兴、温州四个流派所组成，各自带有浓厚的地方特色。

浙菜中许多菜肴都富有美丽的传说，文化色彩浓郁是浙江菜一大特色。其中最为动人的传说则为"西湖醋鱼"。

"西湖醋鱼"是浙菜中的代表性菜品，选用西湖草鱼做原料，在烹制前一般要将鱼饿上一两天，让它将肠道内的排泄物都清除干净。西湖醋鱼在烹制的时候，对火候要求非常严格，必须在三四分钟之内烧得恰到好处。烹制好后，再浇上一层平滑油亮的糖醋。这样，一道美味的西湖醋鱼就做成了。西湖醋鱼鱼肉鲜嫩，味道酸甜可口，带有蟹味，别具特色。

关于这道名菜，还有一个动人的传说。

古代杭州有一个姓宋的人家，兄弟两人满腹经纶，大的叫宋兄，小的叫宋弟，都很有学问。他们无意仕途，就在西湖边靠打鱼为生。一天，当地恶棍赵大官人在西湖边看到一个正在浣纱的妇女，非常美丽，就想要霸占她。派人打听之后，才知道是宋兄的妻子宋嫂。于是，他使用各种卑鄙的手段害死了宋兄。赵大官人的举动让宋弟和宋嫂非常愤怒，他们就决定去官府，伸张正义。没想到官府和赵大官人沆瀣一气，非但不予理会，还将每个人痛打了一顿。回家后，宋嫂担心赵大官人报复，就让宋弟赶快收拾行装外逃。临行前，她烧了一碗鱼，烧法奇特，里面加糖加醋。宋弟吃后就问嫂嫂：今天这个鱼的味道怎么这么奇特？嫂嫂说，这道鱼有甜有酸，是想让你逃出去以后千万不要忘记你哥哥是怎么死的；如果你的处境变好，不要忘记老百姓和嫂嫂的辛酸。几年之后，宋弟取得功名归来，回到杭州做了高官，终于报了杀兄之仇。杀兄之仇虽然得报，但嫂嫂的下落却一直查找不到。一天，他去赴宴，吃到了嫂嫂曾经为他做的那道鱼，连忙追问做鱼之人姓甚名谁，最终才找到嫂嫂。原来，宋嫂在宋弟逃走后也隐姓埋名，做了厨子。

久而久之，这道菜和这个动人的传说就在杭州流传开来，并逐渐成为浙菜中的精品。

除了西湖醋鱼之外，浙菜中的一些精品菜背后也有很多故事，可见浙菜的文化底蕴。

21. 京菜及其代表谭家菜

京菜又被称为京帮菜，以北方菜为基础，吸纳各地的风味调和而成，在我国饮食文化中享有盛名。

北京从元代开始长期作为中国的首都，其特殊的地位致使京菜集全国烹饪技术之大成，不断地吸收各地饮食精华，吸收了汉满等民族饮食精华的宫廷风味以及在广东菜基础上兼采各地风味之长形成的谭家菜，至今享有盛名。

谭家菜是我国最著名的官府菜之一，也是京菜中的卓越代表。谭家菜因为清末官僚谭宗浚而得名，他在同治二年参加科举考试，得中榜眼，因此又被称为"榜眼菜"。烹制方法以烧、炖、煨、烤、蒸为主，在清朝末年渐渐发展起来，并一

直保存到现在。值得一提的是，谭家菜是唯一保存到现在的官府菜，目前由北京饭店独家经营。

谭宗浚中榜眼之后，先后出任四川督学，江南副考官等职位。他特别喜欢珍馐美味，为人又好客大方，常常在家中宴请宾客。他尤其喜欢袁枚的《随园食单》，经常去厨房中亲自指导。他还用重金聘请了当时在北京居住的著名大厨，学会他们掌握的烹饪技能，将家乡的广东菜和北京风味结合，创造出自成一派、风味独特的"谭家菜"。

"谭家菜"到清末民初声名大震，当时社会各界的名流，都以能够用"谭家菜"宴请客人为荣。谭宗浚死后，他的儿子坐吃山空，维持不下去之后，就用"谭家菜"悄悄承办各种家庭宴席，虽然碍于面子，没有挂上餐馆的招牌，但生意却非常兴隆，很多人慕名而来，希望一尝真味。到了20世纪30年代，"谭家菜"已经成为经久不衰的时尚招牌菜，因此社会上曾一直流传着"戏界无腔不学谭（谭叫天即谭鑫培）、食界无口不夸谭（指谭家菜）"的说法。

谭家菜咸甜适口，调料讲究原汁原味，制作讲究火候足、下料狠，菜肴软烂，因而味道鲜美、质地软嫩，无论南方人还是北方人都很喜欢。谭家菜自成体系，有菜品近三百种，以发制烹调海味菜最为有名，清汤燕窝更是令人叫绝。谭家菜在制作过程中讲究小火慢炖，因此，想要吃上正宗的谭家菜，还得有足够的时间耐心等待。

除了谭家菜之外，京菜比较有特色的还有烤鸭和涮羊肉。烤鸭是北京的名菜，涮羊肉、烤牛肉、烤羊肉原是北方少数民族的食法，辽代墓壁画中就有众人围火锅吃涮羊肉的画面。现在，涮羊肉所用的配料丰富多样，味道鲜美，其烹调方法几乎家喻户晓。

22. 徽菜及其一绝"绩溪一品锅"

徽菜是我国汉族八大菜系之一，属于安徽菜的一部分，通常只指徽州菜。

徽州是我国古代的一个郡县的名称，辖区包括今安徽省黄山市、绩溪县及江西婺源县。

在我国汉族八大菜系中，徽菜的历史相对要短一些，它起源于南宋年间。古徽州位处北亚热带季风性气候与北亚热带湿润性气候交界处，雨量较多、气候适中，物产特别丰富。据调查，黄山植物就有1470多种，其中不少可以食用。除了植物之外，这里的野生动物也很多，而徽州大部分是山区，种类就更多了。山珍野味，构成了徽菜主佐料的独到之处。徽菜中的名菜有"火腿炖甲鱼""红烧果子狸""腌鲜鳜鱼""黄山炖鸽"等。

徽菜中最享有盛名的代表为"绩溪一品锅"。

民国时期，著名作家梁实秋先生在吃了徽菜中的代表菜品"绩溪一品锅"后，赞不绝口，在文章中写道："一只大铁锅，口径差不多二尺，热腾腾地端上来，里面还在滚沸，一层鸡、一层鸭、一层肉、一层油豆腐，点缀着一些蛋饺，锅底下是萝卜、青菜，味道好极。"简练而又生动的文字，对"绩溪一品锅"做了很好的介绍。

绩溪一品锅发源于安徽省绩溪县上庄，因为现代著名思想家、政治家和社会活动家胡适先生而更加有名，被称为胡适一品锅。这道菜咸鲜微辣，鲜嫩可口，已经成为人们到绩溪旅游点名享用的美味佳肴。

绩溪一品锅是怎么发展起来的呢？这得从绩溪的人文地理环境说起。绩溪民风淳朴，文化底蕴深厚，但因为山路崎岖，很少有宾客到来。因此，一旦有宾客到来，绩溪人都会格外高兴，一定要将自己家所有的山珍野味都加上，做成一锅。久而久之，就成了安徽的一道名菜，宋代文学家苏辙、清代皇帝乾隆都对绩溪一品锅赞不绝口。到了民国时期，胡适担任驻美大使期间，经常用这道菜来招待外宾，并亲自命名为绩溪一品锅，使徽菜走向世界。

绩溪一品锅的做法很简单，就是在菜的上面加菜，直到加满一锅，其寓意为日子一天更比一天好。

23. 康熙大寿与满汉全席

康熙皇帝是我国历史上在位时间最长的皇帝。为了缓和满汉之间的矛盾，康熙在自己66岁大寿时，摆宴3天，命御膳房做了300多种美味佳肴，宴请满汉大臣。康熙还当场赐字"满汉全席"。此后，制作精美，原料丰富，色香味俱全的满汉全席便成为我国饮食文化的瑰宝。

满汉全席一般有 108 道菜，荤素齐备，用料精细，山珍海味无所不包。学者李斗之曾在《扬州画舫录》中描述过满汉全席的盛况：豪华的满汉全席上，精美菜肴无所不有，包括燕窝鸡丝汤、海带猪肚丝羹、鲍鱼汇珍珠菜、淡菜虾子汤、鱼翅螃蟹羹、鱼肚煨火腿蒸驼峰、梨片伴蒸果子狸、蒸鹿尾、鲫鱼舌烩熊掌、糟蒸鲥鱼等。

在吃满汉全席时，一般先吃满菜，再吃汉菜，之后又换过来。清朝末年，这一奢华的宫廷盛宴逐渐流传到民间，成为人们展示奢华的象征。到了民国时期，满汉全席又有大小之分，大满汉有 108 道菜，小满汉有 64 道菜。1949 年之后，满汉全席因为奢华、麻烦而逐渐走进了历史。现在，人们一般用"满汉全席"来比喻丰富精美的宴席。

24. 孔府宴

孔府宴是我国宴席规格较高的宴席之一，一般用于接待贵宾、袭爵上任、生辰祭日、婚丧喜寿等重要的大型活动。

孔府宴可以分为几大类，有平常的，也有宴请皇帝和钦差大臣等上流人士的，几乎无所不包。孔府宴因完全遵循了孔子"食不厌精，脍不厌细"的美食，集我国宴席之大成。

孔子是我国儒家学派的创始人，其思想一直影响至今。他生活在礼崩乐坏的春秋末期，主张将"礼"作为最高的社会规范。在饮食上，孔子追求"食不厌精，脍不厌细"。汉代以后，孔子的思想学说影响越来越大，先后有很多帝王对孔子加封、追谥，而他的后代则被称为衍圣公，无论什么朝代都受到很好的礼遇。因为孔子巨大的影响力，不少帝王都会来到他的故乡曲阜祭奠。祭孔的时候，有的皇帝或者高官会带上厨师。皇帝和高官用餐，又在孔子的故乡，自然非常注重礼节。渐渐地，以讲究礼节和高规格孔府宴成型了。孔府宴集全国各地美食精华，集鲁菜之大成，色、香、味、形、名、料等俱佳。

孔府宴与一般宴席有所不同，比如喜宴在开席前要鸣放鞭炮，讲究一菜一格，一菜一味。此外，孔府宴上的每道菜都有一个美丽的传说。其菜名也非常讲究，寓意深远。有的菜名典雅古朴，富有诗意，如"诗礼银杏"等；还有的表达吉祥如意的美好祝愿，如"吉祥如意"等。孔府宴有五大宴：寿宴、花宴、喜庆宴、迎宾宴和家常宴。

25. 全鸭席

我国有很多著名的全席，北京全鸭席、天津的全羊席、上海的全鸡席、无锡全鳝席、广州全蛇席、苏杭全鱼席、四川豆腐席、西安饺子宴、佛教全素席等。其中，最著名的当属北京全鸭席。

全鸭席首创于北京全聚德烤鸭店。全鸭席上，除了著名的烤鸭之外，还有用鸭的舌、脑、心、肝、胗、胰、肠、脯、翅、掌等为主料烹制的不同菜肴，多的时候竟然可以达到100多种。

北京著名的全聚德烤鸭店原以经营挂炉烤鸭为主，后来围绕烤鸭，供应一些鸭菜的就餐方式。随着全聚德的不断发展，厨师们将烤鸭前从鸭身上取下的鸭翅、鸭掌、鸭血、鸭杂碎等制成全鸭菜，全鸭席的雏形就此形成。

全鸭席的每道菜都以鸭为原材料，其特点是"全都有鸭"而非"全部是鸭"，因此被称为全鸭席。全鸭席围绕鸭，充分展示出厨师们高超的烹饪水平。全鸭席虽然是北京菜，但集中了全国多个地方的美食口味，如水煮鸭心走的是川味路线，干锅手撕鸭里的红辣椒摆出正宗湘菜的架势，萝卜丝饼是典型的淮扬小点，可夹上一点点鲜美的碎鸭丁，滚烫地进嘴，鲜香无比。

26. 流水盛宴——洛阳水席

洛阳水席始于唐代，到现在已经有1000多年的历史了，是我国迄今保留下来的历史最久远的名宴之一。它和牡丹花会、龙门石窟一起被称为洛阳三绝，是洛阳人的骄傲。

传说，洛阳水席是唐代著名风水大师袁天罡设计的，他写下的预言奇书《推背图》在民间影响很大。他夜观天象，看到武则天将要当皇帝的征兆，但又不能泄露，就设计了洛阳水席这一盛宴来预示武则天的政治生涯。

洛阳水席共有24道菜，8个冷盘、4个大件、8个中件、4个压桌菜，冷热、荤素、甜咸、酸辣齐备。洛阳水席的上菜顺序极为讲究，首先上8个冷盘，这是下酒菜，每个冷盘都是荤素三拼，共16样；酒过三巡之后，可以上热菜了，首先是4大件热菜，其间，每上一个大件热菜，就跟着上两道中件；最后4道菜是压桌菜，其中一道是鸡蛋汤，又称为送客汤，表示菜已经上完了。

袁天罡设计的洛阳水席，每道菜汤汤水水，表示武则天称帝是水到渠成的事情，24道菜则表示武则天会总揽朝政24年。这可能是后人的杜撰，据现代美食家研究，洛阳水席的起源和它的地理气候有直接的关系。洛阳四面环山，雨少干燥，冬天寒冷，运输不发达，没有水果，因此民间菜肴多做成汤类。这一盛宴，之所以被称为水席，一是因为每道菜都离不开汤汤水水，二是一道接着一道，好像行云流水一般。

洛阳水席在洛阳人心中是最高规格的宴席，常用它来款待亲朋好友。

27. 仪狄造酒与酒的起源

一天，夏禹的妃子向他进献了一种饮料。夏禹喝后，觉得口感很好，于是就开怀痛饮起来。结果，醉得一塌糊涂，连应当及时处理的国事也耽误了。夏禹清醒后，妃子告诉他，这种饮料叫作酒，是一个名叫仪狄的人发明的。夏禹听了，又对自己饮酒后的感觉进行了反思之后，马上向全国发布了一道命令，对饮酒做出了特别严格的限制，说酒虽然是好东西，但喝多了就会醉，就会耽搁应该及时处理的事情。之后，他还不忘谆谆告诫说："你们一定要记住我的话啊，后世肯定会有因为饮酒而亡国的国君。"

这个在中原地区广为流传的传说，在史籍上也有记载。西汉文学家刘向在《战国策》里写道："昔者，帝女令仪狄作酒而美，进之禹，禹饮而甘之，曰：'后世必有饮酒而亡国者。'遂疏仪狄而绝旨酒。"这个传说在《战国策》《吕氏春秋》等古籍里面均有记载，人们认为仪狄是酒的发明者。但在《博物志》《酒经》等古籍里面，又有另外的说法。因此，关于中国酒的起源，可谓众说纷纭，除了仪狄造酒说之外，还有三种说法：上天造酒说、猿猴造酒说、杜康造酒说。其中，流传最广的是杜康造酒说。由于时间过于久远，而仪狄、杜康等都是商代以前的人，没有确切的文字记载，已经不能考证了。

不过，我国酒的历史可以追溯到上古时期却是不争的事实。《史记·殷本纪》记载，商纣王"以酒为池，悬肉为林""为长夜之饮"。《诗经》里则有"十月获稻，为此春酒""为此春酒，以介眉寿"一类的诗句，都表明我国的酒文化已经有超过五千年的历史了。

28. 武松打虎和白酒的出现

读过《水浒传》的人，都会对"景阳冈武松打虎"这个故事印象深刻。武松在那个叫作"三碗不过冈"的酒店里面连喝了十八碗酒，最后还赤手空拳打死了一只老虎。武松的酒量也真是吓人，那么，他喝的是什么酒呢？是不是我们现在喝的白酒？

其实，在元代以前，中原地区流行的酒，都是发酵酒。发酵酒又称原汁酒，是指酿造后不经过蒸馏直接饮用的酒，酒精含量较低水分含量很高，和我们现在喝的葡萄酒差不多，酒精含量在 10 度到 15 度之间。因此，武松还能在喝了十八碗酒之后徒手打死一只老虎。

现在盛行的白酒，即透明无色的蒸馏酒，其蒸馏技术是到了元代才出现的。在蒸馏过程中，因为酒的沸点比水低，最先得到的多是"酒之精华"——酒精了，酒精含量自然就高。虽说酒能够促进血液循环，刺激大脑使人兴奋。但如果武松喝的是这种蒸馏酒的话，早就酒精中毒送医院了，这些精彩的故事也就不会发生。

29. 茴香豆与黄酒完美搭配

20 世纪 80 年代，有几个中国作家到日本拜访著名作家渡边淳一。考虑到中日饮食习惯的差异，渡边淳一请他们吃中餐。不一会儿，饭桌上摆满了红烧肉、糖醋排骨、鱼香肉丝、水煮鱼等中国人喜欢的美味佳肴。大家正要动筷子的时候，渡边淳一笑着说："先等等，绍兴黄酒都还没上来呢，没有绍兴黄酒，吃中餐岂不是有形无实？"众人一听，连连称是。

绍兴黄酒究竟是怎样的一种酒，以至于渡边淳一说中餐席上没有它就"有形无实"呢？它又有怎样的讲究？

绍兴黄酒有着极为悠久的历史，是世界三大古酒之一，而且只有中国生产。因为酿酒所用的水只能用绍兴当地的，所以被称为绍兴黄酒。出了绍兴，哪怕用的正宗绍兴黄酒的酒方，也只能称作仿绍兴黄酒。绍兴黄酒是我国十大名酒之一，其发展对整个绍兴地区的影响十分巨大。据 1932 年《中国实业志》记载：绍兴黄酒年产四千三百万斤（约为 21500 吨），绍兴每年从酿酒业得到的收入就达约160 万元。当然，很多人看到这个数据可能不以为然，一年才 160 万，也太少了吧？不过，当时的物价水平较低，鲁迅先生曾花三千块钱就在北京买了一栋别墅。这样算来，160 万在当时已经是很大的一笔收入了。

不过，绍兴黄酒的出名，大半缘于文人雅士们的喜爱。尤其是经过鲁迅先生的神笔渲染后，绍兴黄酒可谓身价倍增。绍兴自古就是文人雅士聚居的地方，饮酒肯定要有下酒菜。经过时间的推移，绍兴的下酒菜到现在已经极富地方特色，而且种类繁多。绍兴黄酒的下酒菜有高、中、低等档次，高档的有鸡、酱鸭、鱼干、酥鱼等，而卤花生、芽豆、豆腐干、素鸡等则属于中档菜。不过，酒店中最普通、最受平民百姓欢迎的当数茴香豆。在小说《孔乙己》中，鲁迅先生描述了孔乙己用茴香豆下酒的经典场景。

茴香豆到底是怎样的一种下酒菜呢？听起来很高雅，其实就是我们日常生活中再熟悉不过的蚕豆，它用干蚕豆，加清水入锅，再加上茴香、桂皮、精盐、老酒煮透后，晒干制成。茴香豆清香味美，经久耐嚼，价格低廉，难怪上至达官贵人，下至孔乙己这样的落魄书生，都会喜欢它了。

现在，去绍兴旅游的人，都要就着茴香豆喝一喝绍兴黄酒，这大概是当时的鲁迅先生想象不到的吧？

30. 茅台酒的传说

茅台酒作为中国的国酒，已经是天下闻名。不过，在 20 世纪初之前，茅台酒一直"养在深闺人未识"。那么茅台酒又是如何成名的呢？这里还有一段不得不说的掌故。1915 年，巴拿马太平洋万国博览会上，北洋政府以"茅台公司"的名义，将土瓦罐包装的茅台酒送去参展。外国人看到茅台酒包装一般，很是不屑。一名参展的工作人员很是气愤，情急之中想了个点子，将装茅台酒的瓦罐摔得粉碎，顿时酒香扑鼻，而茅台酒也一举夺冠，从此一摔成名。

见过茅台酒的人，稍微细心点都会发现，它的瓶颈上有两条红丝带。这是为什么呢？原来，这背后也有一个故事。

相传，在几千年前，贵州赤水河畔有一个茅台村，那里只有几十户人家。除了一户人家比较富裕之外，其余的人都很穷。这里的人们都喜欢酿酒，但技术很平常。

一年腊月，一个衣衫褴褛的姑娘来到茅台村乞讨。她先到了富人家，对正在烤酒的帮工说："烤酒大哥，给口酒喝吧，暖暖身子。"帮工给她舀了一碗酒，才要递到她面前时，富人出来了，并气势汹汹地夺过姑娘手里的碗，把她赶走了。

之后，姑娘乞讨到一对年老的夫妇家里来。老夫妇见她可怜，忙把她请进家里，并给她准备好了酒和饭食。酒足饭饱之后，还给她安排了住处。

姑娘睡下后，老头开始箍酒甄，没想到不知不觉就进入了梦乡。他在梦中看见一个美丽漂亮的仙女，肩披两条大红飘带，袅袅婷婷，站立在五彩霞光中。仙女手捧夜光杯，将杯里的琼浆玉液向着茅台村一洒，一条清澈的溪流便从半山腰直泻而下，注入赤水河中。之后，仙女将溪流点了一下就不见了。这时，老头的耳边响起了一个熟悉的声音："就用这条小溪的水酿酒吧。快，水进屋了！"

老头睁开眼睛一看，天已经亮了，而昨天那个上门乞讨的姑娘已经不见了。他和老伴说起这个梦来，吃惊地发现老伴也做了相同的梦。他们打开门一看，村边果然有一条清澈见底的溪流。从此之后，他们就用这条小溪里面的水来酿酒，酒酿出来色香味俱佳。茅台村的人们为了纪念这位"仙女"，便将"仙女捧杯"作为茅台酒的注册商标，并特意在瓶颈上系上两条红绸带子，用来象征仙女披在肩上的那两条红飘带。

这当然是传说，茅台酒的历史非常悠久，可以追溯到战国时代。据说，汉武帝曾经喝过茅台酒，并大加赞赏。不过，茅台酒真正出名是在清代，贵州仁怀生产的"茅台春"和"茅台烧"深受人们的喜爱，经过几个世纪的酝酿后，逐步发展成为誉满全球，跻身世界三大名酒之一的茅台酒。

31. 醉倒杏花村的贺鲁将军

"清明时节雨纷纷，路上行人欲断魂。借问酒家何处有？路童遥指杏花村。"诗人杜牧的这首《清明》，可谓家喻户晓。而和诗一起家喻户晓的，还有酒文化兴盛的杏花村。

杏花村酿酒的历史比较悠久，可一直追溯到北魏时期。杏花村出产汾酒和竹叶青，有很多关于酒的动人传说，但最为人津津乐道的莫过于贺鲁将军和神泉的传说。

相传贺鲁将军能征善战，爱护百姓，到哪里都会受到热烈的欢迎。一天，他率兵出征，路过杏花村，很远就闻到了酒香。大家都在私下纷纷议论：要是能去杏花村尝一下汾酒和竹叶青该多好啊。贺鲁将军知道大家的心思，就传令军队开进杏花村。

杏花村的村民们听说贺鲁将军来到，都很高兴，把珍藏多年的好酒拿出来款待他们。贺鲁将军接过村民们递上来的汾酒，入口绵绵，回味甘甜，余香不绝。他连声夸赞：好酒！好酒！他的战马闻到酒味后，也昂首嘶鸣。村民们忙把酒糟取来，战马吃得一干二净。

因军情紧急，贺鲁将军不能久留，就传令大军出发。行军到达距离杏花村不远的壶芦峪时，酒性渐渐发作，大家都口干舌燥，希望能找点水喝。就在这时，战马马蹄不断地往下刨，最后竟然刨出一股清澈的泉水。将士们喜出望外，纷纷上前畅饮泉水。泉水甘甜爽口，将士们都称赞这是一股"神泉"。

后来，杏花村一连几个月大旱，庄稼枯死，井水枯竭，只有这股泉水长流不断。于是，人们就都赶来这里挑水酿酒。用这股泉水酿出来的酒，味道更加清爽甘甜，芳香扑鼻。为了纪念贺鲁将军，当地人就将这股泉水命名为"马刨神泉"。

32. 古绍兴嫁女必饮女儿红

浙江绍兴有个裁缝，工作兢兢业业，积蓄颇丰，成年后娶了一个貌美如花的妻子。"事业有成，美人在抱"的他高兴极了。古话说，福无双至祸不单行，但裁缝还真是好福气，结婚不久后妻子就怀孕了。裁缝特别高兴，满心期待妻子给他生个大胖小子，延续香火。

到了妻子快要临盆的时候，他买了好几坛黄酒，准备宴请街坊四邻，一同庆祝，分享喜悦。谁想到，妻子临盆的时候，生下的不是男孩而是女孩。古代社会重男轻女，裁缝失望极了，也没有心思宴请亲朋好友，而买来的好酒也无心再喝，就暂且埋在了院子里的一棵树下。

后来，女儿渐渐长大，乖巧懂事，漂亮可爱。除了帮助母亲做女红之外，还料理其他家事，常常把裁缝逗得很开心。这个时候，裁缝才觉得，女儿也挺好的。

一晃十几年过去，到了女儿出嫁的年龄。在女儿出嫁时，裁缝宴请了很多亲朋好友。前来祝贺的朋友都说他有福气，生了这么一个好女儿。裁缝很高兴，招呼大家喝酒，喝着喝着，酒不够了。他这时才想起，当年女儿出生时埋在树下的那些酒，于是赶紧将那些酒取了出来。谁知酒坛开封之后，香气扑鼻。亲友们都围过来，要求品尝，还怪他藏了这么好的酒不早点拿出来。裁缝也很感意外，没想到自己无心埋下的酒，竟然会变成芳香醇厚的人间佳酿。

亲友们喝完之后，都问，这个酒叫什么名字啊？裁缝看着即将出嫁的女儿，回想起女儿出生时的场景，不禁感慨万千，就脱口而出：女儿红。

从此之后，隔壁邻居、亲朋好友家在女儿出生时都会埋上一些黄酒，等女儿要出嫁的时候挖出来请客，渐渐就成了风俗。

33. 二郎镇里话郎酒

"上游是茅台，下游接泸州；船到二郎滩，又该喝郎酒。"这首民歌，在四川和贵州交界的赤水河地区广为传唱。

赤水河是中国最著名的"美酒河"，其独特的地理环境和优良的水文气候特征，酝酿了茅台、董酒、习酒、郎酒、潭酒、怀酒等数十种蜚声中外的美酒。

生产郎酒的古蔺郎酒厂就位于赤水河畔的二郎镇上。关于郎酒的来历，还有一个动人的传说。

相传，赤水河以前有个青年叫李二郎，爱上了美丽灵巧的姑娘赤妹子。赤妹子从小失去父母，在舅舅家长大。舅舅嫌贫爱富，见李二郎孤苦一人，家境贫寒，

就不同意将赤妹子嫁给李二郎，但又不好直接拒绝，就说："谁要娶我家赤妹子，必须拿出一百坛美酒作为订婚礼物。"李二郎孤苦无依，到哪里去找这一百坛酒呢？不过，在爱情力量的驱使下，他对赤妹子发誓："只要你真心爱我，耐心等着，我一定抬一百坛好酒来娶你。"

从此之后，李二郎成天在赤水河边的乱石滩上挖呀、刨呀，寻找泉眼。功夫不负有心人，在经过日复一日、年复一年的努力后，他挖出了酒泉，酿出了美酒。在乡亲们的帮助下，他抬上一百坛好酒迎娶了赤妹子。

后来，在赤妹子的帮助下，李二郎酿出的酒更加甘醇，名扬四方。后来，人们就把李二郎酿造的酒称为"郎酒"。

1984年，在第四届全国名酒评比中，郎酒以"酱香浓郁，醇厚净爽，幽雅细腻，回甜味长"的独特香型和风味而闻名全国，第一次获得全国名酒的桂冠。

34. 竹林七贤和酒

竹林七贤是魏晋时期的七个名士：阮籍、嵇康、山涛、刘伶、阮咸、向秀和王戎。他们以嵇康为代表，狂放不羁，常常相聚在河南的一片竹林下喝酒。在这些人中，最有风格的是阮咸。阮咸每次和族人一起喝酒，总是要用大盆装酒，不用酒杯，也不用酒具，大家围坐在酒盆四周，用手捧酒喝。有一次，猪群闻到酒味，跑到盆前来，也要喝酒，阮咸不但不去赶，反而凑上去和猪一起喝酒。他的狂放不羁，由此可见一斑了。

不过，在竹林七贤里面，最出名的酒徒是刘伶。刘伶经常自言自语地说："天生刘伶，以酒为名，一饮一斛，五斗解酲。"我刘伶是一个天生的酒徒，连名字都是酒，一喝就是一斛，喝到五斗才有一点点感觉。据说，他出门的时候经常带着一个酒壶，乘着驴车，一边走，一边喝酒，并让一个带着挖掘工具的仆人跟在身后，说，要是我喝酒喝死了，你就挖个坑把我埋了吧。他写过一篇《酒德颂》，是我国文学史上的千古绝唱。

民间一向有杜康造酒刘伶醉的传说，现在市面上还有叫刘伶醉的酒，他真是当之无愧的"酒圣"。

其实，魏晋时期的名士并非真正喜欢喝酒，而是社会动荡不安，他们的抱负不得施展，以至于借酒浇愁，以酒避祸。

35. 魏文帝与葡萄酒

一天，魏文帝曹丕下了一道诏书，大意是：有过很多经历的人，才会懂得时间的道理。我们中国的珍宝实在是太多了，我就和你们说说葡萄吧。葡萄这种东西，在夏秋之交，半夜酒醉醒来的时候吃极为可口，甘而不饴，酸而不脆，冷而不寒，味长汁多，内心的烦躁一扫而空，也不口渴。用来酿酒，容易让人醉，要醒来却也容易。才说到它已经流口水，何况是亲自品尝呢？这世界上还有可以和葡萄匹敌的水果吗？

这就是著名的《诏群医》。作为皇帝，在给医生的诏书中，不仅谈到了吃饭穿衣，还绘声绘色地描述了葡萄和葡萄酒，可谓空前绝后。

葡萄酒是红酒的一种，据说秦汉时期的人们已经懂得酿造。葡萄酒度数不高，但后劲较大，喝起来比较爽口，不知不觉间就醉了。在白酒尚未真正发明的年代，葡萄酒深受人们喜爱。除了曹丕之外，文学家陆机、庾信、白居易等人都很喜欢喝葡萄酒。据说，唐太宗对葡萄酒也特别喜爱，还喜欢自己动手酿造葡萄酒，款待群臣。

36. 刘玄石与千日醉

志怪小说《搜神记》中有这样一个故事。

在魏晋南北朝时期，有一个叫狄希的人，特别擅长酿酒。他酿的酒色香味俱佳，但一般不轻易卖给别人，因为人们喝了这种酒之后会醉上一千天。当时有一个叫刘玄石的酒鬼，听说之后就来买酒喝。狄希对他说，我这个酒还没成熟，不敢让你喝啊。刘玄石哪里肯依：即便是还没有成熟，你也让我喝一杯吧。狄希拗不过他，就给他打了一杯。刘玄石喝了之后，连声感叹，真是好酒啊，再给一杯吧。狄希说，你还是回家去吧，以后再来，你刚刚喝了这一杯，就能让你醉一千天。刘玄石恋恋不舍地走开了，临走的时候，脸上已经有醉酒的迹象。等他回到家里面，已经

醉倒了。他的家人们都以为他死了，就哭着把他埋了。

三年之后，狄希想起刘玄石来，就去了他家，问刘玄石在家吗？他的家人不高兴地说，刘玄石早死了，你这不是犯忌讳吗？狄希吃惊地说，他是喝了我酿的美酒，将会醉上一千天，现在酒应该醒了。就让他家人把坟墓挖开，刚挖开就见刘玄石张口说："真是醉死我了，畅快。"之后，他就问狄希："你酿的是什么酒啊，让我一杯就醉倒，睡到现在，现在是什么时辰了？"众人大笑。他们呼吸了从刘玄石口里面出来的酒气之后，也纷纷醉倒，回家睡了三个月。

"千"在古代汉语里往往是虚指，可能只是醉了一段时间，但绝不会是三年。

4

第四章
千奇百怪的生活知识

1. 为什么一洗澡就想尿尿

有时候，我们在洗澡时可能不太注意，只要自己脱掉衣服，裸身站在莲蓬头下等水淋在头上，此时最强烈的感觉就是想尿尿，这种念头是无论如何也遏制不住的。这种洗澡时想尿尿的感觉不管是在大人、小孩、男人、女人，还是在那些前列腺肥大、小便困难的人中，都会有所体现，并且十分强烈，这是为什么呢？

第一个原因是：我们的身体皮肤非常敏感，只要身体的皮肤一碰到热水的时候，血液循环就会变快，人的膀胱就会变得膨胀，所以就会感到有尿意。

第二个原因是：人从小养成的习惯，也就是人体的条件反射。这要归功于小时候我们的父母为了让我们顺畅小解会吹口哨，这种记忆会让我们一听到水声就想起被嘘尿的情景，因此一进入浴室，尿意就会随之而来。

所以说，洗澡时想尿尿是一种非常正常的现象，没有必要过于担心。

2. 热水和冷水哪个灭火效果更好

在日常生活中，如果家里着火了，不要惊慌失措，用水及时浇灭就行。但是，在着火时，我们不免会思考是用热水灭火好还是用冷水灭火好呢？

根据我们了解的一般常识，用冷水灭火效果更好，因为冷水可以迅速降低火的温度。的确，冷水灭火很好，但是要想更有效地灭火，最好使用热水。物体要想着火必须满足三个条件：一是达到着火点；二是有火源；三是有充足的空气。因此，要想把火扑灭，就得从这三个方面来加以遏制。冷水可以达到降低着火点的目的，但是另外两个条件却无法满足。而用热水灭火，热水能在短时间内迅速汽化，产生水蒸气，把火源覆盖，使火源得不到充足的氧气而无法燃烧，所以，热水能够从两个方面来遏制火势的发展。

不过还是要注意，生活中一定要小心用火。虽然热水灭火效果好，但要想在危急时刻得到大量的热水来灭火是非常困难的事情哦！

3. 为什么刚起床时脸肿得像猪头

现今，充足的睡眠已成为爱美的女孩子们最崇尚的美容方法。但很多女孩在自己刚睡醒的时候是不敢直接见人的，因为她们刚起床时，觉是睡醒了，但脸却肿得像猪头。这是为什么呢？

其实这种现象是非常正常的，根本不用大惊小怪。这种现象的产生跟人自身的新陈代谢有关。人体内的细胞是靠着动脉来运送水分的，但人体内并不是水越多越好，当体内水分过多的时候，则由静脉来代谢出去。这是人体保持适量水分的办法。但是，一旦人长时间保持同一个姿势不动，细胞内就会累积过多的水分，脸部就会肿起来，也就是我们说的水肿。

女孩们要想改变这种困扰，最好的方法就是提前起来洗漱、走动，或是做简单的运动，因为人一运动，新陈代谢的过程就会加快，多余的水就会排出去，水肿也就消除了。

所以说，爱漂亮的美女们，该起床的时候，千万不要赖床哦。

4. 世界上只有2月14日一个情人节吗

记得有文章这样描述爱情：只要你愿意，每个月都有情人节。这话说得并非没有道理。其实，除了我们知道的2月14日情人节外，每个月的14日都有其不同的含义。

1月14日，日记情人节（Diary Day），这天情侣间会互赠日记，象征两人将携手走向新的一年。

3月14日，白色情人节（White Day），男孩于2月14日送礼物给女孩后，女孩便会在3月14日"回礼"，有些地方则是女孩于2月14日送礼物给男孩，

男孩在 3 月 14 日 "回礼"。

4 月 14 日，黑色情人节（Black Day），这日单身贵族会聚首一堂，互相打气、鼓励。

5 月 14 日，黄色与玫瑰情人节（Yellow and Rose Day），这天如果穿上黄色衬衫或套装，是暗示大家我仍是单身（I am still available）的最好方式。

6 月 14 日，亲吻情人节（Kiss Day），在这一天情侣可以不必害羞，大方亲吻对方表达爱意。

7 月 14 日，银色情人节（Silver Day），是带爱侣回家见家长的好日子。

8 月 14 日，绿色情人节（Green Day），不妨与爱侣走到郊外，享受一下大自然的清新。

9 月 14 日，音乐与相片情人节（Music Day and Photo Day），这天适合举行大型的社交活动，同时亦是将情人介绍给朋友或同事认识的好机会。

10 月 14 日，葡萄酒情人节（Wine Day），适合情侣在浪漫且别致的餐厅内共进晚餐。

11 月 14 日，橙色与电影情人节（Orange Day and Movie Day），情侣在这天可多看两部电影。

12 月 14 日，拥抱情人节（Hug Day），这是一个和情人拥抱多久都可以的节日，而且在寒冷的天气里更显得特别温馨。

所以，别再苦苦等 2 月 14 日那天了，其实每个月的 14 日都是情人节哦，赶快去浪漫一番吧。

5. 挠痒痒会让我们死亡吗

朋友之间，恋人之间，有时候会用挠痒痒来互相取乐。有人问了，挠痒痒是以一种娱乐的方式捉弄别人，逗别人开心的，但是，如果长时间挠痒痒，让那个人一直笑的话，他会死亡吗？

答案是肯定的。其实，早在古罗马时期，就已经有了 "笑刑"。施刑者把囚犯绑起来，然后在囚犯的脚底板上刷上山羊喜欢的盐水，然后牵来一只山羊，让它对着囚犯的脚底板大舔特舔。手脚被铁链牢牢捆住的囚犯，只能不停地摇晃身体，狂笑直至慢慢死去。"笑刑"在古罗马时期是一种比严刑拷打更加残忍的刑罚。

人在被挠痒痒的时候会持续狂笑，使得我们肺部的空气越来越少，呼吸的能力也就越来越弱，最后人便会由于缺氧而慢慢死去。

所以，请记住，挠痒痒要以互相愉悦为限度，那样的话，就不会对他人造成生命危险了。

6. 荷叶真的可以减肥吗

每到炎热的夏天，当人们看到池塘里绽放的荷花时，我们都会被荷花的美丽吸引而驻足观赏，此刻内心也会悠然升起一股惬意感。其实，能让我们感受到荷花益处的，不仅仅是因它的魅力，更因红花下面的荷叶。有人说，荷叶有减肥的作用，然而这种说法有科学道理吗？荷叶真的能够减肥吗？

荷叶就是指莲的叶，味呈苦涩，清暑利湿，消暑解热。夏天的空气又热又湿，荷叶正是消暑的良品。但随着科学的发展，科学家们发现荷叶中有一种叫荷叶碱的物质，荷叶碱中含有多种有效的化脂生物碱，能有效地分解体内的脂肪，并且能强劲地将其排出体外。同时，荷叶碱能够强悍地密布在人体的肠壁上，形成一层脂肪隔离膜，阻止脂肪吸收，防止脂肪的堆积，如果荷叶碱长期寄存在人体内的话，就会抑制人体对脂肪的吸收，从而让人对荤腥油腻的食物逐渐产生反感。

所以在夏天来临的时候，选择用新鲜的荷叶熬粥，既能消暑降温，又可降脂减肥，还能排毒养颜，岂不美哉乐哉。

7. 屁能够点燃吗

毛主席说"屁乃五谷杂粮之精华"。不过，说俗气点儿，屁其实放出来的就是气体而已。那么我们放出来的屁可以点燃吗？

首先我们来分析一下屁的成分。屁是一种由大肠杆菌和肠道内的其他细菌产生并由肛门排放出来的气体。它主要含有 9% 的氮气、20% 的氢气、9% 的二氧化碳、7% 的甲烷和 4% 的氧气，还有大约 1% 的硫化氢、氨及其他物质。其中，

氢气和甲烷是可以燃烧的。当屁中的可燃氢气和甲烷达到一定浓度的时候，不但可以燃烧，甚至会产生爆炸。

但庆幸的是，屁在放入空气的同时已经被空气给稀释了，使得其中的可燃气体的浓度不至于过高。同时，也很少有人可以去点燃屁。但在某些特定的场合，屁还是十分危险的。比如在航天飞机上，宇航员放屁就有可能引起火花，后果不堪设想，所以，宇航员在飞行过程中要尽量减少放屁。同时，我们平时放的屁的温度大约是37℃，速度大约为3.05米/秒，大多数人一天放屁14次。

所以，当我们听到别人放屁的声音时，可以窃笑、可以嘲笑，但注意，一定不可以用点燃别人屁的方式来捉弄他们哦，因为那是会引起爆炸的。

8. 吃芦荟会中毒吗

芦荟属于百合科植物，原产于非洲，被誉为"可取代医生"的药物。近几年，芦荟被人们炒得非常热，亦成为很多饭店菜谱上的"常备将军"。可是，吃芦荟，会不会对我们的身体造成伤害呢？

我们都认为芦荟是药，美容养颜，有助于消化。但是俗话说，"是药三分毒"。芦荟是含有毒素的植物之一，中毒剂量为9～15克，通常情况下，在食用后8～12个小时内会出现恶心、呕吐、腹泻、剧烈腹痛、出血性胃炎等症状。事实上饮用芦荟汁以后，导致中毒的病例也不在少数。根据报告显示，怀孕中的妇女若饮用芦荟汁，会导致骨盆充血，甚至造成流产。对生产后的女性，芦荟的成分混入乳汁，会刺激孩子，引起孩子下痢。对此，有关食品卫生监督部门明确表示：芦荟有一定毒性，未经卫生部门批准，一律不准用芦荟做食品原料。因此，奉劝广大朋友，只有在医生的指导下才能饮用芦荟汁。

所以，在食用芦荟时，一定要谨慎哦。

9. 吃生鸡蛋好吗

很多人都爱吃鸡蛋，这不但是因为鸡蛋美味，还在于鸡蛋所含的丰富的蛋白质和多种维生素。鸡蛋作为我们生活中重要的一种食材，它的吃法有很多种，可蒸可煮可煎，但有的人偏偏喜欢生吃鸡蛋，认为越是天然的越好，认为生吃鸡蛋不仅营养丰富，容易消化，还可以润嗓、润肠。那生吃鸡蛋真的对身体有益吗？

答案恰恰相反。生鸡蛋由于没有经过烹饪，我们吃到肚子里后不但不易消化，而且几乎有一半营养要被排出体外而浪费掉。更严重的是，有些生鸡蛋，尤其是农家散养的鸡下的蛋，上面会残留有大量的细菌或者寄生虫。人一旦吃了生鸡蛋，就极有可能把这些寄生虫带入体内，给身体带来伤害。所以鸡蛋要做熟后再吃，蛋白质才容易被消化吸收，其中的维生素也不会被浪费掉。

告诉你个秘密，其实，鸡蛋最有营养的吃法是煮着吃哦。

10. 为什么大便都是黄黄的

这是个不雅的问题，但却是个非常给力的问题。人们在跟别人吹牛的时候，绝对可以提出这个给力的问题：为什么大便都是黄黄的？

这个问题很多人都没有注意，即使注意了也不会去过多地想为什么。其实，大便的颜色跟我们的新陈代谢有关。这是因为所吃的食物由食道进入胃里以后，就会遇到一种物质——由肝细胞所合成的胆红素，胆红素有助于食物的消化和吸收，它通过胆道系统进入消化道，大部分都被重新吸收了，返回肝脏。但是，并不是所有的胆红素都回到了肝脏，余下的那部分就转化为了粪胆原，被氧化后就表现为黄色。

但是，很多人吃的食物的色素比较重的话，大便的颜色就会产生与色素相一致的颜色。如我们吃了大量的西瓜后，大便的颜色就会呈现红色；吃多了肉类，大便就会呈现黑色。你弄明白了吗？

11. 为什么浪花是白色的

如果去海边旅游，你可能会发现一个奇怪的现象，海水看起来是湛蓝色的，可是被风卷起的浪花却是白花花的，这是为什么呢？

要想说清楚这个问题，我们还得先从生活中的另一个小常识说起。细心的人们会发现，一般的玻璃杯都是无色透明的，杯子打碎以后成了一片一片的，还是无色透明的，但是当我们用笤帚把它们扫到一起的时候，这些碎碴却变成了白晶晶的一堆了。更有趣的是，玻璃打得越碎，堆起来的颜色看起来越白，如果把玻璃碾成了碎末，那简直就像是一堆雪花。这是为什么呢？

原来，玻璃的透光性非常好，当光线穿过玻璃的时候，就会发生折射和反射。当玻璃碎了以后，细小的透明玻璃屑里有许许多多的棱角，会形成很多不规则的形状，再加上层层叠叠地堆在一起，光线穿过的时候，在每一个棱角上发生折射，大部分的光线不能顺利地透过去，有的光线经过曲折的路径发生多次折射后，又回到人的眼睛中，所以，我们看到的就是一片白色。

浪花和水珠就像是生活中打碎的玻璃碎末，它也是光线折射所造成的奇幻效果。

12. 雪花真的是白色的吗

唐朝诗人韩愈在《春雪》中写道："白雪却嫌春色晚，故穿庭树作飞花。"从诗中我们似乎品味出来雪的颜色是"白色的"。人们在下雪天的时候也会发现，漫天飞舞的雪花看起来的确都是白色的。

但是，如果我们将手伸出来，让雪花落在自己的掌心时，却发现雪花其实都是晶莹剔透、无色透明的。但是，为什么我们看到的雪花都是白色的呢？

大家还记得上节所讲的浪花和碎玻璃经由光线折射后看起来是白色的原理吗？雪花看起来是白色的原因跟碎玻璃非常相似。因为构成雪花的是冰晶，冰晶有着非常复杂的结构，它的结构构成跟金刚石差不多，这些冰晶结构对光线做了充分的反射和折射后，映入我们眼帘的就是白色的了。

记住，雪花实际上是晶莹剔透，没有颜色的。

13. 丧服用黑色是为了哀悼死者吗

在看电影的时候，你有没有发现这样一个有趣的现象：在西方国家，甚至是在日本，人死的时候，家人在送别时，都穿上清一色的黑色礼服。有人说，这个很正常，奔丧时穿上黑色的衣服显得严肃，这样更能够表达对死去的亲人的尊重。但真实的原因是这样的吗？

其实不然。在西方国家，人们认为人死后都是有灵魂的。当人们在参加丧礼的时候，死者的灵魂会在天上看着他们，这个时候，如果你穿着颜色太过鲜艳的衣服，就会被死者的灵魂看到，然后就会被死者的灵魂残害致死。但是，如果穿黑衣服的话，就不会那么容易被死者的灵魂发现了。身穿黑色的丧服其实不是为了哀悼死者，而是惧怕死者的灵魂。

下次再去殡仪馆送别逝者的时候，你还敢穿得大红大绿吗？

14. 麻将中的"东南西北"为什么和实际方位相反呢

有人说"麻将"应该被授予"诺贝尔和平奖"，因为所有的人都去打麻将了，这个世界就没有人去打仗了。这不过是句玩笑话，却道出了麻将在国人心目中的地位。爱打麻将的人们会发现，我们在打麻将的时候，按东南西北的顺序顺时针方向坐，和实际的方位完全相反，这究竟是什么原因呢？是不是这里面有什么大的乾坤呢？

这个现象非常好解释，这是因为在打麻将的时候，东南西北其实只是代表一、二、三、四的出牌顺序，和方位根本没有任何关系。再加上人们大部分都是习惯用右手拿牌，所以将"东南西北"变成了逆时针方向，纯粹是为了方便而已，根本没有任何值得我们考究的地方！

所以，可不要经常纠结在这个问题上哦！

15. 为什么人在喝完酒后小便的时间比较长呢

很多人都会出去应酬，而在宴席上"无酒不欢"的习俗的确是中国酒文化的一大特色。只是很多人在喝完酒后会发现一个有趣的现象：自己小便的时间比平时长很多。有的人会说了，这没有什么啊，在酒场上，大家为了尊重客人，一般

是不轻易离开桌子去上厕所的，于是就选择憋着，尿憋多了，尿的时间也就长了；还有人认为这是酒精的作用，酒精有利尿的作用，使得人体新陈代谢加快，尿液也就产生的多。

其实，以上观点都是错的。造成我们酒后小便时间比较长的原因是我们在喝完酒后，大脑神经在酒精的作用下，对膀胱的感觉能力就变得非常迟钝。一般而言，膀胱达到200cc时，大脑就会通知我们去尿尿，但当人们喝醉的时候，膀胱达到最大极限的时候，人的大脑还是感觉不到，使得膀胱容量达到了400~500cc。所以，我们喝醉酒后去上厕所，尿量是平时的两倍还多，尿尿的时间也就自然变长了。

16. 遇到车祸时，跳车往后跳还是往前跳

汽车的发明确实给社会的发展带来了诸多益处，但是，任何事情都不是完美的，汽车的出现虽然提高了人的移动速度，可也同样加速了人的生命死亡速度。往往只是一瞬间，一个鲜活的生命就会消殒。当我们遇到交通意外的时候，如果我们选择跳车逃生，是往前跳安全还是往后跳比较安全呢？

遇到这种异常紧急的情况，生死攸关时，你可千万不能做错决定哦。假如你决定朝车子行驶的方向跳出车厢的话，你必死无疑。因为运动的物体都是有惯性的。离开了车子的身体会遵循这个"惯性法则"随着车子的速度向前，身体会依然加速度，然后狠狠地摔在地上。如果我们选择向后跳的话，速度会相应地抵消一部分，着地时就会相应地减少一些撞击力道。同时，大家要记住，如果你选择向前跳的话，着地的时候，身体就会自然往后仰，后脑撞到的可能性就比较大，死亡的概率也就会大大提高。

所以，请一定要记清楚，车祸跳车逃命时，一定要选择向后跳哦！

17. 你不知道的扑克牌知识

早期的欧洲扑克牌张数与现在不同，今天的五十四张一副据说是由法国人发

明的。

（1）今天的扑克牌总计有五十二张正牌，是因为一年有五十二个星期；

（2）扑克牌总计有方块、红桃、黑桃、梅花四种花色，是因为一年可以分为春夏秋冬四季；

（3）扑克牌的每种花色都是十三张，是因为每个季节都包括十三个星期；

（4）如果计算一下每种花色的个数（把"J"作为十一，"Q"作为十二，"K"作为十三），正好是九十一，因为每个季节平均为九十一天；

（5）把四种花色的个数相加，再加上大小王各占半，总数为三百六十五，和一年的天数相同（闰年时就把大小王各作为一）；

（6）扑克牌中的 J、Q、K 共十二张，表示一年有十二个月，这是因为太阳在一年中要经过十二个星座；

（7）至于扑克牌分为红、黑两种颜色，则分别表示白昼与黑夜；

（8）扑克牌的四种花色有不同的说法：一说代表四行（黑桃——象征军人、梅花——象征农民、方块——象征工匠、红桃——象征牧师），一说来源于占卜器物图（黑桃——橄榄象征和平、红桃——红心象征智慧和爱情、梅花——三草象征幸福、方块——钻石象征财富）；

（9）扑克牌中的 J、Q、K 分别是 Jack(侍卫)、Queen(王后)、King(国王)的缩写，分别代表历史上的十二名人物，例如：红桃 K 代表查理（不蓄胡子）、方块 K 代表恺撒（侧面像）、黑桃 K 代表圣人中的大卫等。

18. 纽扣为什么会"男左女右"呢

我国男女衣服的开襟也有"男左女右"之分。男衣纽扣一般在右，扣门在左，由左向右扣衣；而女性的衣服则相反，一般扣门在左，从右往左扣衣。据说这与古代生活也有密切关系。当时，男人狩猎或出征多用右手执戈挥矛，而女人抱婴喂乳则多用左手，右手便于料理家务。此外，男"左"女"右"的说法在我国相当普遍，就连如今男女结婚拍结婚照也是"男左女右"。

为何男士的纽扣在衣服右边？原因有三：其一，古时男人在解衣时，还不忘随时可能发生的危险，为了拔出别在右边腰际的剑，他们左手解扣子，右手拔剑，

因此，衣服的纽扣被缝制在右边；其二，在平常的时候，男人要从事许多劳动，普遍右手比较灵活，这样，用右手解扣在衣服左边的扣子显然容易得多；其三，男人大都比较性急，做什么事情都图快，自然纽扣在衣服右边，能够省下不少宽衣解带的时间。

那为何女士的纽扣在衣服左边？原因有二：其一，古时女士解衣，一般都是侍者或男人的事情，那么对侍者或男人来说，当然是用右手解在衣服左边的扣子比较方便了，而对女士本人来说，则就把扣子缝制在衣服的左边了；其二，即便是女士本人解衣，用左手解，肯定没右手方便，没右手快，但正因为这种慢，才能凸显女人的韵味，犹抱琵琶半遮面那才叫魅力。

19. 饭后一杯茶真的能帮助消化吗

很多人都有一个习惯，那就是在吃完饭后，给自己泡上一杯浓茶，喝上几口，认为这样可以帮助消化。这种饭后一杯茶的习惯好吗？饭后饮茶真的能够帮助消化吗？

其实，饭后饮茶是一个非常不好的习惯。这是因为：饭后，胃部受到食物的刺激，会分泌大量胃溶液来溶解食物。食物被溶解后，才能被我们的消化系统所吸收。如果我们在饭后立即喝茶的话，茶水会冲淡胃部所分泌出来的胃液，减慢消化。同时，茶叶里还含有一种化学成分，可以使食物凝固而影响人体对蛋白质的吸收。

还有，在饭后一个小时内饮茶也是不合适的，饭后一至两个小时再喝茶是最适宜的。

20. 肥皂是怎么产生的

人们每天洗手洗脸的时候都会用到肥皂，因为肥皂能够很好地祛除污渍和油迹。但是，你们知道世界上第一块肥皂是怎么产生的吗？

这还得从古埃及说起。在很久以前，有一个埃及国王的御厨在做饭的时候一不小心把炒菜用的油盆给碰翻了，巧的是，这个油盆里的油正好洒在了炭灰上。这个厨师怕国王发现了，赶紧把这些黏了油脂的炭灰用手捧起来给扔在了垃圾桶里。回来后，他赶紧用清水冲洗手上的油灰，这个时候，厨师惊奇地发现，他的手上竟然起了很多的泡沫，而且手洗得又光滑又干净。厨师干脆就用炭和油做成了皂块，用它来洗手，第一块肥皂就这样诞生了。

其实，生活中的很多细节都能给我们带来灵感的。

21. 水壶的底部为什么是波浪形的呢

当你走进厨房，看到水壶的时候，你把它拿起来放在手上看一眼，你会发现一个奇怪的现象，水壶的底部竟然是波浪形的。这似乎很奇怪，因为我们炒菜的锅底部是平的，做米饭的电饭煲内胆底部也是平的，那为什么偏偏水壶的底部要是波浪形的呢？

把水壶的底部设计成波浪形就是为了让壶底与火焰的接触面积变大。波浪形的水壶，增加了壶底的底面积，这样，在烧水的时候，水壶的底部就与火接触的面积变大，传递的热量也越多，水自然就烧得越快了。同时，波浪形的壶底还可以增加水壶的弹性，使水壶更加坚固。

电热水壶的底部是平的，那是因为里面弯曲的电热棒本身就加大了烧水的速度。

22. 煮饺子的时候一直盖着锅盖好吗

一过年，必吃饺子，饺子俨然已成为我们中国最传统的食物了。但是，我们在包好饺子后，去煮的时候，是要一直盖着锅盖还是不盖锅盖呢？这里面其实是有窍门的。

在煮饺子的时候遵循"盖上盖子煮皮，打开盖子煮馅"这个方法就好了。也就是说，在煮饺子的时候不要一直盖着锅盖煮，也不要不盖锅盖煮。这是因为饺子的皮儿很薄，当锅里的水沸腾的时候很容易就被煮熟，而盖上盖子当然就熟得

更快了。但是，如果我们在煮饺子的时候始终盖着盖子，锅里的水分蒸发不出去，水温又高，很容易就把饺子皮煮得又软又烂，而里面的馅却依然是生的。所以，我们在水滚开了一会儿后，就要把锅盖打开，让水不断蒸发来带走热量，而受热膨胀的饺子，因体积增大，漂浮在了水上，就避免了马上被煮烂的危险，可以多煮一会儿，饺子馅自然就煮好了。

23. 切洋葱时嚼口香糖就不会流眼泪吗

很多人都喜欢吃洋葱，但是却不喜欢切洋葱，因为我们在切洋葱的时候，由于洋葱散发出的味道刺激性比较大，往往把我们弄得泪流满面。其实，在我们切洋葱的时候，只需要在嘴里嚼片口香糖就可以轻松化解流泪的难题。

我们每个人的下眼睑部分有个小孔，这个小孔非常奇特，它是和鼻梁、咽喉相通的，这个孔的作用就是用来排出我们泪腺中多余的泪液的，通常这个孔是利用泪液本身的自重来排除多余的泪液的。但当泪腺分泌的泪液过多，小孔来不及排出时就产生了眼泪。

切洋葱时产生的辛辣气体会使我们的眼睛受到刺激，泪腺分泌的泪液增加，就会不由自主地流泪。但是，当我们在嘴里嚼一片口香糖的时候，我们的上下颌不断地开合，在张开嘴的瞬间口腔内部空间变大，会在内部形成负压从而把泪液通过这个小孔吸到我们的口腔，这样，眼睛里就不会有多余的泪液，那么我们自然也就不会流眼泪了。

24. 牙疼了怎么快速止痛

俗话说，"牙疼不是病，疼起来要人命"。牙痛的滋味，一般的人几乎都体会过，确实使人难以忍受。特别是在夜晚，牙痛起来去医院很不方便，实在痛苦。但是，如果掌握必要的应急方法，至少可减轻一时的疼痛。

牙痛快速止痛的急救措施：

（1）用盐水或酒漱几遍口，可减轻或止痛。

（2）用棉签或筷子蘸白酒点在牙痛处，会麻醉神经，很快止痛。

（3）用水摩擦合谷穴（手背虎口附近）或用手指按摩压迫，均可减轻痛苦。

（4）用花椒一枚，噙于龋齿处，疼痛即可缓解。

（5）牙若是遇热而痛，多为积脓引起，可用冰袋冷敷颊部，疼痛也可缓解。

（6）白胡椒10克研成末，加酒精调成糊状，分4次放入牙洞内。

（7）针刺同侧劳宫穴，中度刺激，进针1～2次，上下捻不留针。

（8）用冰块按摩合谷穴5分钟。

（9）乌梅12个，分别含于口中，或兼含糖球也可。

（10）生猪油、新棉花各少许，用棉花裹猪油烤热，咬在患牙痛处片刻，一次一换，反复数次。

25. 怎么喝水更健康

水，是生命之源。没有水就没有生命。可是，在喝水的时候，你有没有一个科学的方法呢？怎么喝水才更加健康呢？下面告诉大家一些健康喝水的知识：

（1）睡前喝一杯水，可以预防心梗和中风；

（2）起床的时候喝一杯水，可以预防便秘；

（3）运动前喝一杯水，会感觉不疲劳；

（4）饮酒时喝水，可以减少酒后口渴；

（5）焦躁时喝水，可以让我们保持脑子清醒；

（6）晚上烧出的开水，水质最佳，更适于饮用；

（7）不要大口地喝水，那样等于没有喝，一定要小口喝；

（8）瓶装水最容易滋生细菌，最好别直接对着瓶口喝。

26. 如何简单鉴别化妆水的真假呢

很多女人为了美丽，都会购买化妆水。但市场参差不齐，尤其是很多以次充好的化妆水让我们不但花了很多的冤枉钱，而且用了后，对我们的皮肤还有损害。

很多人根本没有鉴别化妆水真假的能力，往往就因此当了冤大头。那么，我们该如何简单地鉴别化妆水的真假呢？

最简单的方法就是拿着化妆水使劲儿摇，摇完后看泡泡：

（1）泡泡少，说明营养成分少；

（2）泡泡多且大，说明含有水杨酸，洁肤的效果较好，但刺激性大，易过敏；

（3）泡泡很多很细，而且很快就消失了，说明含酒精，不要长期使用，容易伤害皮肤的保护膜；

（4）泡泡细腻丰富，有厚厚的一层，而且经久不消，那就是好的化妆水。

27. 喝酒怎么做才不容易醉

中国有着悠久的酒文化，这也形成了我们"无酒不成欢"的习俗。无论在什么场合吃饭，有了酒，就有了一种氛围。但是，很多人大多数时候"不胜酒力"，尤其是迫不得已要饮酒的时候，往往醉得很快。那么我们在酒桌上的时候，怎么做才能避免喝醉呢？

（1）喝酒时切记不能饮用刺激性的饮料，比如柠檬水、冰水等；不要和可乐、汽水等碳酸饮料一起喝，这类饮料中的成分能加快身体对酒精的吸收。

（2）喝白酒时，不要为显豪爽一饮而尽，酒得分成几口喝。喝啤酒，须等到啤酒沫消失以后再喝，否则，轻则腹胀难受，重则现场直吐。

（3）喝酒的间隙不要喝酸奶，因为酸奶中的酸与酒中的醇发生化合反应会产生水，导致胃内会覆水难收。

（4）喝酒的时候应该多吃绿色蔬菜和一些豆制品，因为酒精对肝脏的伤害较大，而蔬菜中的抗氧化剂和维生素以及豆制品中含有的卵磷脂具有保护肝脏的功能。

（5）喝酒时宜慢不宜快。饮酒后5分钟乙醇就可进入血液，30~120分钟血液中乙醇浓度可达到顶峰。饮酒快，则血液中乙醇浓度升高得也快，很快就会出现醉酒状态。若慢慢饮入，体内就有充分的时间把乙醇分解掉，乙醇的产生量就少，不易喝醉。

（6）食饮结合。饮酒时，吃什么东西最不易醉？吃猪肝最好。这不仅是因为其营养丰富，而且因为猪肝可提高机体对乙醇的解毒能力，常饮酒的人会造成体内维生素 B 的丢失，而猪肝又是维生素 B 最丰富的食物，故吃煮猪肝或炒猪肝是饮酒时的最佳配菜。

28. 指甲上的月牙代表什么呢

有很多人喜欢研究自己指甲上的月牙，因为它在某种程度上代表着我们的健康状况。我们主要研究的是在指甲 1/5 处所出现的一个白色的半月形，这就是半月痕，有些人称为小太阳。指甲是阴经阳经交接处，甲床有丰富的血管及神经末梢，是观察人体气血循环变化的窗口。《黄帝内经》讲"阴阳交泰生动气，动气者十二经之根本"。所以指甲半月痕又称健康圈，是人体精气的代表。半月痕的发育深受营养、环境、身体素质的影响，当消化吸收功能欠佳时，半月痕就会模糊，减少，甚至消失。所以半月痕可以反映人体正邪的状况和推断疾病以及愈后的吉凶。那么正常的半月痕有什么表现呢？

（1）数量上，双手有八至十个手指要有半月痕；半月痕越少，表示精力越差，体质越寒，免疫力越差；无半月痕者，也不表示一定有疾病，但是需要注意的是，往往不病则已，一病则较难痊愈。

（2）在形态上，半月痕的面积占指甲的 1/5；半月痕面积小于 1/5，则表示精力不足，肠胃吸收能力较差；半月痕面积大于 1/5，则多为心肌肥大，易患心脑血管、高血压、中风等疾病。

（3）在颜色上，一般为奶白色，越白越好，表示精力越壮；粉色表示肝脏功能下降，体力消耗过大，容易引起糖尿病；紫色代表气血淤滞，血黏稠高，容易引起心脑血管、血液循环不良、供血供氧不足、动脉硬化等症状；黑色则表示大病将至，多见于严重心脏疾病、肿瘤或长期服药，药物和重金属中毒等症状。

所以，关心自己身体的男士女士们，赶紧看看你手指上的半月痕吧。

29. 痘痘长在脸上的位置意味着什么

很多爱漂亮的男士也好、女士也罢，越是不想脸上长痘痘，却偏偏长得满脸都是。那么，痘痘长在不同的地方是不是意味着我们的身体出问题了呢？答案是肯定的。

a. 额头痘 VS 肝脏

如果你的额头上总有大粒的痘痘不断，那说明你的肝脏已经积累了过多的毒素，不规律生活、昼夜颠倒、长时间熬夜等都会让肝脏不能正常工作，毒素就会积累下来。长此以往，痘痘就在额头上长了很多出来。这个时候，我们就要去适当地调整自己的心情、按时睡觉，而且要多喝水。

b. 鼻翼痘 VS 胃

当鼻翼处长出痘痘时，除了此处油脂分泌旺盛的原因外，还是胃火过大、消化不良的表现。如果鼻头还有轻微脱皮现象，表明血液循环也不是很好。另外，经常便秘和胃胀气的人也容易长鼻痘。这个时候我们就要尽量少吃一些刺激性的食品，减少肉类摄取，谢绝火锅、冷食和辛辣食品。食物和水都要是温热的，以免刺激胃液分泌过多导致胃酸，胃酸也会让胃火加剧。另一种说法就是，与卵巢机能或生殖系统有关。不要过度纵欲或禁欲，多到户外呼吸新鲜空气。

c. 唇周痘 VS 肠

便秘或者肠热，吃了太多辛辣、油炸食物是嘴唇周围长痘的原因，当然，如果使用含氟过多的牙膏也会刺激长痘。如果出现这种情况就要多吃高纤维的蔬菜水果，调整饮食习惯，同时也可以适当地按摩腹部，问题就可迎刃而解。

30. 世界上最长的英文单词是哪个

你能想到吗，世界上竟然存在由 1913 个字母构成的最长的英文单词？没错，这个单词实际上是一种叫"色氨酸合成酶"（tryptophansynthetase）的蛋白质。这个单词最早出现在 20 世纪 60 年代一本叫作"化学摘要"的杂志上的。因为当时人们在表达蛋白质序列的时候，是按照把所有的氨基酸序列整个列出来作为它的名字的。虽然人们后来发现这种命名方法不可取，很快就更改了命名规则，但这个由 1913 个字母组成的单词已经发表了，并且之后还被一些词典所引用，这才有了这个世界上最长的英文单词。这个单词实际上是266 个氨基酸的形容词（yl）的罗列，最后是"serine"，所以一共是 267 个氨基酸。这个词的出现体现了 19世纪德语对化学的影响，以德语的命名方式，才会出现类似"ribulosebisphosphatecarboxylaseoxygenase"这么长的词汇。

下面就是这个"魔鬼级别"的英文单词：

methionylglutaminylarginyltyrosylglutamylserylleucylphenylalanylalanylglutaminylleucyllysylglutamylarginyllysylglutamylglycylalanylphenylalanylvalylprolylphenylalanylvalylthreonylleucylglycylaspartylprolylglycylisoleucylglutamylglutaminylserylleucyllysylisoleucylaspartylthreonylleucylisoleucylglutamylalanylglycylalanylaspartylalanylleucylglutamylleucylglycylisoleucylprolylphenylalanylserylaspartylprolylleucylalanylaspartylglycylprolylthreonylisoleucylglutaminylasparaginylalanylthreonylleucylarginylalanylphenylalanylalanylalanylglycylvalylthreonylprolylalanylglutaminylcysteinylphenylalanylglutamylmethionylleucylalanylleucylisoleucylarginylglutaminyllysylhistidylprolylthreonylisoleucylprolylisoleucylglycylleucylleucylmethionyltyrosylalanylasparaginylleucylvalylphenylalanylasparaginyllysylglycylisoleucylaspartylglutamylphenylalanyltyrosylalanylglutaminylcysteinylglutamyllysylvalylglycylvalylaspartylserylvalylleucylvalylalanylaspartylvalylprolylvalylglutaminylglutamylserylalanylprolylphenylalanylarginylglutaminylalanylalanylleucylarginylhistidylasparaginylvalylalanylprolylisoleucylphenylalanylisoleucylcysteinylprolylprolylaspartylalanylaspartylaspartylaspartylleucylleucylarginylglutaminylisoleucylalanylseryltyrosylglycylarginylglycyltyrosylthreonyltyrosylleucylleucylserylarginylalanylglycylvalylthreonylglycylalanylglutamylasparaginylarginylalanylalanylleucylprolylleucylasparaginylhistidylleucylvalylalanyllysylleucyllysylglutamyltyrosylasparaginylalanylalanylprolylprolylleucylglutaminylgl。

31. 可口可乐只能喝吗

很多人都喜欢在炎热的夏天，嗓子冒烟的时候喝一瓶可口可乐，这个由美国可口可乐公司于 1886 年推出的产品，经过了 200 多个国家几代人的考验，而且至今依然非常受欢迎，那么可乐只能用来喝吗？它还有其他的用途吗？

NO.1 铁锈克星

如果我们有一些小零件生锈了，可以把它们放在可乐里浸泡上一夜，然后用清水洗涤一下，铁锈立即就消失了。这是因为可乐的化学特性有助于分解铁锈颗粒，从而使它成为铁锈的"克星"。

NO.2 洁窗助手

可口可乐中含有大量的柠檬酸，是我们清洗窗户的好助手，尤其是对那些顽固渍物积累影响的窗户特别有用。你可以尝试在窗子上倒一罐可乐，然后擦拭，你会发现效果立竿见影。

NO.3 烹饪搭档

可乐还可以用来做烧烤酱汁，你只需把可乐与烧烤酱汁按照 1:1 的比例调制好，然后再烤整只鸡，味道酸甜可口哦。

NO.4 护理头发

如果你的头发发质不是特别好的话，你可以在洗头的时候，配合使用可乐，它可是一种非常好的护发产品。同时，可乐还可以去除身上的异味。

NO.5 止痛高手

可口可乐的化学成分对水母蜇伤有很强的止痛效果。这个办法的好处是，大部分人去海边玩时不大可能特意带上防蜇液，只需将可乐倒在被蜇的部位，然后就会感觉到疼痛的减轻。

NO.6 锅底除黑

有时候锅底会出现一层薄薄的黑色物质，很难清洗掉。为了消除顽固黑斑，只需向其中倒入一罐可乐（或者只要刚好覆盖着变黑的地方就行），然后放在小火的火炉上。大约一个小时之后，像平常一样把锅清洗干净就行了。

NO.7 清洗衣物

将一罐可乐连同普通的洗涤剂一起倒入洗衣机中，然后转一个周期就可以轻松地将油渍清洗掉了。这种方法对清洗血渍也十分有效，同时还可以祛除衣服上的异味。

NO.8 消灭虫子

在一个浅碟里倒些可乐，然后把它放在花园中虫子经常出没的地方。鼻涕虫、蜗牛，还有一些其他的虫子会爬进去"享用"，然后就再也出不来了！之后，您可以将用过的可乐（除去虫子的）浇灌喜欢酸性土壤的植物，像杜鹃和栀子等。

NO.9 治疗疾病

可口可乐对多种疾病都很有效。最常用的是缓解反胃。慢慢呷完一满杯可乐，对缓解反胃有很大帮助。如果出现腹泻、喉咙痛的症状，可乐也有很好的疗效。

32. 人字拖比高跟鞋更加伤脚吗

很多人都喜欢在炎热的夏天穿着人字拖出去逛街，而且女性居多，这不但因为人字拖穿起来比较方便，而且还非常舒适。但大家最好还是三思而后穿，因为人字拖给脚带来的伤害，其实比高跟鞋少不了多少。

在英国每年有 20 多万人因为穿人字拖摔倒或因此而患上足部慢性疾病而寻求治疗，同时英国卫生部门每年花在治疗人字拖带来的伤病上的花费是 4000 万英镑。这是根据英国《每日邮报》的报道总结出来的结论。

英国足部护理与足科医师协会发言人迈克·欧奈尔说："穿人字拖的人们会用脚掌外侧着地，然后将脚向内转，这样把压力都转移到了大脚趾上。这种反复扭转的动作给脚踝带来压力，长久下去可能造成慢性损伤。人字拖缺乏对脚部的支撑，也会造成足弓以及肌腱疼痛，还可能造成小腿疼痛。"另外，许多人因为害怕脚趾受到硬物磕碰或者为了夹紧人字拖以便行走，总是不自觉地蜷曲脚趾，这些都是造成他们脚趾疼的原因。

穿人字拖对脚部造成的伤害，比穿细高跟鞋的伤害还要大，因为人字拖给人感觉更舒服，使人们愿意长时间穿人字拖，比如在逛街时穿一整天。然而医生建议，人字拖不是不能穿，但要适当换穿其他舒适的鞋，以便使脚从人字拖带来的伤害中恢复过来。

33. "数羊"真的可以帮助入眠吗

现代社会是一个高速发展的社会，竞争大、压力大，很多人在这种高强度的压力下被迫失眠。我们一遇到失眠这种情况的时候，往往会选择最简单省事的方法来帮助自己入眠——"数羊"，希望借此能够快速地进入睡眠状态。但最新的研究表明，这一方法其实根本无助于失眠者尽快入眠。据德国媒体日前报道，英国牛津大学一个研究小组曾针对失眠人士进行过对比实验。他们将50多名失眠症患者平均分成三组，研究人员让第一组患者在入眠前幻想一些祥和安逸的景象，如潺潺的流水或秀美壮观的瀑布，而让第二组患者采用传统的"数羊"方法，对第三组患者则没有任何指导，任其思维自由发挥。实验结果表明，第一组研究对象比平常约快20分钟进入睡眠状态，而其他两组研究对象的入睡速度则都要比平常略慢一些。自此，研究人员认为，"数羊"太单调，无助于人们排遣焦虑情绪并达到安然入睡的效果。

所以，深受压力之害导致失眠的人们，千万别再尝试"数羊"了，这样只会让你更加失眠。

34. 本命年为什么要穿红色的内衣

"本命年"禁忌，在我国民间有着广泛的影响，在中国南北方民俗中，都有在本命年挂红避邪躲灾的传统。因此人们每逢本命年对红色就特别钟爱。本命年的红色讲究应该是源于中国汉民族传统文化对于红色的崇拜。

红色辟邪，红色吉祥，这种观念早在原始社会就已经存在，红色是太阳的颜色，是血的颜色，是火的颜色。随着时代的变迁，这种尚红思想却没有变，新年贴红对联，汉族的旧式婚礼中新婚的红嫁衣、红盖头、红蜡烛、新科的红榜等，不论何时何地，人们都要用红色来增添喜庆。汉民族把红色视为喜庆、成功、忠勇和正义的象征，尤其认为红色有驱邪护身的作用。因此在大年三十，人们便早早地穿上红色内衣，或系上红色腰带，有的随身佩戴的饰物也用红丝绳系挂，来迎接自己的本命年。认为这样才能趋吉避凶，消灾免祸。而这些为本命年辟邪的红色什物就是人们常说的"本命红"。

35. 剪指甲剪得越短越好吗

很多人都喜欢关注自己的指甲，而且会定期地进行修剪，这是因为，我们的指甲里容易藏污纳垢，滋生细菌。所以很多人都会在指甲长了后选择剪短。但是，是不是指甲剪得越短越好呢？

答案是否定的。这是因为，把指甲剪得太短的话，我们在拿东西、工作的过程中，就会容易造成手指指甲与甲床脱离，指头前段的软组织也由于没有指甲覆盖，指甲的尖端就会向里生长，严重时会诱发甲沟炎，而且还容易受到真菌的感染。

因此，我们在剪指甲的时候要掌控长度，不应太短。

36. 屁股大会影响女人的记忆力吗

很多女性都想通过跑步、节食，以达到美丽瘦身的效果。我敢说，您这样做是对的，因为身材也会影响我们的记忆力。据英国媒体报道，刊登在《美国老年医学会杂志》上的一项研究显示，"梨形"身材会增加女性发生记忆丧失的概率，也就是说，臀部大的女性更容易健忘。

芝加哥西北大学的研究人员对 8745 名 65~79 岁妇女进行了测试。结果发现，参试者的记忆水平与体重有一定关联。参试者身体质量指数（BMI）每增加一个点，其智力测试成绩就下降 1 分。研究显示，"梨形"身材的参试者，大脑记忆更容易出现问题。该研究负责人戴安娜·克尔温博士表示，肥胖对健康的影响毋庸置疑，臀部脂肪可能会造成大脑中某种血栓的形成，导致老年痴呆症或者大脑血流受阻。

对此，克尔温博士建议，臀部肥胖的女性应该积极减肥，虽然脂肪堆积位置无法改变，但是脂肪少点儿，健康就会多点儿。

37. 痣多有什么好处

很多爱美人士都会为了自己脸上长的痣而苦恼，认为那样会影响自己的美丽。尤其是在看完《非诚勿扰2》后，更是被孙红雷所得的痣癌所吓而感到恐怖。其实真相是，如果你的身上长了很多痣的话，那么恭喜你，那证明你很长寿。

据英国《每日电讯》刊文称，长痣的人可能更加长寿。英国科学家研究发现，身上痣长得较多的人要比皮肤光滑洁白的人年轻好几岁。而且，痣多的人染上心脏病、骨质疏松症等疾病的概率要比其他同龄人更低。染色体端位上的端粒起着生物钟的作用，身上痣的数量超过100颗的人，他们的端粒通常比痣的数量低于25颗的人要长。这种端粒长度上的差异意味着他们之间会有6~7年的年龄差距。

38. 什么是P型血呢

通常在人们的头脑里，人的基本血型为：A型、B型、AB型和O型。日本电视剧《血疑》又让人们知道了RH阴性。那么，你听说过P型血吗？

所谓血型是对存在于红细胞上特异性同种抗原而言，后来发现红细胞上具有的同种抗原远较想象的复杂，而且除红细胞外，白细胞、血小板上也都有同种抗原，这就使血型的概念有所扩大。

P血型系统就是ABO型血型系统之外的另一个血型系统。P血型系统是人类血型系统的一种，其基因座位于22号染色体上。其抗原以糖脂形式存在，包括P1、P2、Pk1、Pk2以及P五种表型。除了这两种血型系统，还有MNSs系统、Lewis系统、Diego系统、Kell系统、Ii系统等其他血型系统。它们只是划分的标准不同。

但是由于划分这些血型系统的基础是不同的抗原，因此这些血型系统是可以相互交叉的，例如一个人他可以是A型血，同时是RH阳型，且又是P型。

39. 男人一生性高潮时间只有 16 个小时吗

一个男人，终其一生所追求的不外乎钱、权和性，而钱和权在很大程度上也是为了满足自己的性欲，所以不夸张地说，男人一生最大的追求就是性。只有在性上满足了，男人才能真正获得快乐，才会意气风发；如果得不到满足，男人就会异常压抑。

不过，最近有项新研究却公布了一个让男人郁闷的数字，说一个能活到 78 岁的成年男人，性高潮的总计时间只有 16 个小时，平均到每天，也就是 2.02 秒钟而已。2.02 秒钟是个什么概念？我想，所有人都应该明白——或许就是一眨眼的工夫，或许就是心跳的一个频率，或许是天空的一片云飘过江面的那一瞬间，或许是风吹过一片树叶和一朵花的时间，是一个亲吻的过程，是灵感的一次闪现，是匆忙的人们在街头的一次照面——只晃了一眼，就成就了男人射精的一个时间段，射完了，也就没了。

而男人也就为了这仅有的 2.02 秒钟付出了那么多时间、金钱、精力，男人花了 N 倍的时间在这上面，比如，更换性伴侣，采用新花样，变换新地方。仔细想想是不是有点不划算呢？如果从投资的角度讲，确实是亏本了，因为你付出很多，但收效却甚少。

因此，希望大家都把这甚少的、难得的 16 个小时用在自己的爱人身上，想想，你一生也就这 16 个小时的高潮，这是多么稀罕的资源啊，而你在其他女人身上多用了一个小时，你爱人也就少了一个小时。

40. 哭泣的时间最好不要超过多长时间呢

很多人在内心受到委屈或者精神上受到重创时，往往会哭泣。如果该哭时不哭，只是一味地忍着，在心里憋屈久了，心中的压抑无法释放出来，就会越积越深，最后精神的压力负担也就会越来越大，进而会出现精神萎靡、情绪低落，甚至会导致失眠、食欲不振的问题，反应性抑郁症往往就是这样造成的。

在这个时候，哭往往就成为我们解决内心压抑的最好选择。这正应了那句话：

该哭你就哭吧，强忍着眼泪等于自杀！

但是哭也要有一定的限度的，并不是哭的时间越长，心里的压力缓解得就越彻底。如果我们哭过后觉得心里的压力已经缓解了，就不要再哭泣了，否则会对我们的身体造成伤害。因为人的胃肠机能对情绪极为敏感，忧愁悲伤，哭泣时间过长，胃的运动减慢，胃液分泌减少，酸度下降，会影响食欲，甚至引起胃炎或胃、十二指肠球部溃疡。有的甚至还会诱发麻疹。

因此心理学家主张哭时不宜超过15分钟，我们要学会控制自己，做情感的主人。心里憋屈时，可放声大哭，释解心怀；郁闷情绪消失后，深呼吸，重新找回明朗的心境。

遇事便爱哭的女孩们，你们记住了吗？

41. 厨师戴高帽子是为了卫生吗

一提到厨师，给我们的印象就是工作时穿的工作服可能不太一样，但是戴的帽子却是一致的，都是白色的高帽。

你知道厨师帽有美丽的传说吗？

据说，在中世纪的希腊，动乱频繁。每次遇到战争，城里的希腊人就会逃入修道院避难。有一次，几个著名的厨师逃入修道院，他们为了安全起见，穿上黑衣黑帽，打扮得像修道士一样。他们与修道院的修道士相处得很好，每天都拿出他们的手艺来为修道士做菜。日子一长，他们觉得应该在服饰上使自己与修道士区别开来，于是就把修道士戴的黑色高帽改为白色。因为他们是名厨师，所以其他修道院的厨师也竞相仿效。到今天，几乎全世界的厨师都戴上了这种帽子。

虽然这种帽子最先只是作为一种标志而存在，但戴上高帽子的确有利于彰显卫生。一方面，白色有着洁净之意，人们看到白色，即有一种干净的感觉；另一方面，戴上高帽可以避免厨师的头发、皮屑落入菜中，可以保持菜的干净。

长久下来，这白色高帽便成了厨师的一种象征，演变到现在，几乎世界各地的厨师都普遍戴上了这种白色的帽子。同时，白色高帽也成了厨师维护食品卫生的工作帽。

42. 眼皮在不同的时间跳会有不同的结果吗

很多人都喜欢说"左眼跳财、右眼跳灾",但其实并不是那么简单,不同时间眼皮跳具有不同的意义,我们可以按时辰分析眼皮跳的吉凶,现在不妨来看看凌晨、上午、下午以及夜晚的时候,我们的眼皮都跳些啥,并把这些数据拿来当作我们预兆的小参考吧,不过要记住,仅供娱乐哦!

一、凌晨的时候眼皮都跳些啥?

01～03点前。左眼:家中最近会有麻烦事困扰,而你短期内却一筹莫展;右眼:有人在思念你,想想有哪些人和你彼此相互牵挂着,而你却好久没和他们联系了,记得有空就打打电话关心一下吧。

03～05点前。左眼:有朋自远方来,你得尽地主之谊,所以如果你是"月光族",那接到朋友电话时一定要找各种借口推脱;右眼:家人可能会得到意外之财,也有可能重新找回丢掉的钱。

05～07点前。左眼:会有让你生命重现曙光的贵人贵客驾到,所以要多留意忽然出现在你身边但很久不见的朋友;右眼:平安顺利,不必太过担心可能发生危险的状况,安心就好。

二、上午的时候眼皮都跳些啥?

07～09点前。左眼:人际关系会变好,会再次与许久不见的朋友相逢,而他或她可能会给你捎来喜讯;右眼:钱财会不经意间流失掉,你会花去许多冤枉钱。

09～11点前。左眼:目前的你颇有利用价值,别人都会让你三分,这种情况下,你会捞到很多好处;右眼:开车要小心,提醒家人多注意安全,危险就埋伏在周遭。

11～13点前。左眼:一分耕耘一分收获,流下辛勤的汗水后,你可以松一口气,准备享受成果吧;右眼:会发生意料之外的事,好在概率不高,不过要继续保持警戒。

三、下午的时候眼皮都跳啥?

13～15点前。左眼:在打赌或玩麻将时你会有小失意,所以最近最好不要赌博,可别等输光了再懊悔;右眼:有微不足道的好事发生,但不要过于在意。

15～17点前。左眼:有忽然想起却还没做的事情吗?赶紧去做,只要行动了,成功就在眼前;右眼:异性缘颇佳,你的贵人就是异性,他们对你会比同性更为

宽容。

17～19点前。左眼：能帮别人时，尽量伸出援助之手，之后你会有所收获，可以说，此时帮别人就是在帮你自己；右眼：对刚认识的朋友会有一种相见恨晚之感，和他们多混熟点会很不错。

四、夜晚的时候眼皮都跳啥？

19～21点前。左眼：有人指派工作给你，不要想太多，快点答应，其他的问题自然会迎刃而解；右眼：有小成就时，千万不要得意忘形，小心小人随时会落井下石。

21～23点前。左眼：享受阖家团圆的氛围、接受别人的赞美的言辞，再努力点，你会做得更好；右眼：提防官司纠纷，你既不要逞一时口舌之快冒犯他人，也不要弄坏别人的东西！

23～24点前。左眼：会有意外之喜降临，且运气不错，你的心脏承受能力要强，千万别兴奋过头；右眼：会有人请你吃饭，可以省下一笔钱，但是这个人的目的不明，你要多多斟酌。

以上这些，权当作我们饭后的小娱乐好了，可千万不要沉溺于此哦！

43. 鸡蛋买回去后能清洗吗

很多人买鸡蛋回去的时候，一看到鸡蛋上残留的鸡粪就恶心，一定要把这些鸡粪用清水给清洗掉。但是，鸡蛋在买回去后能不能用清水清洗呢？

答案是否定的。新鲜鸡蛋的外壳都有一层粉末状的胶性物质，这些物质的主要作用就是阻止细菌入侵鸡蛋，同时也可以防止鸡蛋内的水分被蒸发掉，发挥保护的作用。如果我们把这些胶性物质给洗掉的话，鸡蛋就会容易变质。

所以，我们在鸡蛋买回来后，千万不要去清洗。

5

第五章
五花八门的科学知识

1. 人在几度时会被冻死

1812 年 10 月，拿破仑带兵征讨俄国，突然，莫斯科袭来一个大寒流，将拿破仑的军队冻死了 18 万人，这是历史上最大规模的冻死人的事件。

很多人在提到"冻死人"这个词的时候，脑子里肯定会浮现出冰天雪地、天寒地冻的景象，而且会认为只有在那种条件下人才会被冻死，事实真的是那样吗？

其实不然，人会不会被冻死，跟这个人所处区域的气温没有直接的关系，最主要的原因在于人自身的体温上，尤其是直肠的温度如果过低的话，人就极有可能会被冻死。

比如说，有个人不小心失足落水，在这种情况下，人体会渐渐降温，一旦人的直肠温度降到 35 摄氏度以下后，人就会失去调节体温的能力，出现四肢无力、虚脱，然后开始意识昏迷，出现幻觉。如果直肠温度降到 30 摄氏度以下后，人就会失去意志，脉搏紊乱、血压下降，最后一命呜呼。

所以说，当人体的温度低于 30 摄氏度的时候人就会被冻死。

2. 什么样的长相能长命百岁

从古到今，"长命百岁"一直是很多人追求的梦想，现在的"养生"节目那么火，就是人们对长寿的追寻的最好体现。但是，光靠养生也许并不能长命百岁，因此，有学者就针对世界上各个长寿村进行长期研究，发现了长寿人的长相有以下几个特点：

a. 嘴巴较常人而言一般比较大。

b. 耳垂大多数都是肥厚柔软。

c. 几乎每个人都有一个蒜头鼻。

d. 鼻子下方的人中部位非常长。

e. 手和脚的尺寸比一般人要小一号。

f. 老人斑的数量比一般常人少很多。

你的长相符合长命百岁的长相吗？如果有，那恭喜了。但是，我们光有个好长相还是不行的，一定要有一个健康、积极的心态，要注意多锻炼，改掉生活中不良的毛病，只有这样我们才能最终达到长命的目的。

3. 狗为什么不能吃巧克力

很多人还对奥利奥的广告记忆犹新，广告中的小孩说：妈妈说，狗狗不能吃巧克力。

广告中的小孩说得非常对，巧克力对于狗而言是致命的食物。这是因为巧克力是由可可豆加工而成的，里面含有多种甲基黄嘌呤的衍生物，而咖啡因和可可碱就是属于这类物质。这些物质会与细胞表面的某些受体结合，从而阻止动物体内的天然物质与受体结合。服用小剂量的甲基黄嘌呤类物质，狗会呕吐、腹泻，而人类却会有一种欣快感。

以可可碱和咖啡因来说，能让狗致死的最低剂量为 100~200mg/kg。巧克力含有的可可碱是造成狗中毒的主要因素，每公斤巧克力含有 115 毫克的可可碱就可能导致狗死亡，而一般纯巧克力每盎司 29.6 克含有大约 400 毫克的可可碱。

巧克力含有大量的可可碱和少量的咖啡因，如果狗食用过多的巧克力，就会发生肌肉痉挛，甚至休克。服用可可碱和咖啡因后，狗的心跳速率会骤升至平常的两倍以上，某些狗还会四处狂奔，就像喝了一大杯浓咖啡。严重者就会导致狗死亡。

4. 打火机竟然比火柴先发明于世

很多人都认为打火机比火柴后发明，但实际上却是火柴比打火机发明晚得多：

打火机发明于 16 世纪，而火柴发明于 19 世纪。

打火机的最早图绘出现在 1505 年的德国纽伦堡地区一名贵族所拥有的手卷之中。另外，很多人也认为打火机的机械图手绘最早出自于文艺复兴大师列奥纳多·达·芬奇之手。这足以证明在那个时代已经有了打火机。

而火柴是谁发明的呢？根据记载，最早的火柴是由我国在公元 577 年发明的。不过那个时候的火柴只是一种引火的火种而已，并不能称为火柴。而一直到了 1852 年，才有英国人沃克发明了火柴。沃克是利用树胶和水制成了膏状的硫化锑和氯化钾，涂在火柴梗上，并夹在砂纸上拉动以产生火。火柴也就应运而生了。由此可见，火柴的发明远远晚于打火机的发明。

5. 为什么男人普遍比女人要高呢

在人类社会，男人普遍比女人高是一个不争的事实。但是，这究竟是因为什么呢？

根据国外专家的研究发现，人的身高跟其下肢骨骼的发育息息相关。科学家挑选了一些发育正常的男女进行了重点研究，发现同龄男女躯干的长短差别并不是那么的显著，而下肢的长短差别却异常明显。

有人为此进一步研究了男性女性发育成熟前后骨骼发育的特征，终于揭示了男人比女人高的奥秘：男女自出生至青春期之前，骨骼的发育呈波浪式的增长，每年增高 3 ~ 7 厘米不等，身高没有多大的差别。到了青春期时，女孩（13 ~ 18 岁）骨骼发育甚快，初中阶段，少女身高则可超出男孩，待长到 18 岁左右，发育阶段趋于"尾声"，下肢骨骼不再增长了，身高也随之"稳定"起来。男孩的青春期（15 ~ 20 岁）开始较晚，结束也相对较迟。况且，青春期结束之后，下肢骨骼仍会继续长下去，一般要延续到 23 岁时才会逐渐终止。由此看来，男子青春期的持续时间超出女孩 5 年左右，所以，在总体上一般男人的身高普遍高于女人。

6.没有头的动物可以活下去吗

头，对于任何一个动物而言都是至关重要的器官。因为头是大脑中枢，是生命维持的保障。那么在地球上，有没有一种动物，没有头也能活呢？

其实，这个答案很容易想到的就是蚯蚓。

蚯蚓是对环节动物门寡毛纲类动物的通称。在科学分类中，它们属于单向蚓目。在蚯蚓的两侧，具有分节现象，而且全身没有骨骼，在体表覆盖着一层具有色素的薄角质层。蚯蚓最大的本领就是其超强的再生能力。科学家曾做过一个实验，将一根蚯蚓用刀切成 20 个小段，然后重新放到土壤里。过了一段时间后，科学家本以为蚯蚓会腐烂死去。但结果却令所有的人吃惊，那就是 20 个小段都独立成活，繁衍成一条新的蚯蚓了。这不得不让人称赞。

还有一种是蟑螂。

蟑螂没有头，也可以存活一个星期。因为蟑螂的血管网络不大，但拥有一套开放式的，不需要太高血压的循环系统，它们能保证血液到达毛细血管。当你砍掉蟑螂的头，它们脖子的伤口会因为血小板的作用而很快凝固，不至于血流不止。而且，蟑螂每段身体上都有一些小孔，因此它们通过气门呼吸。另外，蟑螂不需要通过大脑来控制呼吸功能，血液也不用运输氧，所以只需要通过气门管道就可以直接通过导管呼吸空气。

知道了这些，是不是觉得大自然的奥秘很神奇呢！

7.人如何在夜间判断距离呢

在漆黑的夜晚，我们无法看清前方的物体，更无法直接用眼睛判断距离远近。其实，我们可以在夜间利用光源和声源来判断距离的远近：

a. 在 1 千米以内可以看到香烟头和火光；

b. 在 1.5 千米以内可以看到火柴的火光和手电筒的光亮；

c. 在 2 千米以内可以看到步枪射击的火光；

d. 在 0.5 千米以内可以听到人平常的谈话声；

e. 在 1.5 千米以内可以听到人的呼喊声；

f. 在 1 千米以内可以听到汽车开动声和马蹄声；

g. 在 2 千米以内可以听到汽车的喇叭声；

h. 在 5 千米以内可以听到枪声。

8. 在雨中跑得快一点会少淋一点雨吗

很多人都会迷惑一个问题，在下雨的时候，到底是在雨中漫步淋的雨少一点呢？还是跑得快一点淋的雨少一点呢？

很多人都会选择跑得快。因为跑得快缩短了淋雨的时间。但正确答案却是跑得快的淋雨多一些。

这其实是一个典型的数学建模问题。在本问题中，我们将人粗略地看作一个长方体，在雨天中停留相同时间，人被淋到的雨水由两部分组成，一部分是头上被淋到的，也就是长方体上表面被淋到的；一部分是迎面淋到的雨水。我们可以计算一下：设人的上表面积为 s，前面的面积为 S，雨水在单位时间内降落在单位面积上的雨量为 k，单位时间内单位空间的雨量为 l，人的速度为 v。

那么在单位时间 t 内，人的上表面被雨水淋到的雨量为：$V1 = st \cdot k \cdot t$

在单位时间内，人迎面遇到的雨水为：$V2 = vtS \cdot l \cdot t$

所以在雨水的各性质相同时，跑步与慢走相比，迎面遇到的雨水较多，而头上淋到的雨水相同，因此跑步的人淋的多。

9. 为什么网球要采用 15、30、40 这样诡异的计分方式呢

网球比赛已经成为一种风靡全球的运动，可是，我们在观看网球比赛的时候，却发现网球的计分方式非常特别。它不像其他球类一样，从 1 开始一直往上累积计分。网球采用的是 15、30、40 的独特计分方法。这是为什么呢？

其实，这还要从网球这个运动的起源说起。

其中一种说法是，网球运动最早起源于 12 至 13 世纪法国传教士在教堂回廊

里击球的一种游戏。后来成为一种宫廷游戏，法语为"jeudepaume"（意为"用手掌击球的游戏"）。在 19 世纪的时候，网球传入英国，并在英国得到改良，其中最大的改革就是将网球运动移到了草皮上进行。

因为最原始的网球运动是在宫廷之中，所以计分方法就地取材是可以理解的。他们拿可以拨动的时钟来计分，每得一次分就将时钟转动四分之一，也就是 15 分 (aquarter，一刻)，同理，得两次分就将时钟拨至 30 分，当然一切都是以他们的方便为基础。这就是 15 分、30 分的由来。至于 40 分，它比较怪异，它不是 15 的倍数。这是因为在英文中，15 分念作"fifteen"，为双音节，而 30 分念作"thirty"，也是双音节；但是 45 分，英文念作"forty-five"，变成了三个音节，当时的英国人觉得有点拗口，也不符合"方便"的原则，于是就把它改成同为双音节的 40 分 (forty)。这就是看来不合逻辑的 40 分的由来。

虽然这样的计分方法有些奇怪，但还是依循传统沿用至今，毕竟大家都已经习惯了这种来自宫廷的计分方法。

10. 南极冷还是北极冷呢

我们都知道，地球的南北两端都常年覆盖冰雪，天气异常寒冷。但是，南极和北极哪个更冷一些呢？答案是南极更冷一些。这又是为什么呢？

还得从南极和北极的地质结构说起。南极洲是一个四面环海的冰原大陆，冰原上一年四季刮着强烈的暴风，厚厚的冰层常年不化。在南极洲，这里的平均温度在零下二三十摄氏度。到了冬天的时候，温度常常会下降到 60 摄氏度左右。南极洲最低温度能达到零下 90 摄氏度。

而整个北极地区大部分都是大海，即北极海。北极海的四周被大陆所包围着。同时，大西洋的暖流也会经过这里，最后流入北极海。所以北极地区的气候没有南极洲那么冷，最低温度也仅有零下 60 摄氏度左右。

也就是说，南极洲是大陆，北极地区是海。根据我们地理所学的知识，海水的比热容比陆地要大，所以，海水的温度变化比较小，这也就是南极比北极冷的原因。

11. 人的血型不同就真的性格不同吗

人的血型是一个很奇妙的东西，血型与性格之间的关系可以概述为：不同血型的人性格迥异，而相同血型的人具有一定的共同点。下面挑出几点，还请读者仔细品味：

一、在撒谎问题上，不同血型的表现是：1.O 型血人撒谎像吃饭一样寻常，但是撒的谎都是能让人轻易听出破绽的；2. 不管三七二十一，B 型人如果撒了谎，用枪逼着也不会承认；3.AB 型的人很少撒谎，但是一旦撒谎，很难看破；4.A 型人的性格就是不会撒谎。

二、在生存能力上，不同血型的表现是：1.B 型具有顽强不屈的生命力，不管是在哪里都能生存到底，可以说是随遇而安型；2.A 型在碰到致命的状况时，会想出各种求生的办法；3.AB 型，是那种是死是活都无所谓的类型；4. 不愿意忍受孤独的 O 型，要是没有对话者，多嘴多舌的 O 型人能够联想到自杀。

三、说话难听人的血型：1.AB 型虽然不说难听的话，但也不会说好话；2.B 型，是不会说好话的典型；3.A 型人，不会说难听的话；4.O 型人很想努力地不去说难听的话，但是他们脱口而出的难听话可以说是无意的。

四、在对读书的喜欢程度上，不同血型的表现是：1.B 型人具有天然的集中注意力的能力，所以喜欢读书；2. 具有典雅纯洁气质的 A 型人也喜欢读书；3. 具有懒散特点的 AB 型人没有想读书的愿望；4.O 型人，喜欢玩耍，把看书当作可笑的事情。

五、在控制欲上，不同血型的表现是：1.B 型人很难做到自我控制；2. 由于过分投入，O 型人常常成为有控制欲的人；3.A 型人几乎没有控制欲；4.AB 型的人讨厌别人干涉自己的生活，但也不干涉别人的生活。

六、能用心做事的人血型：1.B 型人具有天然的高度集中注意力的天分，所以做事很容易用心；2.O 型人原本没有天然的集中注意力的能力，但在人前，他们会装作很努力做事；3.A 型人，只有事到临头，才会想起用心；4.AB 型的人，自己觉得很用心做事，但是别人看来，还是很懒散。

分析问题时，"非绝对"的态度，同样适用于血型与性格的关系上，虽然二者不是紧密联系，但也不是一点关系都没有。

12. 侏儒症综合征为什么不易患癌症呢

据美国南加州大学以及意大利和德国等国研究人员研究发现，侏儒症综合征患者不易患上癌症。

科学家对在厄瓜多尔偏远乡村生活的 99 名侏儒症综合征患者进行了长达 22 年的研究发现，这些人之所以不会患上癌症和糖尿病的原因是因为这些人的 GHR 发生了突变，这种突变与面包酵母菌这样的生物中的基因变化十分相似，这种变化使得侏儒症综合征患者更加具有抵抗力。研究人员发现，这些侏儒症综合征患者的血液中带有一些特殊的成分，能帮助他们应对 DNA 损伤，清除可能发展为癌细胞的细胞。这种成分就是 IGF-1，这是一种在分子结构上与胰岛素类似的多肽蛋白物质，全称为胰岛素样生长因子，也称为生长激素介质，IGF-1 在人体内肝细胞、肾细胞、脾细胞等十几种细胞中自分泌和旁分泌，对于婴儿的生长和在成人体内持续进行合成代谢作用上具有重要意义。

13. 70 亿人一起大叫，声音会不会传到月球呢

2011 年 10 月 30 日伦敦时间 24 点整，全世界人口钟显示世界上现有人口 6999938456 人。10 月 31 日，丹妮卡·卡马乔在媒体聚光灯的环绕下，于 31 日零点前 2 分钟在菲律宾首都马尼拉一家医院降生。她幸运地成为象征性的世界第 70 亿人口的婴儿之一。

地球已经承载了 70 多亿人口，假如全世界人聚集起来在中国大地上向着月亮大叫一声，嫦娥会不会听到呢？

这是一个有趣的问题。但答案却很简单：声音不会传到月球。

这是因为 70 亿人一起大叫，会产生巨大的响声，地动山摇，人的耳膜全部都会破掉，也有人会被吵死。但是，声音的传播是需要介质的，这些介质可以是固体，可以是液体，也可以是气体。但地球和月球之间的高空是真空环境，没有任何空气，声音在真空里是无法传播的。所以不管我们怎么努力地喊叫，叫声达到的地方只限于大气层的内层，充其量也就几百公尺而已！

14. 从婴儿的哭声能够判断出他未来的语言天赋吗

我们从一开始呱呱坠地，来到人间，发出的第一声便是"啼哭"声，但有的婴儿哭得非常响亮，有的婴儿哭得比较低沉，有的婴儿哭得非常清脆，也就是说，每个婴儿的哭声，声调变化是不相同的，那么，从这些婴儿的哭声中能够判断出他未来的语言天赋吗？

答案是肯定的。德国的研究人员发现，啼哭声声调变化越丰富的婴儿，长大后的语言能力越强。

德国的维尔茨堡大学选取了 35 名幼儿进行了长期的研究，他们先就婴儿发出的声音来进行分析，然后再从啼哭声中归纳出曲调的不同声调出来。结果发现，刚出生的婴儿的啼哭，声调变化曲线只有简单的起伏变化。从第二个星期开始，他们的声调就开始变得复杂起来。

而这些越早发出丰富声调的婴儿，在以后学说话时，也越能够较早地学会较多的语句。所以说，如果你家 baby 的哭声过于单调的话，你可以尝试进行具有针对性的音乐方面的训练，以此来提高他们的语言能力。

15. 我们为什么要打哈欠呢

大家在累的时候，或者是困了还没有睡醒的时候都会不由自主地打哈欠，而有时候我们在看到别人打哈欠时，自己也忍不住地打哈欠，好像哈欠可以传染一样。那么人为什么要打哈欠呢？其实，打哈欠只不过是一种心理因素罢了。

人在工作、学习的时候，能量消耗很大，就会产生很多的二氧化碳。这时就需要有相应的氧气来与二氧化碳均衡一下。但是我们的肺容量是有限的，每次呼吸都不能把体内的二氧化碳排干净，时间久了，体内的二氧化碳就会越积越多。人就会感觉胸闷，呼吸不畅，非常疲劳。这时，我们就需要张开嘴，做一个深呼吸，这样，体内多余的二氧化碳排出去了，呼吸也就顺畅了。

我们在打哈欠时张口猛吸一口气，肺部就会扩张得比平时大，呼气时，肺部又能尽量地收缩，把二氧化碳排出去了，这样体内的氧气就能很快补足了，人很快就会为之精神一振。

16. 为什么坐飞机时间长了会耳鸣

乘坐飞机发生耳鸣现象，医学上称之为"航空性中耳炎"。当飞机上升时，外界气压减低，鼓室内形成正压，正压使咽鼓管张开，这时您可能会感到耳膜有轻微的鼓胀感；而飞机下降时，外界压力逐渐增加，鼓室内形成负压，咽鼓管呈现单向活瓣样作用，又受周围高气压影响而不易开放，外界气体无法进入鼓室，导致中耳负压增加，中耳黏膜水肿，血管高度扩张，此时您可能会觉得耳膜有被压迫感。

负压增加到一定程度，如咽鼓管仍不能及时开放，鼓室内外压力差加大，就会使鼓膜内陷、充血，鼓室内血管扩张，可能导致中耳气压损伤，血清外漏或出血，表现为鼓室积液或积血，甚至鼓膜充血破裂，严重的甚至出现耳膜穿孔、失听。自觉耳内闭塞，听力下降，眩晕或耳鸣。

预防"航空性中耳炎"的有效措施是张嘴和吞咽。嚼吃是预防航空性中耳炎的最有效办法，所以航班上一般都忘不了给每位旅客送一小包包装精美的糖果，这个道理就在其中。嚼几粒糖果，或嚼几块口香糖使咽鼓管张开。若感觉症状仍未消除，可用拇指和食指捏住鼻子，闭紧嘴巴，用力呼气，让气流冲开咽鼓管进入中耳空气腔而消除耳闷、耳重、耳痛等症状。

17. 筷子让东方人更加苗条吗

中西方的饮食文化除了在食材上不同之外，最大的区别就是西方人用刀叉，而东方人用筷子。有些人非常羡慕西方人用刀叉，觉得那样吃饭更为优雅。可是现在我要告诉大家的是，根据最新研究表明，筷子的使用可以达到令东方人更加苗条的效果。

英国最新出版一本名为《筷子瘦身法》的书中说，使用筷子进食是东方人保持身材苗条的原因之一。书中建议西方读者使用筷子进食，达到减肥的目的。这

本书的作者是日本厨师君子·巴伯。她在书中写道："使用筷子吃饭能减缓进食速度,因此你的饭量会随之减少。"由于人的大脑需要大约20分钟才能获得饱腹感,狼吞虎咽容易导致过度进食。英国《每日电讯报》饮食专栏作者赞茜·克莱撰文讲述自己实际验证这一理论的经过。克莱发现,用筷子把食物从盘子中成功运送到口中需小心行事,因此让人更集中精力放慢进食速度。这种方法还有助于养成小口吃饭的习惯,因为使用筷子夹大块食物总有摇摇欲坠之感。此外,用筷子夹起食物还能避免蘸上过多高热量酱汁。

将减肥作为一生进行时的爱美人士们,坚持用筷子吧,那样你就能保持苗条的身材了。

18. 玩"俄罗斯方块"有助于缓解压力吗

英国研究人员发现,遭受创伤后不久玩"俄罗斯方块"有助于抹去痛苦记忆和减少不快的回忆突然重现的频率。这项发现可以帮助科学家找到新方法去治疗因为意外入院或是从战区回来的人士。

研究人员向40名健康的志愿人士展示不同来源的创伤性影像,包括凸显醉酒驾驶的危机性的宣传海报,然后让其中20人玩了10分钟的"俄罗斯方块",而另一半人什么也没有做。研究人员发现,玩过游戏的人在接下来的一星期里,伤痛回忆突然重现的情况少得多。

研究人员解释,这是因为大脑分为两部分:一部分负责感官,另一部分负责分析。由于我们一心二用——例如一边跟人谈话一边解决数学问题的能力有限,这种计算机游戏可以"干扰大脑保留记忆的方式"。

"'俄罗斯方块'有效,可能是因为它争夺大脑争取感官信息的资源。它明确地干预感官回忆在受到创伤后的时段被贮存下来的方式,从而减少了之后发生的回忆闪现的次数。"另一位研究人员指出,事发后的6个小时是关键:"以健康的志愿人士来说,在这个时间段内玩'俄罗斯方块'可以减少突现闪现式的回忆,而又不会影响理解那次事件的能力。"

19. 开灯睡觉会对我们的身体造成伤害吗

有一些人喜欢开灯睡觉，殊不知，这样做对自己的身体伤害非常大。

一项研究表明，开灯睡觉的人或者生物钟自然睡眠模式受人造光线干扰的人，患癌症的可能性比平常人要大很多。这是因为人造光线对人体的破坏性影响会降低人体降黑素的水平。在夜晚，光线会使自然生理节奏陷入混乱状态，这种生物钟控制着动物和植物 24 小时循环不停的生物进程。这种破坏会抑制降黑素在夜晚的正常分泌。降黑素的分泌主要集中在晚上 9 点至早晨 8 点之间，降黑素通常会在这个时候增加，可以保护我们身体内的细胞不受损伤，否则细胞很容易就会受到肿瘤的破坏。

以后请记住：上床睡觉就要把灯关了，直到第二天早晨醒来。

20. 打呼噜的人更加长寿吗

晚上睡觉打呼噜的烦恼，你们有没有？从现在开始，请不要再为此烦忧，也不要再因此而担心自己的身体是不是出现毛病了。因为我要告诉你：打呼噜的人会长寿。

据英国《每日邮报》称，打鼾其实对我们的健康是有好处的，尤其是到了中年以后，特别是对年龄超过 65 岁的人而言，打呼噜的人比不打呼噜的人更加长寿。

这样讲可真是奇怪，不过自然是有因可究。在我们刚入睡的时候，由于呼吸道内的肌肉很放松，造成我们在至少 10 秒钟之内呼吸出现暂停现象。一旦大脑意识到我们的呼吸已经停止了，它就会给呼吸道的肌肉发出信号，命令它们重新工作。而这种呼吸暂停会导致体内组织在短时间内缺氧，从而可以调节心血管系统，让人的身体更加适应这种缺氧的环境，从而对中老年人起到保护作用。

所以打呼噜的人，请不要再为自己打呼噜而烦恼了。

21. 男人最脆弱的五大器官是什么呢

体魄健壮的男子汉与纤纤娇小的女人相比，却有许多明显的脆弱之处。因此，男子汉们，请不要再自恃强壮而为所欲为！

第一弱点："心脏"

据统计，由于男性大量吸烟、肆意饮酒以及体内的脂肪过多，导致他们因患心肌梗死而入院治疗的概率是女性的 7 ~ 10 倍。另外，工作压力、家庭压抑造成的烦忧情绪也是病因之一。

第二弱点："肝脏"

在患慢性肝炎病的人中，男性是女性的 4 倍。肝脏每日最多只能分解、转化60 ~ 80 毫升的酒精，超过此量就会有害肝脏，而男性们为了表现出男同志的豪爽之态，在饮酒时，常常不会自我节制。除喝酒外，高脂肪食品也常成为男同志的囊中物，而这对肝脏也很不利。

第三弱点："直肠"

医学研究表明，在缺少含充分的纤维素食物的同时，食用过多的脂肪和蛋白质是导致直肠癌发生的一个重要病因。但是，男人们一般进食的脂肪和蛋白质物质比女人多得多，自此，患直肠癌的男性也明显多于女性。

第四弱点："胃"

男性胃病的发病率比女性平均高出 6.2 倍。这是由于男人们喜欢饮酒、抽烟、喝咖啡。男人们还经常在餐桌上狼吞虎咽、暴饮暴食，然而，当男人们尽情吃喝时，他们肚子里的抗议也就纷至沓来，比如受胃痛、呕吐、呕血、吐酸等症状折磨。

第五弱点："前列腺"

据有关研究表明，男人在 50 岁以后，约有 60% 的人会患有前列腺疾病。其原因是雄性激素类固醇分泌的改变使尿道周围的腺体增大，而增大的前列腺被压成扁平状后，会压迫膀胱进而导致排尿困难。

天哪！自恃强壮的男人们，身体竟然会存在如此多的隐疾。如果男同志想要继续在女人面前扮演保护者的角色，那么就要小心呵护自己的身子骨了！

22. 猜拳时出什么最容易胜利

很多人都玩过猜拳游戏，按照理论分析，石头、剪刀、布，每个被出的概率都有 33.33%，但是，在实践中，出剪刀的胜率更高。

根据英国《每日邮报》报道，在这种快速摆出手部姿势的猜拳游戏中，玩家最喜欢出的一种猜拳手势是石头。所以，如果你的对手预期你会出石头，他们自然会选择出布来赢你，这种情况下，你只要出其不意地伸出剪刀姿势，就会赢过对手。

为了证明上述研究结论的可信性，报道还列举了一个例子加以佐证，那便是拍卖商佳士得曾用这套剪刀策略成功赢得一千万英镑的生意。

几年前，一名日本艺术品收藏家，无法决定让哪家拍卖公司来拍卖自己收藏的印象派画作，于是他要求竞争的佳士得与苏富比两家公司猜拳决定拍卖权。重视员工意见的佳士得对此便向员工讨教猜拳策略，最后在一名主管 11 岁女儿的建议下决定出剪刀。

据说这名女孩现在仍在读书，经常玩猜拳，她推论"所有人都以为你会出石头"，她的意思是苏富比会出布，因此想要打败他，佳士得应该选择出剪刀。果不其然，佳士得的剪刀，最后赢得了苏富比的布，苏富比拱手将生意让给了佳士得。

亲爱的读者们，下次再玩猜拳游戏的时候，你知道该怎么出了吧。

23. 羊毛衫缩水了怎么科学地解决呢

很多人都喜欢穿羊毛衫，羊毛衫不但时髦，还非常保暖，但是羊毛衫美中不足的就是洗完后非常容易缩水。平时穿着非常宽松的衣服，洗了一次后就因缩水而变小导致不能穿，这确实让人相当恼火。那么，当我们的羊毛衫缩水后我们该怎么办呢？

（1）如果你发现家里的羊毛衫缩水，可以用干净的白毛巾将羊毛衫裹起来，放在电饭锅内隔水的蒸笼上，蒸上 10 分钟后取出，抖动，再将抖松的羊毛衫小心地拉成原来的样子，平放在平面桌子或薄板上，四周用衣夹夹住，晾在通风处

即可。

（2）在脸盆里倒进温水，滴入适量的家用阿摩尼亚水，然后将毛衣浸泡在水中，使留在毛线上的皂成分得到充分溶化。10分钟后，用两只手同时轻轻拉长缩小的部分，然后冲水晾干。在羊毛衫半干之时，再用手撑开，整出原形，用熨斗烫一烫，就可恢复原来的尺寸。

（3）购买专用的毛衣柔顺剂，用冷水稀释后，将羊毛衫浸泡在内，1个小时以后，轻轻拉伸羊毛衣服，使它恢复到原来的长度，用柔顺剂滋润后的衣服较之前更软、更加富有弹性。

亲爱的读者们，其实生活里蕴含着很多的小科学知识，只要我们平日善于积累类似的科学方法，当我们遇到问题的时候，自会迎刃而解。

24. 为什么我们挠自己胳肢窝不会痒呢

有很多人最怕别人挠自己的胳肢窝了，一挠就会笑个不停，可是，为什么我们挠自己的胳肢窝时却不觉得痒呢？

正常情况下，人会产生两种痒的感觉，一种是像蚂蚁在皮肤上轻轻爬行般的痒感，而耳朵、鼻孔、手心、脚心等身体部位对这种痒异常敏感；另一种是因外界在身体某一部位强烈抓挠受刺激而产生的，人体上胳肢窝是最容易产生这种痒感的部分。

有人会认为这是皮肤中感受器使然，因为人体的感受器是特殊的携带信息者，它们会在受到外界刺激后，便做出某种反射行为来抵消外界授予的痒感。当人的脑神经接收到这种痒的信息时，如果痒的程度很轻，只要轻挠几下便消失；如果痒感强烈，往往可以用笑或积极地躲避来抵御。

痒是一种应激反射，怕痒的部位一般都是人的要害部位，比如腋窝和脚心，且那里神经末梢密集，这些部位会将外物的接触视作潜在的威胁，所以一旦有外物触碰，大脑自然感应出痒的信息，此时就会呼唤人要躲避这种威胁。根据这一原理，用自己的手触摸当然就不存在任何威胁了，所以我们挠自己敏感的部位，就不会产生痒感。

因此，通常情形下，上述内容也可以作为恋人间用来测试彼此是否互相信任的方式。

25. 精子杀手排行榜

在一般人的思维里，精子的强弱似乎和男性的性能力息息相关，即便是那些深信自己床上功夫者，一旦遭遇难以令另一半受孕的尴尬事情时，也不免会雄心大减、雄风大失！男性精子其实是相当敏感及脆弱的，来自生活上各种外在或内在的刺激，都可能降低它的活力，甚至于扼杀它的生命力。

有研究表明，影响男性精子活跃生命力的因素总结起来有以下几点：

（1）精子也会闹脾气

情绪低落、精神不佳等情况会对人体内分泌产生不良影响，对男性睾丸生产精子的功能也会造成混乱，精子数量可能会因此锐减，严重的话，甚至有不育的隐忧。

（2）精子不耐高温高热

"低温环境"是精子的最佳孕育空间，高温对精子来说是生存的大考验。因此，男性若喜欢穿着紧身不透风的内裤、牛仔裤或是有浸泡热水澡的习惯，抑或经常在高温环境下工作，长此以往，小心精子将不再活跃。

（3）烟酒等物什荼毒精子

一方面，香烟中的尼古丁成分会伤害精子，造成男性精液中的含精量降低，也会增加畸形精子的数量；另一方面，酒精则会导致生殖功能趋弱，引起染色体异常，进一步可能造成胎儿畸形或是发育不良的情况。

（4）精子需要营养补给

精子的制造与生长都需要人体源源不断地灌输基本的、充足的营养，如果男性有偏食的习惯，会造成营养摄取不均，让精子"饿坏肚子"，这样，不仅会引起精子虚弱、衰竭，甚至于死亡，还会对男性的性欲及性功能产生阻碍。

（5）医疗药品刺激精子

男性应当尽量避免长期大量接触镇静剂、安眠药、抗癌药物、激素等有害药物，因为这些药中存在碍于精子生长的物质成分。

另外要注意，除了上述危害精子的杀手们，放射线照射亦可能引起精子染色

体的畸形病变，因此绝对要避免接触。

26. 假如人类从地球上消失了会怎样呢

地球上的物种在逐渐减少，速度已达到每一天、每一时、每一刻、每一分、每一秒钟都会消失一个，那么，如果地球上人类消失的话会怎么样呢？

对于这个深奥的问题，美国亚利桑那大学的阿兰·魏斯曼教授以其科学的眼光，向我们展示了答案。

（1）人类消失后2~10天

首先出现变化的将是那些需要不断回抽地下水的设施；其次，分布在各大城市的地铁线路中以及矿井中都会出现因暴雨带来的积水。

（2）人类消失后一年

首先，地下水将开始淹没像荷兰这样的地势较低的国家，这些地方会被变为沼泽地和湖泊；其次，荒废的田野将重新被野草占据，而同时分布在城市各处的柏油路面也会受到草木持续地侵蚀和破坏；再次，霉菌和苔藓将会覆盖那些被废弃的房屋；最后，由于工厂不再运转，空气将会重新变得清洁起来。

（3）人类消失后5年

原先的田野上将会长满新的灌木，而街道和公路则会布满裂缝，而缝隙中当然会充斥着绿草。与此同时，雨雪带来的降水将会形成一片片的水洼，更有一些城市可能会被火灾所产生的烟雾所笼罩。

（4）人类消失后20年

昔日繁华的市中心更像是原先的街心花园，它们将会重新变为沼泽和湖泊，而遭到地下水严重侵袭的城市则会被原先用来装点街市的植物所覆盖。除此之外，植物重新繁盛的城市将会被野生动物所占据，不但包括狼、野猪和鹿，还包括重新"野化"的牛、猫和马。

（5）人类消失后100年

原先连接各地的道路将不复存在。表现在：一方面，沙土和落叶将会覆盖残存的沥青和水泥，曾经的田野将会演变为森林。另一方面，各种水泥混凝土建筑也将遭到风雨和植被的严重侵蚀。而曾经的标志性建筑也将会因严重的锈蚀而被摧毁。

（6）人类消失后 500 年

在那些处于温带气候条件下的城市，将只能看到茂密的森林。而曾经辉煌的摩天大楼和高大教堂将会只剩下一片废墟。与此同时，野生动物的数量会出现显著增长，大象、老虎、羚羊以及海洋动物将会在大自然重新活跃起来。

（7）人类消失后 100 万年

如果这时有新的人类出现，尽管在进行广泛的挖掘或者是潜入到海水底部进行探索后，他们也将只能找到一些青铜雕像的残骸、不锈钢器具和大量的塑料垃圾。

27. 时间为什么要用 60 进制呢

在日常生活中，有很多领域比如时间、角度、天干地支纪年法等都运用到了 60 进制。那么为什么时间要用 60 进制呢？关于这个问题的解释可谓众说纷纭。

观点一：其延续了古罗马帝国的传统

在古罗马帝国，最吉利的数字是 6 和 0。所以在古罗马时期，帝国人民就采用 60 进制，其后再由商人们通过商业活动传递到各国，并沿用至今。

观点二：古巴比伦人的应用

根据最早文字记载，古巴比伦人是最早使用 60 进制数学体系的。这种数学体系，是仅使用以 60 为基的两个楔形符号的位值体系。在该体系中，"T" 形的楔形文字表示 1，"〈" 形的楔形文字表示 10。其后，这一数字体系被进一步推广到 60 进制分数的表示上，虽然它没有代表 0 的符号，但它对计算是非常有效的，而且它也奠定了时间的计量标准。

观点三：圆周规定为 360 度的结果

古土耳其的数学家喜帕齐斯在很早的时候就创立了基于希腊几何学原理的天文学。根据这一原理，他把圆分成 360 度，每一度又细分成 60 分，以此作为三角学的基础。同时为了方便，时间也就采纳了 60 进制来划分。

观点四：按天干、地支 60 甲子来划分的结果

这是中国古人根据"易经"进行换算的一种方式。他们认为时间的 60 进制

是按照天干、地支的 60 甲子的关系划分成的，这种观点倒也不是完全没有道理。

观点五：60 进制的广泛应用

用数学的角度来分析的话，很容易理解 10 和 60 相比融通性就比较差一些。因为 10 只有 2 和 5 两个约数，而 60 有 1、2、3、4、5、6、10、12、15、20、30、60 这 12 个约数。而在现实生活中经常会出现某一数被分成 2、3、4、5 等分的情况，目前还在广泛使用的 1/4 单位就是典型的例子。4 不能整除 10，但能整除 60，所以 60 进制比 10 进制更容易避开小数的复杂计算。这也是我们运用 60 进制的原因。

28.结婚戒指为什么要戴在无名指上呢

有很多人都讲究戒指的戴法，自是明白戒指戴在每个指头上的含义，但是，亲爱的读者们，你们知道结婚后，婚戒为什么一定要戴在无名指上吗？

这里面其实蕴含着一个奇妙的生理现象：

（1）首先大家伸出两手，将中指向下弯曲，对靠在一起，就是中指的背跟背靠在一起，而手心要面向手心。

（2）然后将其他的 4 个手指分别指尖对碰。

（3）在开始游戏的正题之前，请确保以下过程中，5 个手指只允许一对手指分开。

下面开始游戏的正题。

（1）请张开你们那对大拇指，大拇指代表我们的父母，能够张开。每个人都会有生老病死，而有一天父母也会离我们而去。

（2）请大家合上大拇指，再张开食指，食指代表兄弟姐妹，他们也都会有自己的家室，也会离开我们。

（3）请大家合上食指，再张开小拇指，小拇指代表子女，子女长大后，迟早有一天，会有自己的家庭生活，也会离开我们。

（4）那么，请大家合上小拇指，再试着张开无名指。这个时候，大家会惊奇地发现无名指怎么也张不开，因为无名指代表夫妻，那是一辈子都不会分离的。

神奇吧，是的，真正的爱，粘在一起后，是永生永世都分不开的。

29."X 女性"，科学家发现的新人种

据《华盛顿邮报》报道称，一组欧洲的科学家在西伯利亚南部地区的洞穴中发现了一种与早期人类和穴居人遗传信息完全不同的新古人类，并将其称为"X 女性"。而这类人大约在 100 万年前离开非洲行至南西伯利亚后逐渐消失。该报道所述的消息将会改写人类的历史。

此前科学家一直认为，在今天俄罗斯的阿尔泰山地区，只生活着早期人类和穴居人两种古人类。根据他们从当地一个洞穴中找到的一段人类指骨的化石，检测后发现其可能属于一个生活在 4.8 万年～3 万年前的古人类儿童，他（她）只有 5～7 岁。同时从指骨上提取的线粒体 DNA 数据显示，这是一种独特的古人类。

德国马克斯—普朗克协会进化人类学研究所研究员约翰尼斯·克劳斯说，无论是谁携带这种 DNA，他都是我们至今没有发现过的新人类。研究人员不能确定这段手指属于男性还是女性，他们为这种新人类取名"X 女性"。这种人的模样、生活习惯以及在他们身上发生的事，至今仍是谜团。

30.人没有心脏还可以活吗

一个很可笑的问题：人没有心脏还可以活吗？答案你肯定想不到，人没有心脏也是可以活下来的。

据 2012 年 2 月 4 日的《每日邮报》报道称，美国的一位名叫克莱格·刘易斯的 55 岁患者由于患有严重的心脏衰竭濒临死亡而接受了美国得州心脏研究所的一个非常超前的手术：医生将其整个心脏完全摘除，然后为他安装了一个高科技的新型离心泵。这一离心泵是一个类似涡轮的装置，装有结构简单的涡动页片，由于这个离心泵能保持身体血液不停流动，从而使得克莱格在没有心脏的情况下依然能够完成血液循环。

让人不可思议的是，在克莱格摘除心脏并安上离心泵的第二天，本来已经奄奄一息的克莱格竟然能够起身和医生交谈了。由于他的体内是一个"人造心脏"，能够悄无声息地持续不断地泵送血液，因此，医生永远不会检测到他的脉搏。这

简直让人感觉有些疯狂，不过，科学确实实现了这一畅想：没有心脏，人也能照样活下去。

31. 现在的马源于 14 万年前的古马吗

科学家通过最新的基因研究，在对马的线性体 DNA 进行完整研究后发现一个惊人的结果：几乎所有的现存的马类都源于 14 万年前的一种古马。而这种古马经过岁月的变迁和环境的变化，逐渐分裂为 18 个基因谱系。

科学家同时还发现，所有的马类的驯服工作其实都是开始于 1 万年前的，而与牛等其他种类的动物不同的是，欧洲和亚洲的人类是分别独立完成了对马的驯服的。

由于牛和羊的驯服是非常简单的一件事，它们都是在 8000 至 10000 年前在特定的地点有特定的类群驯服而来的。因此，到现在为止，它们的基因相似度非常高。而马的驯服过程要复杂得多。所以，科学家发现现在的马源于 14 万年前的古马的话，那么与之相对应的就是，现代人类起源于 20 万年前。

32. 糖和酒精一样有害吗

据美国科学家的最新研究表明，糖和酒精一样有害，应该得到控制。

科学家研究发现，糖对人类的危害不仅仅是会产生"空热量"（指含有高热量却缺乏基本维生素、矿物质和蛋白质），导致人变胖这么简单。事实上，糖含有的高热量每年至少间接导致 3500 万人死亡。这些人都死于与不良生活习惯有关的疾病，包括心脏病、糖尿病以及癌症。

这是因为，人们在食用糖的时候，如果用量太足，就足以改变人的新陈代谢，使人血压升高，扰乱人的荷尔蒙分泌，对人的肝脏造成严重的损害。而这种损害甚至会超过饮酒过量对人体的危害。

因此，我们还是少吃糖为妙。

33. 全世界竟然真的会有 2000 多人共同梦到同一张脸吗

最近网上流传着一个令人匪夷所思的说法：全世界竟然有超过 2000 多人的梦里出现了同一张男人的脸。而且这张脸他们都没有见过。这是真的吗？或许是网络的一次恶搞呢？

其实，早在 2006 年，美国的一个精神病专家就对此有所研究。他接待了一位女病人，该病人称在她的梦里，有一个完全陌生的男子给了她很多帮助。这位精神病学家就根据女病人的描述，画出了这位神秘男子的影像。后来又有一些病人看到了精神病学家桌子上的这幅画像，都说在梦里见过这个人。这名医生很是奇怪，于是将这幅画打印了出来，给了自己的同行。不久以后，世界上很多国家的病人都表示在梦中见到过这个人。

这究竟是为什么，我们不得而知，但我们可以肯定的一点就是，这位梦中的男子是值得梦见他的人所信赖的一个人。

34. 科学家要研究梅西的大脑吗

荷兰队的一位医学专家彼得·梅登多夫做了一个非常疯狂的计划，那就是他准备成立一个研究课题去研究当今世界足坛第一人梅西的大脑。彼得这次研究的目的主要是想知道梅西是如何在面对众多选择的一瞬间做出最佳判断的。

其实，人的大脑并不是一台计算机，而是一台大功率的类似于概率机的机器。梅西作为一名出色的足球运动员，能够在瞬间判断出自己应该是传球、踢球还是带球，抑或是跳跃。在足球场上，尤其是世界顶级赛事的赛场上，一个瞬间的选择就会左右整场比赛。所以，彼得想要了解梅西的大脑究竟是如何做出判断的。

但不知道，这种研究是否真的能够成功。这个连彼得自己也不得而知。

35. 婴儿一出生就可以预测他的寿命吗

科学家最新研究结果表明，人的预期寿命是由 DNA 端粒长度决定的。这种端粒就如同鞋带末端塑料保护层，它主要是保护染色体不被损耗。

科学家称，端粒对于老化现象具有关键作用。这个道理其实很简单，DNA 端粒越长的，寿命就会越长；同理，DNA 端粒越短的，则寿命越短。当然，这种预期寿命是不包括意外死亡、疾病和生活方式等因素的。

在未来，人们完全可以通过测试分析 DNA 端粒的长度来判断自己生命的长短。同时，由于端粒可以避免 DNA 被拆分，所以说具有非常重要的作用。当婴儿在母体中孕育的时候，端粒就开始渐渐变短，我们在婴儿刚一出生的时候，就可以通过测试婴儿 DNA 端粒的长度判断其寿命的长短。

36. 声音越低沉，性功能越差吗

声音低沉、体毛多、肌肉健硕是一个男人阳刚的表现，其实这些特征不仅在人类身上，在动物界也已经达到了共识。然而，澳大利亚的科学家奇·西蒙斯、玛丽安娜·彼德森和格瑞连·罗德斯通过共同研究发现：越是声音低沉的男性的精子数量越低，性功能越差。

研究人员挑选了 54 名年龄在 18~32 岁之间的男性进行研究，然后再由女性来决定他们的声音低沉程度，最后再来测试他们的精子数量。结果发现，声音低沉的男性，精子数量反而少于声音洪亮的男性。

这是因为男性的声音低沉，代表男性睾丸素增多，也就影响了他精子的质量水平。从人体生理平衡上讲也是行得通的，你会因为声音低沉、富有磁性而得到女性的青睐，但同时也降低了自己的性能力。这是一种完全正常的现象。

37. 未来电脑病毒可以感染人的大脑吗

美国科学家安德鲁·赫塞尔称，人类在研究"合成生物学"时一定要小心，虽然我们能够调节生命形式的基因，但是，人类还必须提防这种发展趋势的失控：未来的黑客们很可能会设计出能够控制人类大脑思维的病毒或者细菌。

他认为，基因工程学是计算机发展的下一个前沿，在未来，或许细菌可以作为活体计算机，而DNA可以作为编程语言。这虽然能够帮助人类可持续发展，但是，也存在很多危险。电脑黑客们可以研制新的计算机病毒和细菌，以化学的形式进入人类的大脑，可以用于感染，甚至会控制"人类"。

这些病毒将以疫苗的形式注入"宿主体"，从而起到控制宿主体行为的作用。赫塞尔警告称，未来我们可能必须学习如何抵御和反击这些合成生物武器。

38. 打哈欠为什么会传染

很多人会发现，当有人在你面前打哈欠的时候，你会很不自觉地也想打哈欠。难道说打哈欠也会传染吗？答案：是的。有三种理论可以证明打哈欠是可以传染的。

这三种理论是：生理理论，厌倦理论，进化理论。

生理理论认为，打哈欠是大脑意识到需要补充氧气的一种反应。打哈欠之所以有感染力，是因为在某个房间里的每一个人很可能同时都觉得需要补充氧气。打哈欠可能还会受外界因素的刺激，在很大程度上如同看见别人吃饭会感到饥饿一样。

厌倦理论依据的假设是：如果每个人都觉得某件事情令人感到厌倦，就会打哈欠。但是这种理论无法解释人为何在感到厌倦的时候打哈欠，除非人把打哈欠作为一种本能方式，用形体语言表达对某件事情不感兴趣。

进化理论认为，人打哈欠是为了露出牙齿，这个行为是我们的原始祖先传下来的。打哈欠可能是向别人发出警告的一种行为。鉴于人类的发展已经进入文明社会，用打哈欠的方式向别人发出警告已经过时了。

但是你会发现，精神病患者很少会被别人打哈欠所传染。这是因为所谓的打哈欠传染更容易在移情人群，即那些喜欢将自己假想成他人的那些人中发生。这些人是那种在别人踩到尖东西时也喊"哎哟"的人。该结果正好解释了为什么精神病患者很少会被别人打哈欠所传染，因为他们很难进行移情活动。归根结底，这是人们的一种心理现象。

39. 人类幼年受到创伤会在脑部留痕吗

根据德国的有关研究发现，如果一个人在幼年时期长期遭受虐待或者伤害，那在他的脑部可能会留下岁月的烙印，从而导致脑部结构发生变化。

研究人员利用核磁共振成像技术并经过长时间研究证实，幼年长期遭受虐待的人，其脑部海马区和额叶区等主管学习、记忆、情感等控制的部位会变小。同时，这些人大脑中控制恐惧、焦虑等情绪的杏仁体也会变得异常。相似的，如果幼年长期遭受暴力的话，其脑部在数十年后依然会有"伤痕"，而且这些人日后极易患上忧郁症、焦虑症等心理疾病。

40. 手指长度决定人的兴趣爱好吗

对于人的手指的研究其实很多，比如说，人的五个手指长度都不一样，却有不少针对食指和无名指长度加以分析的研究：男性右手食指比无名指长，可能代表男性生殖器比较大，甚至异性缘较好。

韩国的一项最新研究表明，手指的长度还会决定一个人的兴趣爱好。研究人员对首尔 106 名学生进行了调查后发现，他们崇拜艺人的程度和手指的长度有关联。研究结果显示，手指间的长度比能测得个人性向。同时还研究出，女性的食指如果比无名指长的话，就越有崇拜明星的倾向。此外，手指长度比例与选择电影、电动玩具、运动、戏剧或音乐等个人喜好有关：一对伴侣中，若男性、女性的无名指皆比食指长，通常会选择较暴力的娱乐活动。

6

第六章
奇怪有趣的人体知识

1. 鼻水都藏在哪里

很多人都不愿意感冒，因为感冒了，自己的鼻子就得遭罪。每天坐在那里什么都不用干了，只能准备一卷卫生纸，不停地擦拭鼻子，否则一不小心，鼻涕就会流进嘴里。

这是因为人只要一感冒，鼻子就会变得敏感，鼻水就会不停地流出。那么，感冒后我们每天擦拭掉的大量鼻水都寄存在身体的哪个部位呢？鼻子里是不是有一个类似膀胱的器官专门来储存鼻水呢？

其实鼻水并不是寄存在我们身体里的，这是因为在通常情况下，鼻腺跟细胞本身都会经常提供补充水给鼻孔表面的黏膜，但是只要一感冒，免疫血球蛋白与化学物质就会跟水混杂，将进入鼻孔的其他物质跟细菌都清洗出来，鼻腺跟细胞本身也会一直分泌水分，所以就算我们不断地擦拭鼻子，鼻水也会一直流出来的。因为那就像一个源泉一样，只要你的感冒不好，鼻水就会永远不间断地流出，这样是为了减少病菌被吸入体内。

2. 人的头发每天会长多少

我们每个人都会定期去剪一次头发，一是为了美观，二是因为头发又长长了。其实，我们的头发每天都在长，那么，它们每天长多少呢？

根据科学家的研究表明，人的头发平均一天长 0.3~0.4 厘米，一个月长 1 厘米左右，而且，并不是每个月长得都是一样长的。一年之中，只有六七月份长得是最快的。而且我们头发不光会长长，每天还会长出 50~60 根新的头发。长出头发的多少是由我们的毛囊决定的，一个毛囊可以生长 2~3 根头发，每根头发的生长周期大约是 10 年，所以，一般每天也会掉 100 根左右的头发。但不管怎么样，我们一定要爱护好自己的头发，不要乱烫乱染，因为那样会伤到头发的发根，同时也会伤害发质。

3. 人为什么要长指甲

不管是人、狮子、老虎还是其他的哺乳动物，都会长指甲，而且不同的物种，指甲的形状和功能都不相同。其中，猫科动物和犬科动物的指甲非常锋利，利于捕食；灵长类动物的指甲就稍微钝一些。人类作为进化最成功的动物，在经过了漫长的进化后，很多原来的器官都消退了，其中指甲原有的捕食功能也渐渐消失，剩下的只是女士追求美的一种方式了。那么，人长指甲真的就是为了美丽吗？

其实人长指甲有三个作用：

（1）防御指端的机械性损伤。人的指尖是非常脆弱的，很容易受到损伤，而指甲正好弥补了指尖脆弱的特点，增加了手指的抗损伤性。

（2）保护指尖部神经不受损伤。人的指尖有很多的神经末梢，很容易受到损伤，指甲除了保护指端不受机械性损伤外，还在一定程度上保护了指尖的神经。

（3）增加动作的协调性。指甲的坚固保护，能够使我们的指甲更具有灵活性，同时可以增加我们手指动作的协调性。

4. 人为什么会有狐臭

很多人都会为自己有狐臭而烦恼，那么，人为什么会有狐臭呢？

其实，狐臭又称腋臭，是分布在体表皮肤如腋下、会阴、背部等许多具有大汗腺的地方所散发出来的一种难闻的气味。其实，我们大可不必为狐臭而烦恼，因为只要是人都会有体味，只是有重有轻而已。

很多人由于自己的大汗腺比较旺盛，体液分泌得比较多，就会造成体味比较重，尤其是夏天的时候，体味就更重。在西方，狐臭又被称为："bodyodor"，即身上的一种味道。那么，请问，谁能没有体味呢？

但是，狐臭是具有遗传性的，同时和性别、种族有关。一般来说，女性多于男性，白人和黑人多于黄种人。而南方人、新疆人、内蒙古人等有狐臭的多一些。这都是由于饮食和气候等原因造成的。

如果我们真的得了狐臭的话，大可不必惊慌，因为狐臭是可以根治的。

5. 为什么心脏不会得癌

当今社会，人的生活条件好了，学会享受了，逐渐管不住自己的手、管不住自己的腿，更管不住自己的嘴了。但是，在我们享受生活的同时，却被各种各样的疾病悄悄缠上了，尤其是癌症，只要患上，那我们的生命也就离死神不远了。

但细心的你们有没有发现，胃可以得癌，肝可以得癌，大肠可以得癌，甚至睾丸都能得癌，一句话，几乎人体的每一个部位都可能得癌，但是我们为什么没有听过心脏癌呢？

这的确是个有趣且值得深思的问题。

我们知道，人体内除了心脏以外的其他细胞都具有增殖机能，当它们受伤的时候，只要过上一段时间，这些伤口就会自动愈合。而癌症最可怕的地方就在于癌细胞会持续增殖，接着会破坏周围的组织，这便需要充足的繁殖场所。人体细胞的增殖功能便满足了癌细胞扩散的需要。不过，由于心脏是人体运动的发动机，它的细胞组成和其他器官的细胞存在明显的差异，便是心脏细胞并不会增殖，这也就无法给癌细胞提供繁殖的场所，那么对于满足不了自己需要的心脏，癌细胞又何必劳神伤骨地去侵袭它呢。

6. 人的一生会脱落多少皮肤

皮肤覆盖了人体的全部表面，可谓人体最大的器官。一个成年人的皮肤虽然展开有接近2平方米，但是重量却是人体重的1/20。这主要是因为人体的皮肤太薄了。平均只有2毫米左右。其中人体皮肤最薄的部位，只有0.5毫米，而最厚的手掌和脚后跟的皮肤，也不过4毫米而已。

人体的皮肤虽然比较薄，但是却由好几层构成。皮肤主要由上皮组织、真皮组织等构成，其中上皮组织又被称为表皮。由于人体新陈代谢的作用，表皮死亡的细胞是不断脱落的。科学家计算过，人的一生脱落的表皮加起来的重量将超过227公斤。我们每天会有一二百万皮肤细胞生长起来，同时也会有一二百万的皮肤细胞老化。所以说，皮肤脱落是个一直存在的现象，一般经过27天左右，全身的表皮就全部换上了一件"新衣"。

虽然我们的表皮不断地脱落，但是却并没有因此而变得更薄。这主要是人的表皮也是由两部分构成的：外侧的角质层和内侧的生发层。角质层虽然脱落了，但是生发层却不断补充着新的皮肤。这也是皮肤的神奇之处。

7. 人体哪些部位最脏

每个人都喜欢干净，但是，不管我们怎么努力，有几个地方会让我们一直头疼，因为这几个地方太脏了。

人体最脏的部位首推口腔。一项最新研究表明，一个人每平方厘米的口腔中就有约超过一个微生物，这些微生物大多数都是菌群。还有一部分是已经变质的微生物，这些微生物会寄生在牙齿和舌头之间，在分解食物和唾液的时候，会产生难闻的硫化合物。所以我们要保持早晚刷牙的习惯，同时，刷完牙一定要记得清洁一下舌头，因为很多细菌会残留在舌头上。

其次要说的是头皮。我们的头皮每平方厘米大概有100万个微生物，在这些微生物中最多的是毛囊脂螨。这种微生物最喜欢的就是把家安在头皮的表层，主要以吸食皮脂腺分泌的脂质为生，严重时会导致我们脱发。所以我们不但要勤洗头，还要多梳头，以此来刺激头皮，让头皮通风。

第三个要说的就是我们的腋窝了。让人想象不到的是腋窝每平方厘米所含的微生物竟然高达10亿~100亿。腋窝之所以脏还要拜汗水所赐，因为汗水的作用，使得棒状菌群被皮肤分泌的脂肪酸所滋养，从而繁殖滋生大量的细菌，由此会产生难闻的气味。所以我们要勤洗澡、勤换衣，还有，内衣最好选择棉质衣物。

最后一个要说的就是我们的肠道了。肠道脏是很正常的，这是因为肠道内长期寄居着400多种细菌。这些细菌在某种程度上是人体必需的有益菌。比如说大

肠埃希氏菌就是其中的一种。它能帮助我们消化食物，是我们人体防御系统的一个重要组成部分。但是肠道的病菌多了就会导致我们生病，所以我们一定要注意饮食。要想肠道好，最简单的方法就是每天喝 1~2 瓶酸奶，还有就是坚持锻炼和揉腹，这可以帮助我们的肠道消化。

8. 人的五根手指为什么不一样长

人虽然长了五根手指，但是为什么却不一样长呢？造成这种现象的原因还是由于进化。

在远古时候，人类的生存条件是非常艰苦的。由于缺乏吃的，人类就需要从繁密的树丛中掏取食物、在蚂蚁洞中掏取虫体或者在动物的身上掏取内脏。古人在操作这些的时候，如果五根手指都是齐的，就像个铲子一样，操作会非常不灵巧。如果五根手指不一样齐，就会像一个箭头一样，可以快速地获取食物。同时，五根手指长短不一，可以使手的操作更加灵活、抓取更加牢固，尤其是大拇指的分开，更增加了手指的张开幅度，使手的功能大大加强。

9. 人早上起来的时候为什么会有"眼屎"呢

早上一起床照镜子，就会看到一张让人恶心的脸，因为你看到自己的眼角都是"眼屎"。那么，这些"眼屎"到底是什么呢？有的人说"眼屎"其实就是尘土，因为眼睑在睡眠时不动，尘土就黏附在眼睛上了。还有人说"眼屎"就如同一种黏合剂，可以让我们的眼睛合得更紧。答案真的是这样吗？

其实，早晨起来留在眼角的"眼屎"只不过是已经变干的眼泪和分泌物罢了。因为，我们通常每眨一次眼睛，眼泪都会被均匀地分布在眼睛上。这样，我们的眼睛就能够保持湿润，这也是我们为什么总是眨眼睛的原因。随后，眼泪就会经过眼角的鼻泪管流入鼻子中。但是到了夜晚的时候，我们眨眼睛次数就少了，慢了，同时还闭着眼睛。这样，这些泪液就无法回到鼻泪管里，它们会滞留在眼睛里，慢慢渗出眼角，最后干结为我们早上起床后所擦掉的"眼屎"了。

10. 为什么我们的手和脚在水中泡的时间一长就会干缩起皱呢

有很多人都会有这种感受，自己在洗脚或者洗衣服的时候，手和脚泡的时间长了，拿出来时发现手和脚就会变得干缩起皱。那么这是为什么呢？

这是因为我们的皮肤在水中会释放皮肤中的水分。我们人体的皮肤其实并不吸收水分的，反而会释放湿气和水分。有人会问，那我们在洗澡的时候，泡得久了，为什么我们的身体皮肤不起皱呢？这是因为我们的身体含有大量的皮脂腺，这些皮脂腺的分泌物会使我们的皮肤时刻保持着柔软，同时，又使得它们不透水。而我们的手和脚含有的皮脂腺就非常的少，所以，我们的手足部分的皮肤泡得久了就会变得干缩起皱。

11. 人在接吻的时候有多少块肌肉参与呢

有人说接吻是一种力气活，强身健体。这话一点不假。因为，接吻的时候，其实我们的人体有很多块肌肉都参与了。那么，人在接吻的时候究竟有多少块肌肉参与了呢？

其实，你可能想象不到，人在接吻的时候，有差不多30块肌肉共同参与其中。这些肌肉不但包括舌头、嘴唇等肌肉，还包括脖子、面部等多处肌肉共同参与。所以，科学家认为，人们在接吻的时候，不但能够促进血液循环，还能够增强我们的自信心。而且，科学家还认为，经常接吻的人比不经常接吻的人的寿命要更长一些，而且身体会更加健康。这是因为接吻不但促进了人体肌肉的运动，还能促使人体分泌大量的激素物质，从而增强人体的免疫力。

12. 你知道人体中的108个要害穴位在哪里吗

看过武侠小说或者武侠电影的人，都会幻想着自己会点穴，但是，人体虽然

有很多穴道，并不是所有的穴道都可以乱点的，下面就来给大家介绍一下人体的108个要害穴位：

（1）百会穴：在头顶正中线与两耳尖连线的交点处，即后发际正中上七寸。

（2）太阳穴：在眉梢与外眼角中间、向后约一寸凹陷处。

（3）印堂：在面部、两眉内侧端连线的中间。

（4）听宫：在耳屏的前方、下颌关节后方的凹陷处。

（5）鱼腰：在眉毛正中、眼平视时下对瞳孔处。

（6）率谷：在耳尖上方、入发际一寸五分处。

（7）睛明：在内眼角上方0.1寸处。

（8）耳门：在听宫穴上方，耳屏上切迹的前方，张口时呈凹陷处。

（9）素胶：在鼻尖端正中处。

（10）颊车：在下颌角前上方一横指，当用力咬牙时，咬肌隆起处。

（11）人中：在鼻柱下，人中沟的上三分之一与下三分之二的交界处。

（12）承泣：眼平视时，在瞳孔的直下方，眼眶下缘上。

（13）下关：在颧弓与下颌切迹所形成的凹陷处。

（14）风府：在后发际正中直上一寸枕外隆凸直下凹陷处，即两筋之间陷中。

（15）风池：平风府穴，斜方肌和胸锁乳突肌之间凹陷处。

（16）脑户：在后发际正中上量二寸五分，当枕骨粗隆之上缘陷中。

（17）上廉泉：在颌下正中一寸，舌骨与下颌缘之间的凹陷处。

（18）颈臂：在锁骨上方，胸锁乳突肌的后缘处。

（19）哑门：在项后发际上五分，第一颈椎与第二颈椎棘突之间处。

（20）缺盆：在颈外侧处部、锁骨上窝之中点处。

（21）天容：在下颌角后下方、胸锁乳突肌前缘。

（22）廉泉：在颈前部正中线、喉头结节上方陷处。

（23）扁桃：在下颌角下缘、颈总动脉搏动处。

（24）天牖：在乳突后下方、胸锁乳突肌后缘近发际处。

（25）天柱：在哑门穴旁开三寸处。

（26）人迎：在结喉旁开一寸五分、胸锁乳突肌前缘、颈总动脉搏动处。

（27）翳风：在耳垂后、乳突和下颌骨之间的凹陷处。

（28）扶突：在胸锁乳突肌后缘与结喉相平处。

（29）天窗：在颈外侧部、下颌角下，扶突穴后、胸锁乳突肌后缘处。

（30）天鼎：在胸锁乳突肌后缘，扶突穴下一寸处。

（31）天突：在胸骨切迹上缘凹陷处。

（32）膻中：在两乳头连线的中点处。

（33）气海：在腹部正中线、脐下一寸五分处。

（34）大包：在极泉穴与第十一浮肋端之中点处。

（35）腹哀：在大横穴上三寸，即剑突尖下。

（36）期门：在脐上六寸、巨阙穴旁开三寸五分处。

（37）鸠尾：在脐上七寸，即剑突尖下。

（38）神阙：在腹部、脐窝中央处。

（39）步廊：在中庭穴旁开二寸处。

（40）极泉：举臂开腋时，在腋窝中间、腋动脉内侧。

（41）日月：在乳头直下第七肋间隙，即期门下一寸。

（42）上脘：在腹部正中线上，脐上五寸处。

（43）京门：在第十二肋骨头下。

（44）急脉：在大腿内侧面上部，从耻骨联合之中央外量二寸五分。

（45）梁门：在腹上部、脐上四寸、中脘穴旁开二寸处。

（46）章门：在侧腹部第十一肋游离端的下缘。

（47）库房：在锁骨中线第一肋间隙处，即华盖穴旁开四寸。

（48）维道：在髂前上棘前下方、五枢前下五分处。

（49）渊腋：在腋下三寸，乳头旁开四寸陷中。

（50）中府：在云门穴下方约一寸，第一、二肋骨之间，距胸骨正中线六寸处。

（51）下脘：在腹部正中线，脐上二寸处。

（52）不容：在幽门穴旁开一寸五分，即巨阙穴旁开二寸处。

（53）带脉：在章门穴下与脐相平处。

（54）乳中：在乳头中央处。

（55）乳根：在乳头直下第五肋间。

（56）关元：在曲骨穴上二寸、脐下三寸处。

（57）中极：在脐下四寸处。

（58）曲骨：在脐下五寸，耻骨联合上缘。

（59）辄筋：在腋下三寸，复前行一寸处。

（60）天枢：在肚脐旁开二寸处。

（61）食窦：在任脉旁开六寸的第五肋间。

（62）会阴：在大便前（指肛门）小便后两阴之间。

（63）大椎：在第七颈椎与第一胸椎棘突间正中处。

（64）风门：在第二胸椎棘突下旁开一寸五分处。

（65）天宗：在肩胛冈下窝的中央。

（66）至阳：在第七、第八胸椎棘突之间。

（67）脊中：在第十一、十二胸椎棘突之间。

（68）膏肓俞：在第四胸椎棘突下旁开三寸处。

（69）魂门：在第九第十胸椎突棘旁开三寸处。

（70）肝俞：在第九胸椎棘突旁开一寸五分处。

（71）意舍：在第十一胸椎棘突下旁开三寸处。

（72）肾俞：在第二腰椎棘突下旁开一寸五分处。

（73）胃仓：在第十二胸椎棘突下旁开三寸处。

（74）志室：在第二腰椎棘突下旁开三寸处。

（75）腰眼：在第三腰椎棘突下旁开三至四寸处。

（76）命门：在第二、三椎之间。

（77）肩井：在大椎穴与肩峰连线的中点、肩部高处。

（78）长强：在尾骨尖与肛门之间。

（79）巨骨：在锁骨肩胛骨之间凹陷处。

（80）臂臑：在上臂外侧、三角肌止点稍前处、肩（骨髃）与曲池的连上。

（81）尺泽：在肘横纹上、肱二头号肌腱外侧处。

（82）曲泽：在肘横纹上、肱二头肌腱近尺侧缘。

（83）曲池：屈肘时，在肘横纹头与肱骨外上髁之中点处。

（84）手三里：在曲池穴下二寸处。

（85）少海：屈肘时，在肘横纹尺侧端与肱骨内上髁之间凹陷处。

（86）青灵：在少海穴上三寸处。

（87）内关：在腕横纹正中直上三寸。

（88）腕骨：在手背尺侧，当第五掌骨与钩骨、豌豆骨之间凹陷处。

（89）合谷：在第一、二掌骨之中点稍偏食指处。

（90）阳溪：拇指向上挠时，在腕关节桡侧凹陷处。

（91）中渚：在第四、五掌骨小头之间、掌指关节上方一寸凹陷处。

（92）八邪：握拳时，每个掌骨小头之间处。

（93）风市：直立两手自然下垂时，在大腿外侧中指尖所到之处。

（94）阴包：在曲泉穴上四寸、股内肌与缝匠肌之间。

（95）阴廉：在大腿内侧、气冲穴直下二寸动脉处。

（96）血海：在大腿内侧面下部、髌骨内上缘上二寸处。

（97）箕门：在大腿内侧血海穴上六寸处。

（98）承扶：在臀部下缘横纹中点处。

（99）委中：在窝部横纹中点处。

（100）足三里：在外膝眼下三寸、胫骨外侧一横指胫骨前肌上。

（101）膝阳关：在阳陵穴上、股骨外上髁上方凹陷处。

（102）承山：在小腿后面正中出现"人"字形凹陷处，即委中穴与足跟之中处。

（103）悬钟：在外踝高点直上三寸，腓骨前缘。

（104）三阴交：在内踝尖上三寸、胫骨后缘。

（105）解溪：在足背的踝关节横纹中点、拇长伸肌腱和趾长伸肌腱之间。

（106）昆仑：在外踝与跟腱之间凹陷处。

（107）太溪：在内踝高点与跟腱之间凹陷处。

（108）涌泉：在足掌心的前三分之一与后三分之二交界处。

13. 人体极限你知道多少呢

我们都是普通人，不是超人，我们身体的各个生理机能都是有极限的，那么我们人的各种极限是多少呢？英国广播公司《焦点》杂志进行了一系列的测试和研究，试图发现人体极限之所在。

（1）人体可以忍受多低的体温？

人的正常体温一般维持在 36～37 摄氏度，一旦超过这个值，人体的机能就会减弱，造成我们的反应和判断力的迟钝。不过，因为孩子的器官复原能力较强，

所以他们忍受低体温的能力要强一些。

在理论上，人体可以忍受 0 摄氏度的低温。然而，在实践中，人们目前能经受的最低温度纪录却为 16 摄氏度。这是根据 2001 年英国一个刚刚学会走路的孩子在零下 20 摄氏度的低温天气下存活，当时她的心脏一度停跳 2 个小时，体温只有 16 摄氏度得出的结论。

（2）人能承受的最大失血量是多少？

一个健康成年人体内的血液在 3.8 ~ 5.6 升之间。如果人体失去 15% 的血量不会立刻让你觉得不适，但一旦超过这个标准，你的脉搏就会加速跳动，你会觉得头冒金星、身体发冷。而若是失去 40% 的血量，这将阻碍血液流回心房，从而使人出现心跳过速的症状。

理论上，人体能承受 1.9 ~ 2.8 升的失血量，约占人体血液总量的 50%；但目前的实际纪录只占人体血液总量的 75%。这是据 1987 年一名癌症病人被发现体内只有 0.9 升的血液得出的，不过她的血液是在几个星期内慢慢流失。

（3）人可以吃下多辣的咖喱？

咖喱里面含有各种辣椒素，虽然辣椒素不会对人体造成化学烧伤或是组织破坏，但它会对人体神经系统造成影响。除了疼痛外，眼睛、鼻子都会不停地流出液体，严重时甚至会造成痉挛或呼吸困难。

理论上，人能忍受 5 克辣椒素，但 2005 年，英国人布莱尔·拉扎尔从辣椒里提炼出 500 克辣椒素来做调料，他只尝了一小口就说："我的舌头好像被铁锤敲到了。"这一事实显示现实生活中人最多可吃下 0.1 克的咖喱。

（4）人类可以同时玩转几个球？

目前世界上只有少数人可以同时在手中抛接 11 个球或者 12 个球，没有人做到过可以同时应付 13 个球。关键在于球越多，你手动得也要越快。

有人在 1997 年做过一项实验，当时工作人员在一些世界上最出色的魔术师手上装了一些加速器，有的魔术师最终做到可以同时抛接 16 个球，但前提是，每个球要扔到同样高度，落在同一个位置。

（5）人类可以忍受多大的噪声？

当声音达到 125 分贝时，人便会觉得头疼。通常情况下，人类能够忍受的声音是 160 分贝，一旦超过这个数字，你的耳膜可能就要破裂。

理论上，人类可以忍受 200 分贝的噪声，然而目前达到极限的纪录为 175 分贝，这是根据美国研制的 T-429 战术爆炸震晕手榴弹，它在距离 2 米的地方会产生 175 分贝的声响证实的。

（6）人可以忍受多强的电击？

人类会对 1 毫安的电流有反应，200 毫安的电流则足以致命。根据欧姆定律，再考虑到人类皮肤的电阻范围，对人类构成生命威胁的电压范围应该在 200 伏到 20000 伏之间。对一颗健康心脏的最高承受极限而言，2.7 万伏的电压足以致命。

理论上，人可以忍受 2.7 万伏的电击。尽管有美国一个叫帕克·苏利文的人曾在 1942 年到 1977 年间 7 次被闪电击中生还的事实加以考究，但对此问题，目前也没得出明确的纪录。

14. 人体起鸡皮疙瘩的真正原因是什么呢

很多人都有这样一个体验，我们由很热的地方进入到很冷的地方的时候，皮肤上会立即感到一阵发紧，紧接着会出现一些密密麻麻的颗粒，就像鸡的皮一样，我们通常把这种情况称为"起鸡皮疙瘩"。但是，我们的身上为什么会起"鸡皮疙瘩"呢？

其实，我们的皮肤有很多特殊的作用，比如，它可以保护我们的内部器官，并且可以抗压、抗热、抗痛等。

当我们的皮肤突然由热受到冷刺激的时候，皮肤下面的感觉细胞会立刻通过神经向大脑报告，大脑皮质立即就会发出命令，使皮肤上的汗毛收缩，汗毛下面的立毛肌也会接到命令收缩起来，使我们皮肤上的汗毛竖起，皮肤由于毛发竖起而受到拉扯，会像小丘一样突起，便形成了一片密集的小颗粒，很像鸡皮。

15. 人体各个器官衰老的时间到底是什么时候呢

人会衰老，这是个不争的事实，但是，我们人体的器官并不都是一起衰老的，而是每个器官的衰老时间都不同。最近，英国的研究人员确认了人体各个部分在同时光较量中开始败下阵来的年龄。以下就是人体一些器官衰老退化的时间表：

大脑：从 20 岁开始衰老。

肠：从 55 岁开始衰老。

乳房：从 35 岁开始衰老。

膀胱：从 65 岁开始衰老。

肺：从 20 岁开始衰老。

声音：从 65 岁开始衰老。

眼睛：从 40 岁开始衰老。

心脏：从 40 岁开始老化。

肝脏：从 70 岁开始老化。

肾：从 50 岁开始老化。

前列腺：从 50 岁开始老化。

骨骼：从 35 岁开始老化。

牙齿：从 40 岁开始老化。

肌肉：从 30 岁开始老化。

听力：从 55 岁左右开始老化。

皮肤：从 25 岁左右开始老化。

味觉和嗅觉：从 60 岁开始退化。

头发：从 30 岁开始脱落。

16. 人的关节为什么会啪啪作响呢

两个高手过招的时候，都喜欢活动自己的手指，这个时候就会听到手指关节处"啪啪"地响。说来也奇怪，为什么关节处会"啪啪"作响呢？

这是因为在人体最常见的运动关节，如指关节和肩关节等的关节处都有一个囊状物把两根骨头结合在了一起。关节囊里有一种润滑剂，可以使得关节在活动的时候能够减少摩擦。当我们在伸展关节的时候，实际上就是在挤压关节囊里面的这种润滑剂，迫使那些含氮丰富的气体从润滑剂中逸出。关节囊在这个时候就会放出"气体"，我们就听到了"啪啪"声。当这些气体被释放之后，关节就会变得更加富有柔韧性了。但是，这些气体被释放出去以后，关节囊就必须重新吸收液体后才能再次发出声音，这个过程大概需要半个小时左右。这就是你不能短时间内连续两次使你的关节"啪啪"响的原因。

17. 人为什么会喜极而泣呢

人们在高兴的时候会哭，这让人很难理解，因为我们只有在伤心的时候才会悲伤地哭泣。那么"喜极而泣"到底是为了什么呢？

其实这个问题连专家也不知道答案。但是他们却认为，不管是欢笑还是哭泣，其实都只是我们内心两个类似的心理反应而已。心理学家罗伯特·普罗文说："在高度情绪唤起状态下，两种情况都会发生，不管你是否处于兴奋状态。"我们总认为哭泣是悲伤的一种表现，但实际上，流泪是一种极其复杂的人类反应而已。迈阿密大学巴斯康帕默眼科医学院的牙科教授李·达夫内说："痛苦、悲伤，一些情况下的极度高兴等多种情绪都能引发哭泣。它只是我们的一种进化方式。"不管是欢笑还是哭泣，都能够在一定程度上抵消皮质醇对肾上腺素的影响，能够缓解我们的压力。

所以说，当我们真的喜极而泣的时候，根本没有必要大惊小怪，它只是我们正常的生理现象而已。

18. 人的耳朵一生都在生长吗

我们在拿出自己小时候照片的时候，只会感觉到自己的脸在变化、眼睛在变化、鼻子在变化，但是很少有人会注意到自己的耳朵也在变化。其实，人的耳朵是一直在生长的。

根据英国科学家的研究表明，人从生下来到死去，外耳确实是在一直生长的，只是生长得比较慢而已。其实，按照比例来说，刚出生的婴儿的耳朵突出来，是人来到这个世界上最大的特征了。10 岁以前，人的外耳生长是非常迅速的，但是到了 10 岁以后，外耳的生长速度就开始放慢了，每年大约只长长 0.22 毫米而已。而且更让人意想不到的是人的耳垂也是一直在生长的，而且男人的耳垂比女人的

耳垂长得要更加长。一直到晚年，人的耳朵才停止生长，因为它们是由骨骼和耳道构成的，会逐渐退化。

19. 我们为什么会笑得肚子痛呢

很多人在大笑过度的情况下都会捂着肚子，因为肚子"笑痛了"。这是为什么呢？

要解释这个原因，还得从运动开始说起。我们在运动的时候，例如跑步，会引起我们的侧腹痛。这是因为我们在跑步的时候会用到横膈膜。而长时间大笑其实和跑步是一样的运动。美国的一个专家说："当你大笑时，肺部会吸入大量空气，产生膨胀，向下推挤横膈膜。与此同时，腹肌缩小，向上挤压横膈膜。"当然，你在大喊大叫时也会出现这种情况。肺部和腹肌反复挤压会导致侧腹部出现肌肉痉挛。有的时候我们大笑不止时，会感到右臂疼痛和侧腹痛。这是因为给横膈膜传达信息的神经也经过我们的右臂所致。在生活中为了避免大笑给我们的身体造成伤害，可以尝试缓慢地深呼吸，逐渐使自己的情绪冷静下来。

20. 人体为什么有时候会感觉麻木呢

当我们蹲得久了，或者头枕着手久了，都会感觉自己的某个器官麻木。那么，人为什么有时候会感觉到麻木呢？

感觉麻木多数是由于我们人体中流向神经的血液流通不畅造成的。如果我们的坐姿不舒服，我们久坐的那个部位就会受到长时间的压迫，这就造成这个神经与大脑的联系被打乱了，导致了足部麻木。这种情况跟身体局部区域受到伤害或其他的原因发炎造成的麻木是不同的。

其实，日常生活中，手足和踝部等末端经常会出现感觉异常的现象。要使这些麻木消除得快一些，只需稍微活动一下被压迫的部位就可以达到目的。但是，如果我们感觉到的不是麻木，而是疼痛的话，就有可能是糖尿病、狼疮或多发性硬化症的征兆，不过这种情况非常罕见。如果改变身体姿势后麻木感不会很快消失，那最好去看医生。

21. 有些人为什么总是感觉到冷呢

在生活中，有一些人总是怕冷，总是感觉自己穿得薄，虽然自己已经穿了厚厚的几层了。有人说，这是心理作用，因为人的身体还没有从寒冷的感觉里释放出来，原因真是这样的吗？

其实，我们人体的体温是由大脑中的下丘脑来进行调节的。当天气暖和的时候，下丘脑就会命令人体释放热量；反之，就会命令人体收集热量。比如，我们冷的时候，就可以通过打哆嗦来产生热量，从而进行收集，在这个过程中，微量元素铁起到了至关重要的作用。此时很多缺铁性贫血的人经常会感觉到冷。同时，由于高血压、药物治疗和其他原因引起的血液循环不正常等也能引起手脚冰凉。更需要注意的是人体甲状腺机能减退也会导致人体新陈代谢速度变慢，使人体的产热不足，也会感觉到冷。

所以，如果你在夏天需要穿厚运动衫和羊毛短袜的话，你就应该多吃瘦肉、豆类和绿叶蔬菜等富含铁的食物，以此来缓解贫血。同时，我们还需要尽量戒烟，因为烟中所含的烟碱会导致血管变细，使人体的血液循环出现问题。所以，我们一定要注意怕冷这个问题。

22. 我们出生的时候脸上是否一个雀斑都没有呢

有的人随着岁月的成长，脸上会起很多的斑。有的人起得多，有的人起得少，很多人就会认为脸上斑的多少其实是天生的。那么我们刚出生的时候是否脸上也有雀斑呢？

其实，婴儿在出生的时候，可能会有胎记或者是痣，但是，脸上却是一个雀斑都没有，非常洁净。我们被日照后脸上长出雀斑则是太阳的"杰作"。随着年龄的增长，接触阳光久了，皮肤就会逐渐产生雀斑。有些人脸上的雀斑非常多，那都是阳光伤害皮肤所留下的印记。而且，雀斑的产生也却意味着你皮肤细胞里

的 DNA 已经受到损伤。

研究表明，当婴儿接触阳光时，那些皮肤白皙、眼睛明亮的婴儿更容易长出雀斑，而且日后患皮肤癌和黑素瘤的可能性也更大。所以，我们在日常生活中要经常看皮肤科医生，检查一下雀斑的情况，同时，要非常小心地用 SPF30 或者级别更高的防晒霜。要保护自己的美貌和健康就一定要阻止阳光对皮肤的伤害。

23. 人为什么要长两个鼻孔呢

我们的眼睛、耳朵都有两个，我们都很清楚它们的作用：两只眼睛让我们产生立体的视觉；两只耳朵让我们能够准确定位声音的位置。我们鼻子虽然只有一个，但是为什么要有两个鼻孔呢？我们的两个鼻孔是否也具有类似的功能呢？

其实，并不是这样的。我们虽然有两个鼻孔，但是每次呼吸的时候，都只是用一个鼻孔。这是因为鼻孔的鼻甲黏膜中有很多由血管和结缔组织构成的勃起组织，两个鼻孔的勃起组织会进行一些有节奏地收缩和扩张，让一个鼻孔通畅，一个堵塞，每几个小时就会循环一次。这个周期变化主要由人的下丘脑神经来控制。由于空气在进入两侧鼻腔的总阻力总是维持不变，并不会影响我们的呼吸，因此，我们根本无法觉察到。

两个鼻孔的作用是为了让我们人体进行正常的换气，不至于一个鼻孔工作太累。两个鼻孔交替使用，就可以一个呼吸，另一个养精蓄锐，为下一个循环做准备。

同时，由于两个鼻孔在每一次呼吸的时候都会感觉到气味的差别，所以，也会产生立体嗅觉，我们也就更能够感受到气味的世界了。

24. 精液所蕴含的秘密你知道吗

有很多成年人对精液都不陌生，而且觉得它不过是承载精子的液体，是生命的摇篮。但是，精液所蕴含的秘密完全超出我们的想象。

最新研究表明，人类的精液绝不仅仅是精子的营养液，其中还含有大量的性激素。更让人奇怪的是，精液里不但含有雄性激素，还含有大量的雌性激素、促卵泡激素、促黄体生成素等。让我们想不到的是，正是这些激素决定了女性的生理周期。比如，促卵泡激素可以促进卵子成熟。一旦卵子成熟，促黄体生成素就会大量分泌，在它的帮助下，成熟的卵子才被排出卵巢，进入输卵管等待精子的到来。

同时，精液中含有大量的激素很容易被阴道壁所吸收，并迅速出现在女性的血液里，发挥着各自的作用。精液中含有的雌性激素可以促使排卵期之前的女性加速排卵，因而可以帮助女性调节她们的月经周期。这点还真的超乎我们的想象。

25. 眼睛也有视力缺陷吗

人的眼睛其实有很多缺陷，比如说两个眼睛都长在了前面，无法看到后面的事物；两个眼睛的视角太小，不能看到较大范围的东西。还有一种缺陷我们就很少知道了。

有种现象我们可能都会注意到，夜晚开车的时候，看到的灯的周围都会有光环，这其实是我们人眼的另一个缺陷的体现：球面相差。在白天的时候，人的瞳孔由于光线的摄入，会缩小，促使光线落在眼球晶体的正中心。可是到了夜晚，为了让更多的光线进入眼球，眼睛的瞳孔就会扩大，在这种情况下，眼睛看到的物体所呈的像就落在了晶状体的后面了。呈像偏离晶状体越远，晶状体的光学效果就越差。我们看到的灯周围的圆环，是因为我们的晶状体是圆的。几乎每一个人都会看到这种光环，因为人的眼睛根本无法解决这种问题。

26. 炎黄子孙的三项特殊"生理印记"

中国人都为自己是炎黄子孙而自豪。其实，炎黄子孙还真的应该自豪，因为，我们确实有三项和世界其他任何民族都不相同的生理印记。

根据考古学家和人类学家的研究表明，炎黄子孙独有的生理印记是：

先表现为铲形门齿。上颌两颗中门齿的两边缘翻卷成棱，中间低凹，像一把铲子。我国绝大多数人是这种门齿，而白种人有这种门齿的只占 8.4%，黑人只

占 11.6%。

其次是青斑。新生婴儿的尾骶部或其他部位常有淡灰色或青灰色的斑块。我国新生婴儿尤其是东北地区的新生婴儿，几乎都有这种特征，一般长到一两岁时褪去。而白种人和黑种人的新生婴儿都没有这一特征。

第三项是内眦褶。在眼的内角处，由上眼睑微微下伸，遮掩泪阜而呈一小小皮褶，旧名"蒙古褶"。我国大部分人有这种褶，而外国人却无此褶。

没想到作为炎黄子孙的我们还有这些神奇的生理特性吧，但事实却的确存在，所以，别多想啦，赶紧寻找出自己是炎黄子孙的标志吧。

27. 男人和女人谁的听力更胜一筹呢

不管干什么类型的事，也不管怎么做，我们都喜欢把男人和女人分开来进行比较研究，那么，让我们猜一猜，男人和女人谁的听力更强一些呢？

男人和女人肯定都会有人猜这个问题的答案。答案是，在有些方面男人的听力强一些，而在另一些方面，女人的听力强一些。可以说男人的听力和女人的听力能力是各有所强，不分伯仲的。女人比较擅长的是从寂静的环境中分辨出高音调；而男人则能够比较好地辨别出声音的来源。更有趣的现象是，和男性比起来，女性的听力受生理影响的概率较大。因为女性的听力受激素的影响，在排卵期间，其听力极其敏锐，而在经期来临期间则与男人的听力相当。

28. 人的哪个手指指甲长得最快

毫无疑问，我们的指甲每天都在长，但并不是所有的指甲长的速度都一样。那么究竟哪个指甲长得快一点呢？

很多人都会认为是大拇指的指甲长得最快，因为我们通常在修指甲的时候，会不自觉地将大拇指指甲修得长一些，因为要经常用大拇指指甲抠东西。其实你们都想错了，答案是中指指甲长得最快。另外，如果我们喜欢用右手的话，那么右手的中指指甲长得就更快。相反的，习惯用左手的人左手指甲则长得比较快。

29. 人在吃东西的时候为什么会咬到自己的舌头呢

我们的舌头是非常灵活的，尤其是在咀嚼的时候，舌头的作用更是功不可没。但是为什么那么灵活的舌头，还会在吃饭的时候被自己咬到呢？

这是因为我们在吃饭的时候，由于咀嚼太快，神经无法正常控制我们的肌肉，尤其是舌头进行常规的咀嚼运动时，所以，我们常常会在吃饭的时候，咬到自己的舌头。同时，如果我们上火的话，牙齿两边就会有一些浮肿，这些浮肿也会让我们很容易就咬到舌头。

所以我们为了避免咬到舌头，就需要吃得慢点，吃饭时最好不要说话。如果真的咬到了，一定要进行消毒和清洁。如果有血泡，一定要把血泡给咬破。还有要注意的就是吃完饭后一定要漱口，保持口腔的干净。

30. 为什么人在睡着的时候，肌肉会突然不由自主地抽搐呢

很多人都有这种经验，在睡觉的时候，肌肉会不由自主地抽搐。这是什么原因呢？

很多人会说是因为我们在睡觉时肌肉缺氧造成的，还有人说是由于我们睡觉前吃了难以消化的食物造成的。其实真正的原因是人脑要将人体中亿万个神经联结转换到睡眠当中去，参与睡眠的人体系统有呼吸、血液、消化、神经系统和肌肉组织。所以当人从清醒状态过渡到睡眠状态时，人脑需对这些神经联结进行调整，当我们的大脑主管思维和感觉的区域已经进入睡眠状态，而操纵运动神经的中枢系统还处于积极活动状态时，肌肉就会产生不由自主的、剧烈抽搐的现象。

31. 人如果活到一百岁的话，心跳大概是多少次呢

谈及心跳，世界上存在一些有趣的例子。比如，有一个患有脚气的病人，在

康复期间，他的心跳每分钟不足 30 次；我国东北有个建筑工人，每分钟心跳只有 27 次；最厉害的还是要数一个叫桃乐珊·史提文斯的人，他的心跳每分钟只有 12 次。这些数字是不是让你难以相信呢。

根据上述例子，似乎不管人的心跳频率是多少，都可以存活。但如果要弄清楚人活到一百岁，心跳有多少次的问题却是很难的，因为由于每个人身体状况不同，心跳自然就不相同。成年人心跳每分钟跳 60 ~ 100 次都算正常。另外概括地讲，人在劳动时的心跳频率要比安静时快，女人要比男人心跳快，儿童则比成人心跳快，其中以新生儿的心跳最快，大概是每分钟 150 次。但不管怎样，平均下来，一个人的心跳在 70 ~ 80 次，那么如果一个人活到 100 岁的话，他的心跳次数加起来总共可以达到 40 亿次左右。

32. 人体的血管有多长呢

人体中的血管包括动脉、静脉和毛细血管三种。血管在我们的人体中如同地球上的河流一样，四通八达，纵横交错。在这些血管里流淌着维持人生命的鲜血。

在身体皮肤表面能触摸到跳动的血管，就是动脉。它用来将血液中的营养物质，如氧气、糖、维生素、氨基酸、无机盐等输送到身体的各种组织，使各种组织细胞生长、繁殖，维持人的生活活动。

在人体表面和四肢上见到的呈青紫色，不能跳动的血管就是静脉。它的作用正好与动脉相反，是把各组织细胞代谢排出的废物，如二氧化碳、尿素等带走，将二氧化碳送到肺中排出体外，将尿素等送到肾脏排出体外。

而毛细血管，比头发丝还细得多，用肉眼是看不见的，直径只有 5 ~ 20 微米。毛细血管中只能通过单个的单细胞。毛细血管就像灌溉渠道一样，把血液送到人体的各个部位。

血液通过心脏的泵出、泵入在血管内反复循环，周而复始，永不停止。如果把毛细血管也算在内的话，人体内的血管长度至少也有 9.6 万千米以上，这个数字够吓人的吧！

9.6 万千米，地球的赤道长 4 万千米，能绕地球两圈多呢。

33. 手有哪些奇妙的功能呢

每个人都有一双手，而且我们知道我们的手非常灵活，可以吃饭、开车、打麻将，等等。但是，手其实还有其他的一些奇妙的功能呢。

首先，手指的长短可以反映人的大脑结构。比如无名指比食指长的人想象力非常的丰富，具有较强的辨认方向的能力，而食指比无名指长的人呢，吸收自然科学和数学知识的能力较强。这是因为手指的生长所需要的荷尔蒙在我们的大脑发育过程中起到很重要的作用。

其次，手指能暴露人们内心所隐藏的想法。虽然有时候人们可以用声音说假话，但是却无法支配自己的手。因为手直接与大脑的触觉中心连接，几乎不受人控制。撒谎高手和纸牌赌徒也常因为无法控制手的动作而泄露天机。

最后，手有自愈的能力。比如说我们的手指甚至是整只手都断了，经过医生的手术之后，手与手腕缝合，血管、神经等重新连接在一起。但我们知道，我们的手上有无数的细微神经，即使重新缝合，再高超的外科医生也无法做到完全对接。怎么办？只能靠手的自愈能力。手术后，被接上的手大概在半年之后就会通过自愈功能将各个神经接连通畅，手也就恢复正常功能了。

34. 关于乳房的一些秘密

（1）美国人平均的乳房重量是 1.1 磅（约 500 克），而这 1.1 磅重量就包含了身体里 4% ~ 5% 的脂肪。

（2）就像男人的生殖器一样，女性的乳房也是可以在兴奋的时候变得挺直的。

（3）美国女性的平均乳头长度为 0.375 英寸（9.525 毫米），这就相当于 5 块硬币垒起来的高度。

（4）美国女性的平均乳房尺寸为 36C，而在 15 年前这个数据应该是 34B。

（5）而 36C 这个尺寸如果要是放在以爆乳出名的中世纪就一点想法都没有了，那时候的审美都是以露得越多越鼓为优。

（6）美国每年大约会有 30000 多人进行乳房增大手术。这同时也是年度最

受欢迎的美容手术（最多的）。除此之外隆鼻是 279000 例，吸脂是 245000 例。在这些乳房增大手术中，有 30% 为 20 ~ 29 岁的女性，35% 为 30 ~ 39 岁的女性，28% 为 40 ~ 54 岁的女性。

（7）每一例乳房增大手术所需费用为 3700 美元，但这只是初步植入硅胶的费用。之后还需要长期的维护费用，用于应对随时可能出现的破裂、起皱等问题。

（8）在 2008 年有 20967 名女性实施了乳房植入物摘除手术。有趣的是，同样还有 17902 名男性在这一年进行了乳房缩小手术。

（9）虽然现在大家都知道硅胶了，但在这个东西流行之前，具有探索精神的外科医生们还尝试过象牙（你能想象吗）、玻璃球、牛软骨、橡胶、聚酯等等。而即便是现在流行的硅胶技术，也会出现相当严重的肉芽肿并发症。

（10）世界上最大的手术胸部，是一个名叫 SheylaHershey 的 MM 拥有的。据说她现在要穿 38KKK 的胸罩，体内填充物达到了 10000cc，相当于 2.6 加仑（9.8 升）。

（11）胸罩的雏形出现在公元前 7 世纪，但真正商业投产却是 20 世纪 30 年代的事情。据说现在胸罩产业每年产值高达 160 亿美元。

（12）美国目前还有几个州，允许女性和男性一样在大街上 Topless（袒胸露乳）、光膀子。它们是：俄亥俄州、缅因州、夏威夷州、得克萨斯州和纽约州。而相反，在世界的另一头迪拜，女性会因为 Topless 而被监禁 6 个月。

（13）人奶与牛奶相比：人奶更甜；维生素 E 更多；铁元素更多；脂肪酸更多；钠元素更少。

（14）有 5% 的新生婴儿也会产奶，不论男女。据说这俗称 witch'smilk 女巫初乳。

（15）吸烟会造成女性乳房下垂，烟草中的化学物质会破坏皮肤里的弹性蛋白，最终你会从一个吸烟者变成一个"乳下垂的吸烟者"。

35. 人的心脏一天可以输送多少血液

血液是人体的养料供给站，整个人体血液的总量大致为体重的 8%。我们以体重为 50 公斤的人为例，他的血量大致为 4 升。而心脏每分钟输出的血量大约为 5 升，也就是说，心脏在不到一分钟的时间里，就能使人体的血液循环一次。

如果照这个速度算的话，一个正常的成年人的心脏输出量，一天一夜大概在 8 吨，约为心脏自身重量的 30000 倍。

36. 人类什么细胞一旦死亡就无法重生呢

我们知道，人体的细胞再生能力是很强的，比如我们的皮肤、毛发，这些细胞都是可以再生的，而且人体内的大多数细胞都是可以再生的。那么，人体内哪些细胞一旦死亡就永远无法再重生了呢？

答案就是我们的脑细胞。这是因为，我们的脑细胞一旦发育完成以后就不会增殖。人在刚刚出生的时候，大脑只有大概 120 亿个脑细胞，而我们一生的脑细胞也就那么多。为什么我们年老的时候，我们的记忆力、反应力都会下降，就是因为脑细胞死亡造成的。目前来看，脑细胞不可再生的解决方法暂时还没有研究出来。所以，我们千万不能浪费脑细胞。

37. 是婴儿的骨骼多还是成人的骨骼多呢

这个问题的答案是：婴儿的多。因为婴儿在出生的时候骨骼有 300 块，而成人只有 206 块。这究竟是为什么呢？

（1）骨头融合：儿童的骶骨有 5 块（叫作骶椎），长大成人后合为 1 块。儿童的尾骨有 4～5 块（叫作尾椎），长大后也合成了 1 块。此外，儿童有 2 块髂骨、2 块坐骨和 2 块耻骨，到成人就合并成为 2 块髋骨。

（2）软骨发育和子骨。比如说颅骨，在成长的过程中囟门逐渐变成骨缝愈合。儿童很多的子骨、副骨也都计算在骨骼的范围内了，另外很多软骨不会骨化，终身是软骨形态，比如成人的髌骨只能算作软骨，不可以称作骨骼，但是在婴儿时期就属于骨骼。

38. 人的头发为什么不容易腐烂呢

探索频道曾经播出过一部关于金字塔和木乃伊的纪录片，那些木乃伊上已经没有了肉，事实上除了骨骼和头发外，已经没有任何东西了。过了那么久，头发为什么没有腐烂呢？这还得从头发的结构说起。

毛发由角化的上皮细胞构成。位于皮肤以外的部分称为毛干，位于皮肤以内的部分称毛根，毛根末端膨大部分称毛球，毛球下端的凹入部分称为毛乳头，包含结缔组织、神经末梢和毛细血管，为毛球提供营养。毛球下层靠近乳头处称为毛基质，是毛发及毛囊的生长区，相当于表皮的棘层和基地层，并有黑素细胞。以头发为例，毛发由同心圆状排列的细胞构成，可分为三层：

（1）髓质位于毛发的中央，有2～3层皱缩的立方形角化细胞。毛发的末端和毳毛无髓质；

（2）皮质是毛发的主体，有几层菱形角化细胞构成，细胞内含大量色素颗粒；

（3）毛小皮为毛发表面的一层薄而透明的角化细胞，彼此重叠如屋瓦。

还有四键：

（1）盐键；

（2）氢键：遇高温重组，遇水断开；

（3）二硫化物键：是特别坚硬的键，可断开后重组。在烫发时控制；

（4）岸基键：细软的头发中没有。

由于头发严密的结构，使得它极不容易被腐烂，且毛发所含化学键复杂，所以较稳定。

7

第七章
丰富多彩的生物世界

1. 蟑螂为什么难打中

有很多人怕蟑螂，只要一见到蟑螂非要杀之而后快。但是，很多时候我们会发现，蟑螂并不像我们想象的那样容易捕杀，这是为什么呢？

其实，蟑螂难以被捕杀的根本原因是它的尾巴有一种高度侦测的能力。

科学家通过观察蟾蜍捕食蟑螂发现，蟑螂总是在蟾蜍准备伸出舌头之前就已经脚底抹油溜之大吉了。科学家觉得非常好奇，就换了另一种实验模式：将蟾蜍与蟑螂之间用玻璃隔开。可以看到，当蟾蜍伸出舌头，甚至舌头都撞得玻璃"砰砰"响，蟑螂仍然无动于衷，稳如泰山。如果把吃饱的蟾蜍和蟑螂放在一块儿，蟾蜍在旁边晒暖，懒得动，而在它旁边的蟑螂即使看到了蟾蜍，也不会躲开，甚至会不可思议地爬到蟾蜍的身上。

原来，这是因为蟑螂两侧的尾毛有大约 440 个"风感受器"，对风速的变化非常敏感，并且可以探测到空气的流变。若空气的流变产生每秒钟 600 微米的加速度时，蟑螂就会在千分之四十四至五十四秒之内逃开。所以我们要想轻而易举地打中蟑螂真的很难。

不过，如果你真的想增加打中蟑螂的概率，可以尝试两只手往两边一块儿打。这样不管蟑螂往哪个方向跑都会无济于事。

2. 鱼会口渴吗

鱼都生活在水里，根本不会缺水。而我们知道，在日常生活中，人是离不开水的，只要身体缺水，就会反馈给大脑：口渴了。这个时候就需要用喝水来解决口渴问题。那么，对于一直生活在水里的鱼而言，它们会口渴吗？

这个问题其实很好回答，因为水是生命之源，只要有生命就需要喝水。所以说，鱼类也必须饮水。但是，海水是咸的，人是不能喝的，为什么鱼可以喝呢？这是因为在鱼类体内有专门分泌盐分的细胞可以将多余的盐分排出体外。这样鱼类就可以放心地饮用海水了。但是，有些鱼类却永远不会口渴，比如说鲨鱼，它们的体内含有高浓度的尿素，正是这些尿素的存在，使得鲨鱼不仅不会失去水分，反而可以对海水形成反渗透，使得水中的水分向鲨鱼的体内渗透。这样鲨鱼不用喝水也能保持体内的水分充足。

3. 斑马为什么站着睡觉

看《动物世界》的时候，我们不难发现，在讲到斑马的时候，除了它全身黑白交错的斑纹十分漂亮以外，它们还有一个特点，那就是站着睡觉。可是，斑马的体格那么大，为什么非要站着睡觉呢？我们都知道只有躺着睡觉才能休息得更好啊！

这是因为斑马生活在辽阔的大草原上，是大型食肉动物非常喜欢的食物。斑马没有反抗的能力，发现危险的时候唯一能做的就是及时逃跑。斑马在遇到危险的时候，全依仗它那四条细长的腿了。所以，它们在睡觉的时候不选择躺着，而是站着，这样一旦遇到危险，能够立即扬蹄飞奔。其实，在我们的日常生活中，马、驴、骡子等动物也都是站着睡觉的。这是因为它们虽然被人类给驯化了，但是仍然保持着这种睡觉的习惯。

4. 有不怕被火烧的植物吗

在地球上，有一种神奇的树木，叫作梓柯树，这种树是不怕被火烧的。

梓柯树，植物学家称其为"烈火金刚"，它之所以不怕火烧完全是因为它的身上长着一种特殊的武器——节苞。这些节苞都呈圆球状，一般有馒头那么大，生长在浓密的树叶下面，节苞上长满了密密麻麻的小孔，同时，其内部也盛满了晶莹的液体。

当节苞感受到外界的温度发生变化的时候，会立即作出相应的变化，并能立刻通过细孔将液体喷射出来，节苞的液体含有四氯化碳等灭火物质。所以无论火势的大小，只要一碰到这些物质都会被熄灭，如同我们用灭火器灭火一样。梓柯树随身携带着灭火器，当然不会怕火烧了。

5. 有会流糖浆的树吗

我们知道树在受到伤害的时候，一般都会流出一些液体。那么你能想象得到还有一种树会流出糖浆吗？

会流糖浆的树确实存在，叫作糖槭。糖槭主要生活在加拿大。这种树的体内含有丰富的树汁，这些树汁里含的糖分非常多。每到春天的时候，加拿大人就会到糖槭树上打个孔，然后插个管子，让白色的树汁顺着管子流入采集桶里。每个孔可以采集一百多公斤的树汁呢！这种树汁的含糖量高达 7% 左右。而且每棵树可以连续产糖 50 年。用这些糖槭树汁熬成的糖浆，风味独特，香甜如蜜，营养价值非常高，被称为枫糖。这些枫糖由于富含蔗糖、葡萄糖、果糖等糖分，完全可以和蜜糖媲美。

6. 遇到黑熊装死真的可以大难不死吗

在我们的常识中，一旦我们在森林里与熊不期而遇的话，最好的逃脱方式是躺在地上装死。那么，我们在遇到熊的时候，装死真的就会安全吗？

其实不然。

熊是杂食动物，吃东西从不挑剔，无论是动物、植物，什么都吃，有时能咬死一头牛。熊喜欢吃活的动物，但在饥饿时死的动物也吃。当人遇到熊时，如果装死，也有被吃掉的危险。所以遇到熊装死是不安全的。

所以说如果你真的突然与熊相遇，一定要保持镇静，不要乱动，把随身携带的东西慢慢地放到地上，如果什么也没带，可以脱下衣服放在地上，然后慢慢地向后退，当退到熊看不见的地方时，赶紧逃走。

7. 植物也会食肉吗

一提起食肉，你一定会想到那些以肉为食的飞禽猛兽，但是，如果告诉你有植物也食肉的话，你一定会惊问植物没有手、没有腿、没有嘴，怎么能够吃到动物呢？

事实上，在自然界中，确实存在着一些以肉为食的植物。最著名的要属我国南方的猪笼草了。这种草长得非常奇特，叶子的前面挂着一个类似"小瓶"的"大布袋"，"大布袋"的里面有一些能够分泌香甜蜜汁的蜜腺，这些蜜汁能够引诱贪吃的昆虫。当昆虫飞来采蜜的时候，一不小心就会滑落到"袋底"，被里面的黏液粘住，最后就只有死路一条。这样猪笼草就会慢慢地消化掉这些昆虫。

还有一种是生长在贫瘠的沼泽地里的食肉植物，俗称"维纳斯捕蝇草"。当有些小动物在寻找食物的时候，不小心触动了它的叶子的触须时，敏感的"维纳斯捕蝇草"的叶子就会在 1/15 秒间瞬间"啪"的一声闭上，迎接这些小动物的就只有死路一条。

8. 蚂蚁从 60 层大楼上掉下来，会摔死吗

我们来做一个非常有趣的假设，假如有一只蚂蚁不小心失足从 60 层的高楼上落了下来的话，它会不会摔死呢？

答案是："不会"。要说原因还得从我们学的物理来说起。学过初中物理的人都知道，物体的密度对应于阻力，在流体中就是浮力。密度越大阻力越小，反之，密度越小阻力就会越大。而浮力是物体由浸入流体的体积来计算的。同时质量会产生重力。根据公式：（重力 − 浮力）/ 质量 ＝ 加速度。而蚂蚁掉落到地面所受的冲击力和动能就决定它是否会被摔死。那么蚂蚁所受的冲击力有多大呢？由于蚂蚁的体积小、质量小，相对于空气的密度而言，空气可以给蚂蚁这么小的物体提供足够的阻力和浮力，就像鱼在水中一样。

所以说，在无风的状态下，蚂蚁在空气中所受的浮力略大于其自重，即使蚂蚁从月球上失足落下来也不会摔死。如果风大一点的话，蚂蚁可能一直在空中飘，

只会饿死，但绝不会摔死。

9. 毒眼镜蛇如果咬到自己的舌头会怎样

我们都知道毒蛇以毒横行于世，很多人谈蛇色变。那么，我们来做一个假设，如果一条毒蛇不小心自己咬到了自己舌头的话，后果会怎样呢？

首先，蛇是不可能咬到自己的舌头的。因为所有的蛇嘴的正中都有一个专门吐舌头的小沟，舌头的进出只能在这个沟里，不会被咬到。所以这个假设基本上是不会成立的。

其次，蛇的毒液是通过下颚的肌肉发力注入猎物体内的。即使是蛇不小心咬到了自己的舌头，也不会拼命发力注射毒液的。就如同我们自己在咬到自己舌头的时候，由于痛，也不会狠狠咬上一口的。

不过，如果是人为地让蛇咬到自己的舌头，那么可能出现两种情况。

如果蛇毒属于神经性毒液，那么这条蛇可以幸免于难，原因是本身有抗体。

但是如果这种蛇的毒液附带有专门破坏组织的酶，那么蛇的小命难保，因为它本身的抗体对这个无效。

10. 生杏仁能吃吗

很多人在吃完杏之后，喜欢把杏核给咬开吃里面的杏仁，那么生杏仁能吃吗？

答案是，生杏仁是不能吃的，这是因为杏仁中含有一种叫作苦杏仁苷的物质，这种物质一旦发生水解，分子中所含的羟腈部分就会变成氢氰酸。我们不知道的是氢氰酸是一种剧毒化合物，它可以使我们中毒。

苦杏仁苷这种物质在酸水中加热的情况下才能被分解掉，但当它遇到一些特殊的酶类物质时，它在常温下就能遇到水分解，而杏仁中又恰好有这种酶，所以，我们一旦误食了生杏仁的话，苦杏仁苷就会在胃里迅速分解，造成食物中毒。

我们还需要注意的是，生桃仁和生杏仁一样也是不能生吃的，否则也会造成中毒。

11. 世界上飞得最快的是哪种动物

世界上飞得最快的不是战斗机，而是一种叫作尖尾雨燕的中型空中鸟。尖尾雨燕有一个尖尖的尾巴，这可以为它减少空气带来的阻力；它的头圆圆的，很像一个乒乓球；身子修长，像一支箭一样快。由于这些特点，使得尖尾雨燕可以飞得非常快。尖尾雨燕的平均飞行速度为每小时 170 千米，最快时速可以达到353.5 千米。这个速度绝对比战斗机的速度还要快。

尖尾雨燕以食鱼为主，但是它却非常挑食，绝不吃浅海鱼。据统计，每年因为挑食而死去的尖尾雨燕至少在 100 ～ 500 只。尖尾雨燕主要生活在北半球，在美国，经常可以看到它轻巧、美丽的身影。1999 年 10 月，尖尾雨燕被世界野生动物保护组织列为世界四级保护动物。我们一定要保护这种鸟类中的 "战斗机" 哦。

12. 无花果真的没有花吗

无花果之所以叫无花果，是因为很多人都认为无花果不开花，直接结果。这其实是一个错误的认识，无花果其实也是先开花再结果的。

只不过无花果开的花比较特殊，因为它的花托长得比较特别，是个朝上包起呈灯泡形的囊，花轴被包在囊中央，雌花和雄花也被包裹在里面，而且这个囊不是透明的，所以，我们从外面看的时候，根本看不到花瓣，就误以为无花果不开花。只要吃过无花果的人都知道，能吃的部分其实就是花轴膨大所形成的假果。而真正的果实是藏在包囊里的一粒粒小颗粒。

所以说，无花果也是先开花，后结果的。

13. 蜗牛一觉可以睡多久

蜗牛是一个非常有趣的动物，它的有趣之处不仅仅在于它软软的身体，更在于它特别能睡。

蜗牛是动物界中少有的睡觉能手。首先蜗牛是一个冬季、夏季都休眠的动物。每到高温干旱的季节来临的时候，它便躲进自己身上背的那个舒适的小楼里避暑；到了天冷的时候，它又再次爬进它的小楼里取暖。在每一次休眠的时候，蜗牛都会分泌一种黏液，把壳口给封起来，以抵御外界的恶劣天气。

让人不可思议的是，蜗牛如果感觉外界的温度没有达到自己感觉舒适的条件时，就会选择接着睡觉，而蜗牛这一睡就可以坚持睡三年，完全可以称得上是"睡美人"了。

14. 大象能跳起来吗

有的人问了，大象只要飞跑，会不会跳起来呢？这个问题其实很容易想象，大象其实是根本跳不起来的。

首先，我们来根据地球的引力计算，一头大象一般都几吨重，体重每增加一倍，下落时冲力会增加 8 倍，即使大象的腿是钢做的，只要大象跳起来 5 厘米，就会使自己的腿骨折。生物的材质都是一样的，所以，根据进化论来看，只要前面一个大象跳起来骨折了，那么后面的大象都不会选择再起跳的，否则大象就会灭绝的。

其次，大象从来不会奔跑，因为大象的四条腿从来不会同时离开地面。大象即使是在运动最快的时候也只能说是快走。虽然大象脚上的骨头与其他的哺乳动物一样多，但骨骼之间的空隙非常小，与其他哺乳动物相比，大象的灵活性非常差，缺少跳离地面所需要的弹性结构。所以，大象根本就无法跳起来。

15. 所有的北极熊都是左撇子吗

北极熊的确都是左撇子。在动物世界里，其他的动物如猩猩、猴子等都存在着左撇子，但是多数动物的"左撇子"和"右撇子"的比例大致都是相等的。人类绝大多数是右撇子，只有 10% 左右的人是左撇子。让人惊奇的是，北极熊都是左撇子，这是为什么呢？

这其实是跟北极熊的生活环境有关的。北极熊大多数都是生活在有大片浮冰的北极圈内，紧靠着海洋。因为这里是北极熊最喜欢吃的食物环斑海豹的聚集地。北极熊时常趴在冰面上海豹用来呼吸的出气孔的旁边等着，或者是当海豹从海里爬出来时就会悄悄地扑上去。北极熊有一身白色的皮毛，但是它的鼻子却是黑色的，当它蹲在冰面上等待海豹时，会聪明地用右爪子捂住自己的鼻子，把自己给伪装起来，隐藏在白色的冰雪中，这样就可以不被海豹发现了。而空出来的那只左爪子就是为捕食做准备的。

北极熊的这个习惯通过基因代代相传，最终造成所有的北极熊都成为"左撇子"了。

16. 虾米的心脏在头部吗

很多人都喜欢吃虾，因为它不但口感好，而且营养价值非常高。但是，我们在吃虾的时候，有没有注意这样一个问题呢？虾米的心脏在哪里呢？是不是也像人和其他动物一样在胸腔呢？

其实，虾米的心脏位于背部中央，是一个淡褐色的角小体。鲜活的对虾，我们是可以通过它的透明的外壳直接观察到它的心脏的跳动。在虾的心脏的背、腹、侧壁上有三对心孔，是血液由血窦进入心脏的孔道。由心脏发出 7 条动脉：向前一条是前大动脉、一对触角动脉和一对肝动脉；向后一条是后大动脉；向下一条是行大动脉。由于对虾的血液是无色的，所以，以上动脉也都几乎是透明的，并且非常纤细，很容易就弄断了，要特别小心。

同时，由于虾的"胃囊"也位于它的头部，那里面往往会残留一些杂物，大家千万不要去食用。

17. 马和老鼠能呕吐吗

人和很多动物在胃不舒服的时候，都会呕吐。呕吐就是指有力地将胃的内容物经过食道、口腔而排出体外。在做呕吐反应实验时发现鸽子、家犬、猴子和猫等动物的呕吐反应非常敏感，但是，你能猜到马和老鼠能呕吐吗？

其实，马和老鼠是无法呕吐的。究其原因，我们还得从动物的神经构成来说起。记得我们上中学时做过的一个叫作"蛙跳"的实验吗？就是拿出一只青蛙的后大腿，用小锤轻轻地敲击它的大腿肘处，发现青蛙的大腿还在弹跳，虽然这只青蛙已经死了很久。而我们用小锤敲击我们的膝盖，也会发生弹跳反应。这是因为我们跟青蛙一样，体内有弹跳神经和弹跳中枢。换句话说，也就是如果我们的体内没有那种神经，就不会发生那种反应。

以此类推，马和老鼠等多数草食性动物的体内没有呕吐中枢，所以不会发生呕吐。

18. 猪一辈子能看到天空吗

亲爱的读者，你在心情愉悦的时候，肯定会仰望星空，看着流星划过天空，然后许个美好的心愿吧。那么，你猜猜，猪在心情好的时候是否也会这样做呢？它能否看到天空呢？

答案是猪一辈子也看不到天空。究其原因，还得从猪的进化说起。人类在远古时代圈养猪就只有一个目的——吃它的肉，而并非是用其来干活。因此，猪也就没有活动的动力。慢慢地，猪就变懒了，颈椎逐渐退化。由于猪没有了颈椎，所以它的头部不能扬起超过 20 度，所以，猪永远也无法抬头看到天空。

有的人说，其实，猪躺下时也可以看到天空的。我不否认，但猪绝不会有你那么聪明的头脑的……

19. 铁树真的是千年一开花吗

我们时常用"铁树开花"这个词来形容一件事难以办成。这是为什么呢？因为在我们的印象中，铁树开一次花是需要一千年的。那么，铁树开花真的需要一千年的时间吗？

铁树又叫苏铁，是一种常青植物，主要是用来供人观赏的。我们脑海里认为的铁树一千年开一次花的观点是错误的，因为铁树和其他的植物没有太大的区别，只要有适宜的生长条件，只需 20 年，铁树就会开一次花，甚至结果，以后每年或者相隔几年就会再次开花或者结果。铁树原产于热带，那里的气候非常适宜铁树生长，铁树的开花时间只需十几年就可以了，以后每年都开一次花。而铁树一旦移植到温带或者寒带，由于气候的原因，才导致其长时间无法开花。

所以说，铁树的开花不是由其本身决定的，而是由其生存的气候条件决定的。

20. 香山的红叶是枫树叶子吗

每年正值深秋的时候，北京的香山都会成为令人神往的地方。因为一到这个时候，那漫山遍野的红叶，犹如火红的朝阳，斑斓夺目，令人遐想。但是，很多人都会认为香山的红叶是枫树的叶子，因为枫树到了深秋，叶子也会变成红色的。但是，我们错了。其实，香山的红叶主要是"黄栌"的叶子。

黄栌和枫树的差别非常大，它没有枫树的高大遒劲。它叶柄非常细长，犹如一面面小蒲扇。在春天的时候，所有的黄栌叶子都是绿色的，但是随着秋天的到来，其叶子就会慢慢变红，尤其是到了深秋的时候，整个叶片都会变成红色，极富魅力。黄栌的叶子之所以会由绿色变成红色是因为其叶片里面除了含有叶绿素、叶黄素、类胡萝卜素之外，还含有红色的花青素。春天的时候，叶绿素含量比较多，叶片就显示为绿色。到了秋天，天气温度开始降低，叶绿素就会在低温下不断分解而减少，但红色的花青素却不断地增加，于是，就有了我们所看见的"香山红叶"了。

21. "浣熊"为什么钟爱于"洗食"呢

浣熊是一种非常可爱的动物，很多人都喜欢它毛茸茸的可人形象。浣熊之所以被叫作"浣熊"是由于它的一个特殊习惯：喜欢把食物放在水里洗一洗。"浣"的意思就是"洗"，浣熊也由于它的"洗食"而得名。

很多人都认为浣熊喜欢洗食物是为了干净、讲究卫生。可是科学家通过研究发现，结果并不是我们所想的那样，因为，有时候浣熊清洗过的食物甚至比没有清洗过的更加脏！而且，有时候浣熊明明是在水中捕捉到的猎物，它也会重新放

回到水中清洗一下。科学家得出结论，浣熊喜欢清洗最主要原因是基因遗传，它们遗传了祖辈喜欢食物在水里泡一泡的感觉，认为那样才会使得食物的味道更加美味。

22. 虾煮熟了后为什么会变成红色呢

我们都喜欢吃虾，因为虾不但美味，而且含丰富的蛋白质。可是，我们在烹饪虾的时候会发现一个非常有趣的现象，那就是本来是晶莹剔透的大虾一旦煮熟就会变成红色大虾。那么为什么虾一煮熟后就会变成红色的呢？

这是因为在虾的甲壳下面，散布着异常丰富的色素细胞，这些色素细胞有个非常奇特的功能，能够根据阳光照射程度的强弱呈现出不同的光泽，阳光强了就会变得色泽鲜丽，阳光弱了就会变得色泽暗淡。虽然虾的身上富含丰富的色素细胞，但含量最多的是虾红素。在蒸煮的时候，虾甲壳下面其他的色素细胞就会随着高温而发生分解，唯独虾红素能禁受住高温的考验而不会被破坏掉。因此，蒸煮后的虾就会变成浑身橘红色。甲壳最硬的地方，虾红素含量最多，煮熟后也就最红；煮熟后，虾红素分布少的地方，颜色也就淡一些。

23. "美人鱼" 真的非常美丽吗

小时候，我们读的童话故事里，"美人鱼"就是美人的化身。可是那毕竟是童话，现实中真的有"美人鱼"吗？答案是肯定的。可是，"美人鱼"真的很美丽吗？答案却是否定的。

其实，"美人鱼"不是鱼类，而是海洋中一种名叫儒艮（gen）的兽类，是海牛的一个分支。"美人鱼"其实一点都不美，简直就是一个丑八怪。它身长三四米左右，头小而圆，秃头，多皱褶，没有耳郭，面部多毛，全身上下光滑无毛，上半身淡灰褐色，下半身灰白色，胸前有一对乳头，尾部呈双叉形。公兽长得非常奇特，上面的门齿像两根大獠牙。

所以说，美丽的"美人鱼"只能活在童话里，现实中的"美人鱼"其实是个五八怪。

24. 世界上有地下森林吗

在我们的印象中，一望无际的森林都是长在地表的，那么，地下会不会也有森林呢？其实，在黑龙江省镜泊湖附近，就有几座世界上非常罕见的原始地下森林。

但是，地下没有阳光，森林又是怎么样形成的呢？这还得从一万年前说起。大约一万年前，镜泊湖附近的几座大火山同时爆发了，当火山在爆发的时候，由于其内部的岩浆喷发出来，使得火山内部变得空虚，山体就自然下陷，于是在这里就形成了几个非常巨大的深坑。这些深坑经过长年累月的风吹雨打，逐渐在这里形成了土壤，再加上自然界中的空气种子的传播，于是就在这深达数百米的大坑底部逐渐形成了茂密的森林，如同生长在地下一样。地下森林也就由此而形成。

25. 世界上最孤独的树是谁

我们一听到树就会想到树林、想到森林，也就是说树木都是"成林""成森"的，这也就意味着树木是不会孤独的。那么世界上有没有最孤独的树呢？

其实，还真就有一棵树可以称得上是世界上最孤独的树木了。在遥远的普陀山上，有一座"慧济寺"，在"慧济寺"西侧的山坡上生长着一株极其稀有的树木——普陀鹅耳枥。这种树在整个地球上也就只剩下一株了。虽然经历了几百年的风吹雨打，这棵树依然不断地生长，枝繁叶茂。可是，在整个地球上，只剩下这一株普陀鹅耳枥，不得不视为一种遗憾。而这株普陀鹅耳枥也确实可以称为世界上最孤独的树了。

26. 有夏天开的梅花吗

梅花被称为"花魁"，这是因为在寒冷的冬天梅花依然"傲雪开放"。而梅

花在冬天开放也就成为一种常识。那么，在整个梅花家族中，有没有在夏天开放的梅花呢？

答案是肯定的。在梅花家族中，有一种梅花在春末夏初的时候才开花。我们称之为"夏腊梅"。夏腊梅并不是所有的地方都有，而是浙江省的一种特有植物。在过去，我们都不知道有夏腊梅这种植物。直到 1964 年，人们才在浙江省临安及天长等地发现了野生夏腊梅。夏腊梅一般生长在海拔 400～800 米的沟谷两旁。一到夏天来临的时候，夏腊梅就会绽放。一般夏腊梅的花朵为白色，边缘呈淡紫色，整个花朵异常美丽。由于夏腊梅特殊的生长特点和极其稀少，已经被认定为国家二级保护植物。

27. 夜来香为什么要夜晚才散发香味呢

"夜来香"，花如其名，这是一种只在晚上才散发出香味的"花"。可是，一般的花都是白天开花并散发出香味，"夜来香"为什么要反其道而行之呢？

这是因为，"夜来香"传播花粉的方式不同，它主要是靠夜晚飞翔的飞蛾来完成传粉的。于是，一到夜晚，"夜来香"就会开出美丽诱人的花朵，同时散发出迷人的花香，以此吸引飞蛾来为其传播花粉。这是因为，夜来香的花瓣和其他的花瓣有不同之处。"夜来香"的花瓣上的气孔有个特点，一旦空气中的湿度变大，它就会张得非常大，蒸发的芳香油也就会变多。这也就造成一到晚上，没有太阳的照射，空气比白天湿润得多，"夜来香"花瓣的气孔就会张得很大，放出的香气就特别浓。这也就解释了为什么在阴雨绵绵的白天，"夜来香"也会香气袭人。

28. 鱼可以上树吗

我们知道：鱼儿离不开水。在我们的印象中，鱼只能待在水里。那么有没有鱼可以上树呢？答案是肯定的。

世界上有一种会爬树的鱼，叫作弹涂鱼。

弹涂鱼主要生活在我国的沿海地带。常在海边生活的人通常都会在沙滩附近看到许多蚕豆大小的洞穴。在这些小洞穴里，总是不时地有一个鱼脑袋探出头来。这就是弹涂鱼。这种鱼长得非常小，只有8厘米左右，却非常机警灵活，尤其是它们的胸鳍，非常发达，可以在没有水的地方进行爬行、跳跃等，有的时候甚至会爬到红树林的树枝上。有人问了，这种鱼离开了水怎么活命呢？这种鱼有种特殊的本领：除了用鱼鳃呼吸外，还可以凭借皮肤和口腔黏膜的呼吸来摄取空气中的氧气。这也就解释了弹涂鱼可以在没有水的环境里生存了。

29. 世界上游得最快的鱼是哪类

我们都知道鱼在水里游得非常快，但是，什么事情都有个高低快慢之分，鱼儿也有游得快慢之分。那么，世界上游得最快的鱼是哪种鱼呢？它就是被冠以"游泳冠军"的旗鱼。

旗鱼之所以游得快，跟它特殊的背鳍是分不开的。旗鱼一共长有两个背鳍：第一个背鳍长得非常高大，但是却很柔软，看上去像一个迎风招展的大旗，可以自由折叠伸展，旗鱼的名字也就由此而来；它的第二个背鳍长得短小而低，位于尾柄部。当旗鱼快速游动的时候，就将大旗状的背鳍收拢折叠起来，藏于背部下陷的沟内，以减少前进的阻力。所以旗鱼游起来速度非常快，也因此被冠以"游泳冠军"的称号。

30. 世界上最大的鸟是哪种鸟

很多人都喜欢鸟，更时常幻想鸟儿在空中自由自在飞翔的感觉。世界上有成千上万种鸟类，那么世界上长得最大的鸟是哪种鸟呢？

世界上最大的鸟是鸵鸟。鸵鸟不仅体形硕大，而且擅长奔跑。鸵鸟中体形最大的是非洲鸵鸟，它们体高身长，善于奔跑，而且适应在沙漠、荒原中生活。其中的雄性鸵鸟身高最高可达2.75米，身长2米左右，体重可以达到160公斤。这么大的体形被冠以"鸟中之王"绝不为过。鸵鸟既然被称为鸟，为什么不能飞呢？这是因为鸵鸟由于其体形巨大，翅膀根本无法承受其庞大的体形而逐渐退化。

不能飞却并不影响鸵鸟的速度。鸵鸟凭借着自己两条细长的腿，一步就可以迈出8米之远，全速跑的话可以达到时速70千米。这别说是人了，连马都望尘莫及了。

31. 世界上最小的鸟是哪种鸟

鸵鸟是世界上最大的鸟，那么世界上最小的鸟是什么鸟呢？世界上体形最娇小的鸟儿是蜂鸟。

我国没有蜂鸟，蜂鸟主要生活在拉丁美洲的古巴等地。那么你能想象世界上最小的鸟儿到底有多小吗？

蜂鸟的整个身长不超过5厘米，而长长的嘴巴和尾巴还要占去4厘米，这也就意味着蜂鸟的身子只有1厘米左右，成鸟蜂鸟的体重也不过2克左右，和一只小蜜蜂差不多大小了。因为这种鸟儿的翅膀震动频率非常快，在飞翔的时候也会发出"嗡嗡"的响声，和蜜蜂差不多，所以人们给它取名为"蜂鸟"。别看这种鸟体形小，可是飞得却不慢，最高时速可以达到50千米，高度可以达到四五千米。

32. 世界上有会植树的鸟吗

我们刚才了解了世界上最大的鸟、最小的鸟，那么有没有鸟会种树呢？

其实，世界上真的有鸟会种树。这种鸟的名字叫作"卡西亚"，主要生活在南美洲的秘鲁。这种鸟长得像乌鸦，但是叫声却比乌鸦好听。那么，这种名叫"卡西亚"的鸟是怎么植树造林的呢？

原来，这种鸟非常喜欢吃甜柳树的叶子。它在吃甜柳树的时候，会咬断柳枝放在一边，再用嘴在地上啄一个洞，然后把柳枝插进去，最后再享受柳叶。甜柳树非常容易成活，插在地上的柳枝经过日晒和雨水的滋润后，便会成活，不久就可以长到一米多高。"卡西亚"就这样无意间成了植树造林的能手了。

33. 母鸡在下完蛋后为什么会"咯咯"地叫呢

母鸡"咯咯"叫似乎是我们对母鸡的最基本认识，其实母鸡并不是什么时候都会"咯咯"叫的，只会在下完蛋后才"咯咯哒"叫个不停。这是为什么呢？

这是因为母鸡下蛋需要 10 ~ 20 分钟，这是一个非常消耗体力的过程，下蛋时常常累得脸红脖子粗。有意思的是，母鸡下完蛋并不是选择立即离开，而是还要窝在窝里休息一段时间才会离开。这段时间，母鸡仍然处于比较亢奋的状态，就会"咯咯哒"地叫个不停。这只是母鸡对"下蛋"这件大事的一种兴奋的宣传方式而已。

34. 君子兰和兰花是同一种花吗

君子兰和兰花的名字里都有一个"兰"字，这是否就意味着两种花是属于同一种植物呢？其实，君子兰和兰花是完全不同的两种花。

君子兰属于石蒜科植物，它的叶子是多叠生的，花为辐射对称花，花瓣很不明显，果实为浆果或者肉质果，种子比兰科植物要大而且种子数量较兰科少；而兰花是属于多年生草木植物，叶子丛生、细长、末端尖，花是左右对称花，花瓣美观，淡绿色果实多为蒴果，蒴果内装有很多细微的种子。通过以上这些特征，我们知道了君子兰和兰花是属于不同科的两种植物，千万不能弄混淆了。

35. 香蕉真的没有籽吗

在所有的水果中，笔者最喜欢吃的就是香蕉，因为香蕉的口感细腻滑软，营养又好。其实，香蕉是世界上古老而著名的水果，它与柑橘、荔枝、菠萝合称为"岭南四大名果"。我们在吃香蕉的时候会发现，一根香蕉剥完皮后，可以全部吃完，没有籽需要吐出来。那么香蕉真的没有籽吗？

其实，在远古的时候，香蕉不仅有种子，而且还又多又大，果肉反而非常少，

有点类似于荔枝和桂圆这些水果。这样的香蕉吃起来就没有什么口感。后来人们在培育香蕉的时候，就人为地淘汰那些果肉少、种子多的香蕉，慢慢留下种子少、果肉多的。再经过长时间的尝试，香蕉果肉逐渐变多、种子逐渐退化了，味道也就变得甘甜起来。我们在吃香蕉的时候，只要细心观察一下，就会发现香蕉果肉里面有一排排褐色的小点，这就是那些退化的种子。

36. 藕断了为什么会丝连呢

人们常常用"藕断丝连"这个词来形容做事情"不干脆、拖拖拉拉"。那么莲藕被折断后为什么丝还要连着呢？

这个原因还得从莲藕的细胞排列顺序说起。我们知道，每种植物生长的时候，都需要有运输养料的组织，而这些组织主要是由空心的长筒状的细胞组成的导管。很多的细胞垂直排列，有的呈盘状，而藕的细胞却是呈螺旋状的，如同弹簧一样，这种导管叫作螺旋纹导管。在藕的组织里，螺旋纹导管很多，我们把藕折断后，导管内的螺旋部就会脱落，成为螺旋状的细丝，人们用手一拉，就如同拉出了许多连着的细线。这便形成了"藕断丝连"的独特现象。其实，不只是在藕里面，荷梗里的这种丝会更多，而且折断后还可以把丝拉得更长。

37. 有怕被人挠痒痒的树吗

我们都知道一般人都怕被人挠痒痒，只要一挠就会"咯咯"笑个不停。那么世界上有没有一种树也怕被人挠痒痒呢？

答案是肯定的。这种怕被人挠痒痒的树叫作"怕痒树"。怕痒树是一种在我国被广泛种植的园林植物。它的茎皮呈浅褐色，平整光滑。花的颜色有红、粉和紫色，娇小美丽。神奇的是，这种树，你只要轻轻用手弄它的树干，这些树干上的枝叶马上就颤抖起来，好像人被搔了痒，"咯咯"地乱笑一样。所以人们才把它称为"怕痒树"。

38. 世界上哪种昆虫的寿命最长呢

我们都知道，昆虫的寿命一般都很短暂，有的寿命只有几分钟，有的寿命只有几个星期，有的寿命只有几年，那么世界上寿命最长的昆虫是哪种昆虫呢？

世界上寿命最长的昆虫其实是一种蝉。这种蝉最长可以活 17 年，而其他的蝉的平均寿命也就是 2 年左右。这种蝉只有在美国才有。也许你觉得 17 年相对于人而言是非常短暂的了，但是，在整个地球上再也没有一种蝉可以活到 17 年。

这种蝉要想活到 17 年，得有一个条件，那就是必须在土里面沉睡 17 年，当它睡醒之后，从土里钻出来，在太阳底下享受生活的时候，仅五个星期的时间就老死了。

39. 所有的蚊子都吸血吗

一到夏天，所有的人都会为蚊子而烦恼，因为蚊子都会吸血，然后在叮咬的地方留个又肿又痒的包。可是，是不是所有的蚊子都吸血呢？

答案是否定的。在蚊子世界里，只有雌蚊子会吸血，而雄蚊子是不吸血的。雌雄蚊子的食性天生不同，雌蚊子偶尔会吃一些植物的液汁，但是，一旦交配之后，就非得吸血不可，这是因为，雌蚊子只有吸血，它的卵巢才会发育，否则，就无法繁衍后代。而雄蚊子却是天生的"素食者"，专门以植物的花蜜和果子、茎、叶的液汁为主要食物。

雌蚊子并不是爱吸所有人的血。相较而言那些体温高、爱出汗的人比较受雌蚊子的欢迎。这是因为人体在出汗的时候，汗液里含有较多的氨基酸、乳酸和氨类化合物，比较容易吸引蚊子。

40. 世界上最轻的树是什么树呢

世界上最轻的树是什么树呢？

如果你有幸去厄瓜多尔旅游的话，你就会看到一个非常有趣的现象，很多当地的人很轻松地在肩上扛着一根又粗又长的树小跑着。你或许以为那些人都是大力士，其实不然，这些树其实就是世界上最轻的树——巴尔萨木。

巴尔萨木之所以被称为世界上最轻的树是因为这种树的重量只有相同体积的树重的十分之一。例如，一根长 10 米，一个成人环抱的巴尔萨木，人们可以轻而易举地就把它给扛起来。这种树之所以长得比较轻是因为它们长得非常快，刚种下去的小树 5 年后就可以长到 18 米高。由于这些树长得非常快，所以这些树体内的细胞组织更新得也非常快，不会产生木质化，所以，巴尔萨木无论是根、茎还是树枝都非常的轻软而富有弹性。

这些特质也使巴尔萨木成了世界上最轻的树木。

41. 世界上有会走路的植物吗

植物要想活命，都需要有根来吸收营养，有了根，就必须在那里原地不动。你能想象在这个世界上竟然有一种植物可以自己走路吗？

这种会走路的植物叫作"风滚草"，它主要分布在我国东北的大草原上。风滚草平常的时候和其他的植物一样，都是把根扎在土里，茁壮成长。可是一旦到了秋天，风滚草的枝条就会慢慢地向内弯曲，卷成一个圆球状，秋风一吹，圆球就脱离了自己的根部，拔地而起，在地上滚动起来，这一滚就是几十里路。即使到了冬天，大雪把整个草原都覆盖了，也无法阻挡风滚草的脚步，它们会照样滚动前进。风滚草停止滚动后，就会重新扎根安家。

无独有偶，在秘鲁的沙漠里，也有一种类似风滚草的仙人掌。这种仙人掌的根是由一些软刺构成的，只要风一吹，这些特殊的根就会支撑着仙人掌一步一步地向前移动。一旦仙人掌遇到合适的环境，就会停下脚步，重新扎根，继续生长。

42. "沙漠人参"是什么

我们都知道，人参是上等的补品。在我们的常识里面，人参一般都是生长在深山老林里的，那么，你知道吗，在荒无人烟的沙漠里，有一种植物，由于其神奇的滋补功效，被人们称为"沙漠人参"。它就是生活在我国西北沙漠地区的草本植物——肉苁蓉。

肉苁蓉的生长形态很奇特，它寄生在一种叫作梭梭的根部。梭梭没有叶子，只有绿色的枝条，上面裹着由叶子退化而形成的细小鳞片。肉苁蓉的长相也非常奇怪，茎肉质呈黄色，高10~45厘米。由于肉苁蓉体内不含叶绿素，所以根本无法自己制造养分，只能寄生在梭梭的根部，以此来获取养分和水分。

肉苁蓉具有降压、补肾等功能，特别适合老年人和病后身体虚弱的人进行滋补，长期服用可以延年益寿，正因为这些功效，肉苁蓉才被人们称为"沙漠人参"。

43. 海马是妈妈生的吗

根据常识，只有母性才能生育后代。以此类推，很多人也都认为海马是由母海马生下来的。可神奇的是，海马是由它的爸爸生下来的。

这个可谓是自然界的一大奇观。雄海马到了生育期的时候，腹部就会充血，皮褶就会形成一个育儿袋，袋上有一个小孔，这时，雌海马就会追逐雄海马，将成熟的卵通过小孔产在袋子内，受精卵就会在育儿袋中孵化成小海马。到了六到七个月之后，雄海马就会把小海马生出来。生育的时候，雄海马前俯后仰，育儿袋会在后仰的时候张开，将小海马随着水流给喷出来。

由雄性生育后代，海马可谓是自然界独特的动物了。

44. 鲫鱼是金鱼的祖先吗

金鱼长得非常漂亮，鲫鱼却是灰不溜秋，很多人都认为这是两种不同的鱼。有这种想法的人就大错特错了，鲫鱼其实是金鱼的祖先哦。

金鱼是由鲫鱼变迁而来的，这种过程可谓长途漫漫。

我国是金鱼的故乡。鲫鱼原本是银灰色的，但是后来皮肤色素产生了变异，开始出现红黄色的鲫鱼。唐代的"放生池"里就已经有了这种变化了的鱼。宋代

开始，就有了金黄色的鱼了，颜色也有了白花和花斑两种。到了明代，则流行起用浴盆饲养这种鱼，从此，金鱼为了适应盆里的生活，体型由梭形逐渐变成了短圆了；鱼鳍也开始变长变短，游速也变得缓慢了。清代以后，饲养者开始进行种类的选择，金色的种类不断增加。

综上所述，金鱼其实是由鲫鱼演变而来的。从宋代开始，至今已经有一千多年的历史了。

45. 海洋中白色鱼和红色鱼有什么区别

常吃海鱼的人会发现这样一个有趣的现象，海鱼的鱼肉一般只有两种颜色：红色和白色。那么这两种颜色的鱼究竟有什么区别呢？

白色鱼肉的鱼的肌肉里面含有较少的血液，不能较长时间地游泳，但却能够在极短的时间里瞬间爆发出很强的力量。如海底的比目鱼，其肌肉里就含有极少的血液，除了搬家和觅食外，基本上是不动的。但是当它遇到危险的时候，能够突然启动，游得也是非常快的。

红色鱼肉的鱼的肌肉里面含有较多的血液，能够长时间游泳。如鲑鱼就是红色鱼肉。这种鱼由于体内血液充足，肌肉能够获得较多的氧气，所以即使横渡太平洋也不会疲倦。它可以一边睡觉，一边继续游动。它们的爆发力也非常好，耐力也非常好。

可见，红色鱼肉的鱼比白色鱼肉的鱼更加强悍。

46. 怎么来判断鱼的岁数呢

我们一般要想知道一棵树的年龄的话，都是通过数树的年轮来判断，那么鱼是否也能判断出它们的年龄呢？

要想判断鱼的岁数其实很简单。鱼是有鳞片的，这些鳞片就可以表明鱼的年龄。当温暖的春天和炎热的夏天来临的时候，鱼便游动到各处去寻觅食物，鱼在这两个季节的生长是非常快的；而当寒冷的冬天来临的时候，鱼的活动就会减少，鱼鳞也就会长得少。所以，时间每过一年，鱼的鳞片上就可以形成一道弧线，这道弧线便能告诉你鱼的岁数有多大了。如果你想知道一条鱼的年龄，你就可以从鱼的身上取下一片最大的鳞片，然后在放大镜的帮助下数数鳞片上的年轮就可以了。

47. 为什么说杜鹃鸟是"杀人犯"

很多人都喜欢饲养杜鹃鸟，不但是因为它有美丽的羽毛，还在于它有动人的歌喉。但是，就是这样一种招人喜欢的鸟儿，却是自然界一个不折不扣的"杀人犯"。

杜鹃鸟每到产卵的时候，便会粗暴地赶走在产卵期的红尾伯劳或者苇莺鸟。然后再叼走它们窝里的一颗蛋，自己产一颗蛋在窝里面。由于杜鹃鸟产的蛋和那些鸟产的蛋的颜色、花纹、大小都非常相似，所以，当被赶走的鸟儿重新回到窝里的时候，根本察觉不到有什么变化，继续进行孵化。在孵化的过程中，杜鹃鸟的蛋会提前十几天孵化出来。幼杜鹃鸟在出壳几个小时以后，就会把窝里其他的蛋全部都推出窝外摔碎。而它的养父母会误认为自己的孩子就剩下一个了，会更加精心地照顾喂养它，直到它长大成鸟。

杜鹃鸟的这种做法虽然让自己的后代得到繁衍，但是却伤害了其他鸟的利益，是个不折不扣的"杀人犯"。

48. 狼群为什么排队而行

看过《动物世界》里关于狼的内容的话，就会发现一个奇特的现象，那就是狼群都是排队而行的。狼群只要出去觅食，都是一只挨一只，井然有序地前进。那么，狼群为什么要这么做呢？

这是因为，狼虽然凶猛，但绝对不是无谋。狼群排队而行有两个原因：

一是这样的方式是最适合在大草原上行动的了。如果在行动的时候遇到猛兽的袭击，就可以进行反击和抵抗；如果碰到了猎物，就可以一起行动，进行联合攻击，这样会增加它们成功的概率。

二是狼群在活动的时候，都是后一只狼的头碰着前一只狼的尾巴，第三只狼也以同样的方法触碰前面的狼的尾巴。以此类推，狼用这种方式来彼此传达信息。而狼也是用尾巴来进行交流信息的少数动物之一。

49. 树袋熊是不是熊

"树袋熊"，从这个名字中的"熊"字我们就会认为树袋熊是熊的一种，那么事实是这样的吗？

其实，树袋熊和熊根本是两种不同的动物。树袋熊之所以被叫作"熊"，是因为它长得像熊，树袋熊与熊都有胖乎乎的身体和有神的大眼睛，两个半圆的大耳朵，鼻子稍微隆起，浑身长满灰色的绒毛。这些类似于熊的特征都让人误以为树袋熊就是"熊"。

树袋熊又称无尾熊或者考拉，主要生活在澳大利亚，是珍稀的有袋动物，属于有袋科目的猴科；而熊属于哺乳类的熊科动物。首先从科目上就可以知道它们是不同的两种动物。其次，从饮食上来看，树袋熊主要是食素；而熊主要是食肉。最后，从外形上也是有所区别的，树袋熊最大的特点是没有尾巴，会爬树；而熊有尾巴却不会爬树。

以上几点都可以说明树袋熊根本不是熊的一种。

50. 为什么狗喜欢挖坑呢

很多动物都有一些比较有意思的习惯，而人类的忠实朋友——狗——就有一个有趣的喜欢刨坑的习惯。那么，狗为什么喜欢刨坑呢？

其实狗刨坑有自己明确的目的：

首先，在夏天的时候，由于天气比较热，狗为了散热，就会在地上挖一个坑，然后可以耷拉着舌头，趴在潮湿的泥土上进行散热。

其次，为了逃跑。狗在最开始被驯养的时候，是被关在栅栏里的，在某一种程度上保留了狼的习性，当遭到某些威胁时，它们便在栅栏的角落挖个坑，便于逃跑。

最后，狗挖坑还有另一个目的，那就是藏食物。狗会把自己吃不完的食物挖个坑埋起来，等到自己饿了时，再用爪子将埋藏的食物刨出来吃。这样也可防止自己的食物被别的狗抢走。

8

第八章
引人入胜的天文地理知识

1. 五岳为什么没有黄山

常去旅游的人都知道这样一句话：五岳归来不看山，黄山归来不看岳。这也就告诉了我们黄山的魅力远远超过五岳。但是，让我们不解的是，如此富有魅力的黄山为什么没有归于五岳呢？

这还得从五岳的起源说起，最早可追溯到尧舜时代，尧命羲和氏四子分管四岳。那时"四岳"是主管方岳的官吏职称，天子巡狩时，各主管方岳的官吏在驻地选择一座高山，放火发出信号，以召集诸侯。于是，最早的几座发信号的山便成了岳官的首府。舜时，岳官的职称开始与这些名山的山名统一起来。作为一种制度，则始于汉武帝之时，到了汉宣帝，才确定五岳为：东岳是山东泰山，西岳为陕西华山，中岳乃河南嵩山，南岳在安徽天柱山，北岳即河北大茂山。此后，隋代改南岳为湖南衡山，明代改北岳为山西恒山，最后始成今日之"五岳"。

而黄山的发现比五岳要晚，同时由于黄山过于险峻，无法用于军事防御，所以在当时的条件下没有被发掘出来。这也就造成黄山被排除在了五岳之外，这着实是一种小小的遗憾。

2. 台湾神奇的"天然雕像"

在台湾北部的野柳岬奇岩，全世界都非常的出名。这些奇石之所以著名，是因为这些石头所成的"像"并不是经过雕刻而成的，而都是天然形成的，有一种"天然去雕饰"的美感。

在这些奇岩怪石中，有的像一朵朵排列有序的蘑菇，有的像一条条活灵活现的鱼，有的像美丽的"女王头"，有的像精巧的"仙女鞋"。最让人称奇的是"烛台石"，它呈半圆锥形，高约 2 米，形状像烛台，柱顶中间还有一石灰质的结晶，边上还有环状沟槽，如同蜡泪一般，顶上结着酷似蜡烛的火焰。这种天然形成的如此逼真的"雕像"至今在世界其他地方没有发现类似的景观。

3. 你不知道的城市外号

在现实生活中，我们喜欢给自己亲昵的玩伴起外号。对于我们生活的城市而言，更是用我们所取的"外号"来表达自己对其的喜爱。

其实，有些城市不但有外号，而且还相当的多。比如江苏的南京，就有石头城、金陵、健康、建业等许多名称；广东的广州也有穗、羊城、五羊城等许多雅号。

一个城市的雅号，有的与其历史有关，有的跟其独特的自然环境或者特产有关，有的是跟传说有关。

南京的别称就是历史上曾经用过的名字；广州的别名，则是来源于仙人骑羊降临广州的美丽传说。

而反映当地环境及特产的如：春城（昆明）、日光城（拉萨）、雾都（重庆）、全城（济南）等。

反映当地特产的城市别称如：煤都（抚顺）、镍都（金昌）、瓷都（景德镇）、石油城（大庆）、锡都（个旧）。

4. 我国有多少个邻国呢

中国领土面积有 1260 万平方千米，其中国土面积 960 万平方千米，领海面积 300 万平方千米。那么，与中国做邻居的国家一定很多。细数一下，与我国海、陆相邻的国家竟然高达 20 个，其中，陆地上：东邻朝鲜，北邻蒙古，东北邻俄罗斯，西北邻哈萨克斯坦、吉尔吉斯斯坦、塔吉克斯坦，西和西南与阿富汗、巴基斯坦、印度、尼泊尔、不丹等国家接壤，南与缅甸、老挝、越南相连。

隔海相望的有：韩国、日本、菲律宾、文莱、马来西亚、印度尼西亚。

5. 你知道北方威尼斯吗

我们知道意大利的威尼斯非常有名，其实，在这个地球上，还有一个地方被人称为"北方的威尼斯"，那就是瑞典首都斯德哥尔摩。

斯德哥尔摩位于瑞典东部梅拉伦湖注入波罗的海的湖口，由散落在湖海之间的 22 个岛屿和部分陆地组成，面积为 186 平方千米。

在斯德哥尔摩市区，水道纵横，几十座桥梁横于海面、湖面，把各岛与陆地连接在一起。中世纪的古老建筑和现代美轮美奂的高楼交相辉映，蔚蓝的大海和迂回起伏的狭窄街道融为一体。整个城市犹如一幅诗情画意的水乡油画，斯德哥尔摩也因此被冠以"北方威尼斯"的称号。

斯德哥尔摩与威尼斯的"以舟代步"不同，其主要交通是穿过海底的地下铁路，这也许就是"北方威尼斯"给人的另一种别样感觉吧。

6. 水滴石头为什么石头会长呢

我们都知道"水滴石穿"这样一句俗语。可是，在我国的许多地区所存在的溶洞里的钟乳石，却是水越滴，石头长得越高。这究竟是为什么呢？

这是因为，溶洞在形成的时候，不但洞底有水，洞顶也有水会顺着岩层裂隙向下渗透。这种从溶洞下渗的水，沿着很细小的石缝向下流动，水流非常小，基本上都是一滴一滴地流下来的。这些水滴里含有丰富的碳酸氢钙，水滴在洞顶会停留一段时间才落下来，在这段时间里，随着水分的蒸发，一部分碳酸氢钙沉积下来，黏附在洞顶的岩石上。落到洞底的水滴，也会在洞底岩石上留下碳酸氢钙的沉积物。

随着岁月的流逝，这些沉积物会越积越多，石头也就会越来越长，就慢慢地变成了一个个"竹笋"了。

7. 石头会唱歌吗

记得有一首歌这样唱道："有一个美丽的传说，精美的石头会唱歌。"那么世界上真的有这样会唱歌的石头吗？

在美国新泽西就有一片这样的石头，由于这些石头都会"唱歌"，所以被称为"音乐岩"。这些音乐岩在受到敲击的时候都会"唱歌"，每块岩石都会发出音阶和音色，且各不相同。

甚至有音乐家就用铁锤在这些石头上敲出了一首《蓝色多瑙河》，你肯定不会相信这是真的，但这件事确实发生了。

很多科学家都对这些会唱歌的石头非常感兴趣。在研究这些石头时，他们发现一个更加迷惑的问题：当这些石头被移到别处的时候，却无法敲出优美的声音来。经研究最后证明，这些石头之所以能够发出优美的声音其实跟石头本身没有关系，而是由于这里独特的地理构造所致。

8. 石头可以浮在水面上吗

我们都知道石头扔在水里会沉到水底。那么，你会相信有一种石头不但可以浮在水面上，还可以用来做船吗？

在非洲南部的热带河流中，有一种浮在水面上的石头。这些石头小的只有1两，大的重达60公斤。别看这些石头非常的重，当地的居民却用这种石头做成"石筏"，用来捕鱼和渡河。这些石头能够浮在水面上的原理是，其内部结构类似蜂窝状，里面有大量的空气，以至于比重小于水，而浮在水面不会下沉。

据记载，在我国的云南昆明市官渡区的一个水塘中，也存在这种浮在水上的石头。

9. 世界上唯一一个隶属于三个国家的岛屿是哪个

你能想象一个小小的岛屿竟然会属于三个国家吗？没错，婆罗洲岛就是这样

一个岛屿。

婆罗洲岛是世界上第三大岛屿，同时它也是世界上唯一一个隶属于三个国家的岛屿。就这么一个弹丸之地，岛屿面积不算大，人口也不算多，却分别隶属于印度尼西亚、马来西亚和文莱。其中，印尼占整个岛总面积的三分之二，为最大的一部分。而婆罗洲的北部为马来西亚的沙捞越和沙巴两州，两州之间为文莱；南部为印度尼西亚的东、南、中、西加里曼丹四省。

婆罗洲物产丰富、雨量充沛。让人惊奇的是，三个国家的人处在一起不仅平安无事，而且轻而易举地就可以"出国旅行了"，其乐无穷。

10. 静海是海吗

我国地名的叫法一般都会遵循一个法则，带山的名字一定有山，带水的地方一定有水，带海的地方一定就会是海。但是，在天津的南面，却有个叫静海的地方，这个地方不但不是海，还距离渤海50多千米。那么静海根本挨不着海，为什么地名中还要带个"海"字呢？

这其实都是沧海桑田造成的。

因为海岸线不是固定不变的，地壳的升降、海水的涨落，都可能造成海岸线的改变。在漫长的岁月中，由于河流所挟带的大量泥沙的淤积，也使得陆地不断向海洋伸展，原来是邻海的地方，现在离海却越来越远。

而静海为什么不靠海也是基于这个因素。其实，诸如海兴、海阳、海州、海安等地方其实跟静海的情况差不多，都是以前邻海，后来随着岁月的变迁而离海渐远。

因此，静海非海，却名字带海，你明白是何原因了吧！

11. 海底也会放电吗

在我们的印象中，闪电只会出现在天空，海底也会有电闪雷鸣吗？

有的人推测，这是不可能发生的。因为海水中含有大量的盐分，加上它的浓度又大，所以海水的导电性非常好。不可能聚集大量的电荷。那么，海底怎么会发生放电现象呢？

科学家在日本海底用仪器发现有放电的现象，而且这种放电的频率与大气闪电的频率是一致的。这究竟是因为什么呢？

科学家经过反复的实验最终找到了答案。原来，海底放电的电荷源其实来自于陆地近海的空中，而与海底相连的岩石又充当了天然传导管的角色，把电荷传导到海底。由于距离较远，电量不大，因此海底虽然会闪电，但是闪电的强度通常都非常弱。

12. 你听说过固体石油吗

石油，作为这个世界上最重要的战略资源和生活资源，一直是全世界追逐的对象。如果地球上的石油现在被开发完毕的话，那么整个地球人的生活就会陷入瘫痪之中。

既然石油属于不可再生资源，那么，有没有其他的东西可以代替它呢？科学家们找到了一种固体石油，你听说过吗？

这种固体石油又叫油页岩，它的主要成分是高灰分，一种可以燃烧的有机岩石。这种岩石主要是由碳、氢、氧、氮、硫等元素组成。它的颜色主要有灰白、黄棕、褐色和黑灰色等多种。一般是颜色越重越深，所含油的量就会越多。

科学家也正在致力于研究这种固体石油，希望它能够在某一种程度上弥补石油不足给我们造成的恐慌。

未来的世界，固体石油，将扮演多大的角色呢？

13. 世界上有液体金属吗

我们学过物理、化学，只要一提到金属就会想到金、银、铜、铁等各种金属，但是这些金属都是固体的。那么有没有一种金属是液体的呢？

有，水银就是一种液体金属。

水银，又被称为汞，它不是自然存在的，而是要从一种叫作辰砂的矿石里提炼出来的。辰砂我们比较陌生，其实辰砂就是朱砂，是一种颜色鲜红的矿物。它是汞和硫黄的化合物，工业上只要将其放在密闭的容器里加热，就会得到汞。由于汞提炼出来后银光闪闪，所以人们给它起了个漂亮的名字"水银"。

"汞"字虽然没有带金子旁，但是它确实具有金属的特性，所以我们称汞为液体金属。

14. 能够让人长高的小岛

个子矮小的人总是幻想着有一天能够长高，现在你们的福音来了，因为在这个世界上确实存在一个奇特的小岛，据说它能够帮助人长高。

这个小岛位于加勒比海，叫作"马提尼克"岛，这个岛其实没有什么特别的，只是这里的居民身材都非常高。而让人们惊奇的是，游客在岛上只要住一段时间之后，也会长高几厘米。所以，小岛被人誉为"能使人长高的岛"。

这个又被称为"矮子的乐园"的小岛，对一些自嫌身矮的人来说，当然是个"福音"。所以每年都有成千上万的游客前往马提尼克岛增高。

15. 千万年后的地球会变成什么样子呢

地球每天都在发生变化，只是它的变化太过于微小，以至于我们短时间里根本无法察觉。但是，有个不争的事实是：千万年前，世界屋脊沉淀在大洋的海底。那么，随着地球的变化，千万年后，地球会变成什么样子呢？

地球的变化是有实例加以佐证的，根据科学证实，北美洲板块和南太平洋板块正在以每年5.6厘米的速度移动着；而印度洋板块和南太平洋板块正在以每年5厘米的速度靠拢，并相互碰撞挤压等。

那么，地壳如果照这个速度运动的话，地球会变成什么样子呢？

演算下，印度洋板块会继续与亚欧板块碰撞，印度将会俯冲到青藏高原的下面近千米的地方；喜马拉雅山则会因为这两大板块的碰撞、挤压而上升至万米左右；澳大利亚大陆继续向北漂移，在漂移的过程中，将携带中途遇到的马来群岛，并最终同中国的南缘相接壤；到那时，上海同夏威夷的距离会缩短很多，因为太平洋的面积会缩小；在美洲与亚洲之间会形成一座更加雄伟的山脉；中国会成为一个内陆国家；非洲日趋向欧洲靠拢。地中海会逐渐缩小，直至在地球上消失，欧洲大陆与非洲大陆连接在一起，形成新的高大山系。总之，整个地球都会发生翻天覆地的变化。

不过估计我们是等不到了，因为那时我们恐怕早就在世界上消失了。

16. 地球有多厚呢

我们总是说"天高地厚"。天确实高得看不到边，但地到底有多厚呢？

有很多人都会留意到，我们在盖房子的时候，挖地基甚至会挖十几米；尤其是在打水井的时候，会打 100 多米深；钻探油井的时候往往会钻到地下几千米的地方。目前，地质勘探所钻到的最深深度为地下 10000 米。由此可见，地确实够厚的。

那到底有多厚呢？我们都知道地球其实是一个巨大的椭圆形球体，赤道半径是 6378 千米，南、北极半径是 6357 千米。也就是说，从地球表面赤道上的一点，穿透地心到地球另一面对应的一点，有 12756 千米；从北极点穿过地心到南极点，有 12714 千米。即使我们钻到地下 10000 米，也不过是地球厚度的 1% 而已。形象些讲，地球就好比一个苹果，我们打的 10000 米的深度，连个苹果皮也没有钻透呢。所以，钻机想把地球钻透只能说是妄想。

17. 美洲到底是怎么划分的

我们在新闻报道中，会为一个问题而犯糊涂，那就是"美洲"的划分方法。因为，美洲一般都是分为南、北美洲的，可是有的时候却会出现一个拉丁美洲，那么这南、北、拉丁美洲到底是怎么划分的呢？

对美洲的划分方法有两种：

一种是以加勒比海的巴拿马运河为界，运河以北为北美洲，运河以南为南美洲。北美洲除了包括美洲大陆以外，还包括格陵兰岛和加勒比海中的西印度群岛。

另一种是把墨西哥以北的地区叫作北美洲，以南的叫作拉丁美洲。北美洲包括加拿大、美国格陵兰岛以及大西洋上的英属百慕大群岛、法属圣皮埃尔岛和密克隆岛。拉丁美洲包括墨西哥、中美地峡、西印度群岛和南美洲。

拉丁美洲这片区域由于在 15 世纪末开始一直是西班牙和葡萄牙的殖民地，所以很多国家使用的语言都是葡萄牙语或者是西班牙语。而葡萄牙语和西班牙语都是属于拉丁语族，所以人们把这片广大的区域称为拉丁美洲。

看到这里，你还对美洲的划分感到困惑吗？

18. 永远不能忘记的地球之日

由于受"人定胜天"思想以及"人类是地球的主人"思想的影响，人类一直以强者姿态对地球进行掠夺，如今的地球已经变得满目疮痍。可喜的是，我们已经意识到了自己的错误，并开始沉痛地反思，同时为了随时警醒人们，还设定了一些日子。与那些法定假日不同，这些日子不是代表喜庆的节日或者是纪念日，而是为了祭奠我们满目疮痍的地球，以起警告作用。

所以，为了我们人类的未来，请记住以下日子：

2 月 2 日世界湿地日

3 月 1 日国际海豹日

3 月 21 日世界森林日

3 月 22 日世界水日

3 月 23 日世界气候日

4 月 7 日世界卫生日世界戒烟日

4 月 22 日世界地球日

5 月 31 日世界无烟日

6 月 5 日世界环境日

6 月 17 日世界防治荒漠化和干旱化日

9 月 17 日世界保护臭氧层日

9 月 27 日世界旅游日

10 月 3 日世界住房日

10 月 4 日世界动物日

10 月 16 日世界粮食日

10 月 17 日世界消除贫困日

10 月份第一个星期三为世界减灾日

在构建和谐社会的当代中国，我们急需做到的就是请与自然和谐相处吧！

19. 中国的二十八星宿和西方的星座

中国古代，人们为了研究星星和天体，很早就把星空划分为若干个区域，中国称之为星宿，西方却称之为星座。中国的星宿说和西方的星座说其实是一样的，只是称呼不同而已。

我国的恒星命名系统大约形成于公元 270 年，三国时代吴国太史令陈卓编成了一本包含 283 个星官、共 1464 颗恒星的星表。其中很多都是以封建王朝帝王将相的官名来命名的。

西方的星座起源可以追溯到大约公元前三千年的巴比伦人。到公元 2 世纪时，古希腊的天文学家大体上已把北天区域的星座确定了下来，而南天区域的星座的确定则是在 17 世纪环球航行成功之后。

我国古代把天空划分为三垣二十八宿。三垣者，北天极附近的三个区域：紫微垣、太微垣、天市垣。垣的划分并不太严格明确，紫微垣大致包括小熊座、天龙座、鹿豹座、仙王座、仙后座、大熊座、牧夫座、猎犬座、御夫座等。太微垣则相当于以下几个星座的区域：狮子座、后发座、室女座、猎犬座、大熊座、小狮座等。天市垣则相对更近夏秋的银河区域，即包括了蛇夫座、巨蛇座、盾牌座、天鹰座、武仙座、北冕座，等等。

二十八宿分成四大星区，称作四象，以动物命名：

东方苍龙：角、亢、氐、房、心、尾、箕七宿。

北方玄武：斗、牛、女、虚、危、室、壁七宿。

西方白虎：奎、娄、胃、昴、毕、觜、参七宿。

南方朱雀：井、鬼、柳、星、张、翼、轸七宿。

20. 神奇的魔鬼城

在新疆有这样一个神秘的地方——魔鬼城。在晴朗的日子里，这座城市和普通的城市没有任何区别，人们在这座城市里快乐地生活着。

但是，这座城市有个特别的地方：人们在城市里漫步的时候，能够听到一阵阵从远处飘来的美妙乐曲，仿佛千万只风铃在随风摇动，又宛如千万根琴弦在轻弹。可是旋风一起，飞沙走石，天昏地暗，那美妙的乐曲顿时变成了各种怪叫：像驴叫、马嘶、虎啸……又像是身边婴儿的啼哭、女人的尖笑；继而又像处在闹市中：叫卖声、吆喝声、吵架声不绝于耳；接着狂风骤起，黑云压顶，鬼哭狼嚎，四处迷离……城堡被笼罩在一片朦胧的昏暗中。

这些怪声是从哪里来的呢？莫非真的有"魔鬼"存在？

实际上，"魔鬼城"其实就是一个"风都"，并没有什么鬼怪在兴风作浪，而是肆虐的风在中间发挥着作用。"魔鬼城"的种种现象都可以由地球科学的"风蚀地貌"来解释。新疆的风力资源非常丰富，在气流的作用下，狂风将地面上的沙粒吹起，不断冲击、摩擦着岩石，于是各种软硬不同的岩石在风的作用下便被雕琢成各种各样奇怪的形状。

所以，听到"魔鬼城"三字，不要再显出一副惊骇状，因为那只不过是自然的风力使然。

21. "神农架" 真的有未知物种吗

神农架位于中国长江与汉水间的川鄂交界地带，有"华中屋脊"之称。

提起神农架，人们就会联想起"野人"。从古至今，大量的关于野人的记载和野人的传说让人难辨真伪。1977～1980年，有关部门组织了两次大规模的野考，搜集到大量关于野人存在的证据，如野人毛发、脚印、粪便等，还发现野人住过的竹窝。但是，人类到现在却没有发现一例真正存在的野人。

但不管怎样，科学家的种种考察结果似乎向人们昭示：神农架的确存在一种不为人们所知的奇异动物。

22. 神奇的间歇泉

在中国西藏雅鲁藏布江上游的搭各加地有一种神奇的泉水，那便是间歇泉。间歇泉的泉水涓涓流淌，在一系列短促的停歇和喷发之后，随着一阵震人心魄的巨大响声，高温水汽突然冲出泉口，即刻扩展成直径 2 米以上、高达 20 米左右的水柱，柱顶的蒸汽团继续翻滚腾跃，直冲蓝天。它的喷发周期是喷了几分钟、几十分钟之后就自动停止，隔一段时间才再次喷发。间歇泉即是因它喷喷停停、停停喷喷而得名。

然而对于间歇泉究竟为什么会间歇喷发，至今仍是一个谜。

23. 神秘的"幽灵岛"不复存在吗

1707 年，英国船长朱利叶斯航海的时候，在斯匹次培根群岛以北的地平线上发现了一个小岛屿，他想驶进去看一看，却发现无法接近。但是他非常肯定的是，这块陆地绝不是光学错觉，于是他便将这个岛标在了海图上。

1907 年，上将马卡洛夫与他的考察队员们乘"叶尔马克"号破冰船到北极考察时，再次发现了这个小岛。航海家沃尔斯列依在 1925 年经过该地区时，也发现了这个岛屿的轮廓。

但科学家 1928 年前去考察时，在此地区却没有发现任何岛屿。难道这个岛屿真的不存在吗？曾经的发现只是人们的幻觉吗？

后来，科学家还发现了很多类似的岛屿。他们把这种行踪诡异、忽隐忽现的岛屿称为"幽灵岛"。它们不同于那种热带河流上常见的，由于涨水或暴风雨冲走部分河岸或是沼泽地而形成的漂流岛。

自此，神秘且变幻莫测的"幽灵岛"不是幻象而是真实存在的哦！

24. 神秘的南极"无雪干谷"

南极是人类最少涉足的大洲，在那里还有许多现象人们无法解释，"无雪干谷"就是其中最神秘的一个。

总面积达到 1400 万平方千米的南极大陆，大部分地域被冰雪覆盖，我们从高空俯瞰，南极大陆虽然被皑皑冰雪覆盖，但是却见不到一片雪花。这是因为南极的温度极低，平均温度在零下二三十摄氏度，所以雪花根本就无法飘落下来。南极大陆所覆盖的冰雪其实是寒冷的海风将海水冻结成冰造成的。此外，"无雪干谷"中间高、四周低，形状像一个大锅盖。被覆盖的冰层平均厚度为 2000 米，最厚的地方可达 4800 米，构成了一个奇特的白色冰原。这一切便形成了神秘的南极"无雪干谷"。

25. 昆仑山"死亡谷"令人望而却步

在昆仑山生活的牧羊人宁愿因没有肥草喂食，使自己的牛羊饿死在戈壁滩上，也不敢进入昆仑山那个牧草繁茂的古老而沉寂的深谷里割草。

这个谷地即是死亡谷，号称昆仑山的"地狱之门"。谷里四处布满了狼的皮毛、熊的骨骸、猎人的钢枪及荒丘孤坟，向世人渲染着一种阴森吓人的死亡气息。

科考人员考察后发现该地区的磁场异常极为明显，而且分布范围很广，越深入谷地，磁异常值越高。在电磁效应的作用下，云层中的电荷和谷地的磁场作用，导致电荷放电，使这里成为多雷区，而雷往往以奔跑的动物作为袭击的对象。

这些因素最终造成人类不敢进入这个深谷之中，生怕自己成为牺牲品。

26. 神秘的河南"冰冰背"

很多人不知道"冰冰背"是什么，现在我要告诉你这是一个充满着奇幻色彩的地方。

"冰冰背"坐落于河南林县石板岩乡西北部太行山的半山腰上。"冰冰背"让人称奇的地方之一是，在这里，阳春三月就开始结冰，整个冰期可以长达 5 个月之久；此外，更让人震惊的是，寒冬腊月，这里却热浪滚滚，从乱石下溢出的泉水温暖宜人，泉水汇聚成小溪，小溪两岸长满奇花异草，鲜艳嫩绿。

27. 美洲的"黄泉大道"昭示着行星轨道数据吗

在早前资源匮乏、知识储备不足、技术不先进的时代，所建造出的黄泉大道竟然和行星的轨道数据相吻合，你信吗？这究竟是巧合，还是意外呢？

所谓"黄泉大道"，那是一条贯穿南北的宽阔大道，坐落在美洲的著名古城特奥蒂瓦坎。在公元 10 世纪时，最早来到这里的阿兹台克人，沿着这条大道来到这座古城时，发现全城没有一个人，他们认为大道两旁的建筑都是众神的坟墓，于是就给它起了这个奇怪的名字。

几百年后，一位名叫休·哈列斯顿的人通过运用电子计算机计算，成功地在特奥蒂瓦坎找到一个适合它所有街道和建筑的测量单位。哈列斯顿测量"黄泉大道"两边的神庙和金字塔遗址时，发现"黄泉大道"上那些遗址的距离，恰好表示着太阳系行星的轨道数据。

照这种情况可以推测出，特奥蒂瓦坎的设计者们肯定早已了解整个太阳系的行星运行的情况，并了解了太阳和各个行星之间的轨道数据，这样在建造"黄泉大道"时才会参考太阳系模型。

但现实是，人类在 1781 年才发现天王星，1845 年才发现海王星，1930 年才发现冥王星。那么在混沌初开的史前时代，又是哪一只看不见的手，给建筑特奥蒂瓦坎的人们指点出了这一切呢？

28. 神秘的"幻日"奇观

幻日是太阳发出的一种特殊的奇观。当幻日出现在天空中半透明的薄云里面时，会在空中形成许多飘浮的六角形柱状的冰晶体的状态，偶尔它们会整整齐齐

地垂直排列在空中。当太阳光射在这一根根六角形冰柱上，就会发生异常规律的折射现象。

当这许多的冰晶在朝阳或夕阳附近时，从冰柱出来的三路光线会射到人的眼睛中，在人们看来，此时天空竟存在着三个太阳，但真相是，中间那道太阳光线，是由中间位置的太阳直接射来的，是真正的太阳；旁边两条光线，是太阳光经过六角形晶柱折射而来的，非真太阳。

这样，在中间真太阳的两边出现的另外两个太阳，可以说它们仅仅是太阳的虚像而已。

29. 世界上让人毛骨悚然的五大杀人谷

在美国、俄罗斯、中国、印尼和意大利，分别有个世界闻名的"死亡谷"。这些地方地势险峻，只要进入里面的人几乎全部丧命，所以被人称为"死亡谷"。

（1）美国的死亡谷

在美国加利福尼亚州与内华达州相毗连的群山之中，有一条特大的"死亡谷"。峡谷两"岸"，悬崖绝壁，地势十分险恶。这里几乎常年不下雨，更有过连续六个多星期气温超过四十摄氏度的纪录，所以是北美洲最炽热、最干燥的地区。

"死亡谷"除了险峻的地势和炽热的气温外，还流传着令人毛骨悚然的故事。据说在1949年，美国有一支寻找金矿的勘探队伍欣然前往"未开垦的处女地"，因迷失方向而涉足其间，几乎全队覆灭。即使几个侥幸脱险者，不久后也神秘地死去。此后，有些前去探险或试图揭开死亡谷之谜的人员，也屡屡葬身谷中。

为了揭晓死亡之谜，科学家用航空设备对谷内进行侦察，惊诧地发现这个人间地狱，竟是飞禽走兽的"极乐世界"。

时至今日，谁也弄不清这条峡谷为何对人如此凶残，而对动物却又那么的仁慈。

（2）俄罗斯的死亡谷

俄罗斯"死亡谷"和美国的死亡谷比起来，面积并不大。但同样地，人若走进这个山谷，也很少能活着走出来。更险恶的是，这里不但是人的死亡谷，也是野兽的死亡谷。据山区的一位守林员说，他曾目睹一只大狗熊闯进谷中觅食，不料进去不久，突然栽倒，一命呜呼。但是在距离这座死亡谷不到一箭之地的村落，那里的农民却活得好好的，奇怪的是，这个村和死亡谷之间并没有树林和山谷作为屏障。

（3）意大利的死亡谷

意大利的"死亡谷"，它的情形正好和俄、美的死亡谷相反——它只杀害飞禽走兽，对人类却十分友善。这个被称为"动物墓地"的死亡谷，风景十分优美。它本是一座各种野兽赖以生存的原始森林，但不知何故，每年在这座山谷中死亡的野兽多达三万七千只。科学家和动物学家们多次入该谷考察，都无法寻觅出具体的答案。

（4）印尼的死亡谷

印尼"死亡之谷"实际是印尼的"死亡洞"。印尼的爪哇岛上有许多山洞，其中有6个大山洞，均是人兽死亡的陷阱。

这6个大山洞到底有多大，多深？谁也不知道。山洞内存在着一股巨大的引力，每当人或野兽接近时，就会被吸入洞内，必死无疑。据侦察，谷洞里如今已是白骨累累。

（5）中国的死亡谷

中国的"死亡谷"在四川峨眉山中，又被称为"黑竹沟"，平时很少有人涉足。该死亡谷的进口称鬼门关，连猎人都不敢进入，一旦进入必死无疑。至于到底是什么原因，目前仍是个谜。

令人骇然的死亡谷，你敢去探险吗？

30. 黑海为什么面不黑而心黑呢

"黑海"，顾名思义，是由于其看上去黑乎乎一片而被命名的。如果你有幸坐着游艇遨游在黑海上，你看到的不是湛蓝的海水，而是黑黑的海水，这又是为什么呢？

其实，这是由黑海独特的地理位置造成的。黑海虽然海域非常广阔，但是它的出口却只有一处同地中海相连，即我们所熟悉的土耳其海峡。土耳其海峡非常狭窄，最窄的地方只有700米宽，而最浅处只有33米深。这么窄的海峡使得黑

海的海水交换受到阻止，无法及时地得到大量的交换。

而且，黑海的表层密度由于受到顿河、第聂伯河、多瑙河等大量淡水河的注入而较小，反而深层海水受到高盐度的海水的影响，密度较高。这样，海水的密度上面小，下面大，使得 200 米以下的海水静静地躺着不动，与外界完全隔绝，根本得不到充足氧气的补给。在海水极度缺氧的情况下，水中的硫化细菌开始活跃起来，把海底大量的有机物分解，形成了硫化氢。最终，越积越多的硫化氢就把海底的淤泥染得黑乎乎的。我们看到的海水就是黑的。

但是，如果我们在海面上舀一瓢海水，却发现海水并不黑。这也就造成了黑海心不黑而面黑的独特景象。

31. 世界上有没有海岸的海吗

我们都知道，世界上几乎所有的海都是大洋的边缘部分，都是与大陆或者其他陆地相连的。所以说，很多的海都是有海岸线的。但是，世界上有一个海，它是不存在海岸线的。这个你知道吗？

它就是马尾藻海，处于北大西洋中，被称为"洋中之海"。它最特别的地方是，它的西边与北美大陆隔着宽阔的海域，其他三面也都是广阔的洋面，所以它是世界上唯一一个没有海岸的海，因此，也就没有明确的海区划分线。

马尾藻海由于远离江河河口，其海水中的浮游生物非常少，所以其海水异常湛蓝透彻。海水的透明度可以深达 66.5 米，个别的海域可以最深达到 72 米。由于这种奇特的景象，马尾藻海又被誉为世界上最透明的海。

32. 世界奇观——彩色沙漠

在我们的印象中，只要是沙漠，就会是一望无际的黄色，除了偶尔出现的绿色仙人掌外，几乎看不到任何其他的颜色。但是，在美国大峡谷以东的地方，就有一个面积近两万平方千米的世界奇观——彩色沙漠。

当你来到"彩色沙漠"前，放眼望去时，看见的不仅有黄澄澄的色彩，还有粉红、绛紫、橙黄、天蓝和淡白等颜色；同时，这些带颜色的油沙又会凝聚成各种颜色的烟雾，闪闪发光，并会伴随着阳光的投射而随时更换色彩。这种景象绝非人为，而是天然的。那么，彩色沙漠是如何生成的呢？

原来，"彩色沙漠"大部分都位于高原地区，而这个地区以前是火山的世界，在这里，火山喷发的熔岩处处可见。由于没有植被树木，气候干旱，温差悬殊，岩石块块裸露，又经过长时间的风吹日晒，打磨抛光后，沙子就会变得光滑细腻。最后在阳光的照射下，便会反射出奇妙的五颜六色。

33. 黄土高原是怎么形成的呢

在影视作品中，我们一看到陕西那独有的黄土地，就有一种荒凉的感觉。可是，黄土高原上那数百亿吨的黄土到底是怎么来的呢？这一直是一个待解的谜团。

有资料显示，不同学派的地质学家至少提出了超过20多种的黄土成因的假设，其中多数已经被否定，现在影响较大的还有水成说、残积说和风成说及多成说四种假设。

水成说认为，黄土主要是由流水作用从离高原不远的地方挟带来堆积而成的，流水在这里起到带来的重要作用。因为黄河曾经流过那个区域。

残积说认为，黄土高原的黄土是其地质中的岩基在千万年的风化作用下就地成土造成的，否则根本不会有那么多的黄土。

风成说认为，黄土的形成主要是靠风的作用将其他地方的土吹到这里堆积而成的。

虽然风成说被认为是最具说服力的解释。但是，由于近年又提出了多成说，对风成说便构成强有力的挑战。自此，对黄土高原的形成最终也没有一个定论，至今仍是个谜。

34. 赤潮是潮水吗

很多人一听说"赤潮"这个词，便会联想到"钱塘潮"，认为它就是一种潮

水的名称，但这种理解是错的，赤潮并不是自然界里的潮汐，而是海水被污染后导致的海水变色现象。

我们都知道，海水中的浮游生物非常多，比如说夜光藻、无纹多沟藻等。这些浮游生物有的能够发光，有的本身就带有颜色。如果在某一个区域，海水被污染，浮游生物所需要的营养物质增多，就会使得这些浮游生物大肆急剧繁殖，直至多到足够把海面覆盖起来。这时不断涌动的海涛就像一条巨大的红色纱巾在海面上浮动；到了夜晚，海面上就会银光闪闪，犹如一个巨大的荧光屏。这就是我们说的赤潮。

虽然赤潮是自然界的一大壮观，可是赤潮却带有一定的危险性。因为浮游生物多了，覆盖住水面，会造成海水无法更换新鲜的氧气，进而会造成水下的其他生物无法生存。

所以说，赤潮其实是对人类破坏地球的一种惩罚！

35. 令人神往的"日月同升"

日落月出，月落日辉，这是再正常不过的自然现象了。那么有没有"日月同升"的时候呢？

回答是肯定的。在浙江海盐南北湖鹰窠顶上就有这一著名景色——日月同升。

日月同辉是指太阳和月亮在地平线上同时升起，这是一种极其罕见的自然天象。如果我们要想观看"日月同升"的景象，就要早起登山。当东方刚刚蒙蒙亮的时候，静静地注视着东方，你会骤然看到一个褐红色的圆球跳出雾障；接着你会看到这个圆球的左边钻出一弯金色的"月牙"，瞬间又缩了回去，刹那间又会从圆球的右边钻出，过一会儿又会缩回去。"金月牙"围绕着圆球周围忽隐忽现，便形成一幅奇妙的瑰丽图像。

36. 夏天的避暑胜地——江西无蚊村

我们总是幻想着在炎热的夏天能够有这样一个地方——寂静的夏夜，凉风习习，没有一只蚊子。你还别说，世界上还真存在着这样一个地方，它就是江西旅游胜地龙虎山的著名景区仙水里的一个小村庄。

这个小村庄面临着一条名叫芦溪的小河，三面环山。令人称奇的是这个小村庄在夏天没有一只蚊子。而离这个村庄不远的地方却存在大量的蚊子，而且蚊子都是巨蚊。当地人开玩笑说"三个蚊子一盘菜"。那为什么偏偏这个村庄没有蚊子呢？

有人说是受到了神的庇佑，神保佑着这个村庄不受蚊子的叮咬。其实，这都是自然环境造成的。因为这个村子的村民喜欢在村子里的屋前屋后种植大量的樟树和桉树。樟树和桉树能够释放出一种特殊的清香，这种清香具有驱蚊、灭蚊的作用。因此，在夏天，这里的人们根本不用担心蚊子的骚扰。

37. 世界上最年轻的都城

巴西的首都巴西利亚，位于高原中部的一片小平原上，水源丰富、气候宜人。巴西利亚不但因为其优美的环境而令人神往，同时还由于它是世界上最年轻的"都城"而闻名于世。

巴西利亚始建于 1960 年，整个城市就像一架飞向东方的飞机。城市里既见不到任何古迹，也看不到漫天飞扬的尘土。一方面，这是因为整个城市都是重新建立的；另一方面，巴西利亚虽然地处高原地区，土地也是红色沙壤，到了旱季的时候风也会非常大，但是因其整个城市空地上都被草地覆盖着，绿化工作做得好，自此看上去巴西利亚几乎就是一座绿色城市，飞尘沙土当然就不为人所见了。

作为世界上最年轻的城市，巴西利亚凭借其青春、亮丽、热情的形象跻身为世界旅游胜地之一。

38. "七丘之城"指的是哪座城市呢

罗马，又被称为"七丘之城"。关于这一点，或许很多人都不知道。那么罗马为什么被称为"七丘之城"呢？

关于它的起源，有一段美丽的传说。传说古希腊战神马尔斯生养了一对双胞胎，名字叫作罗幕洛和列幕斯。这对双胞胎出生没多久，母亲就被仇人杀死了。而这对双胞胎被放在了一个筐子里投入到了台伯河中。载着双胞胎的筐子并没有沉入水里，而是随着河水顺流而下，后来被一只母狼叼了回去进行喂养。再后来，这对双胞胎又被一个老猎人给捡了去，并传授了一身超群的武艺。他们长大后杀死了仇人，报了杀母之仇。

后来，哥哥做了国王，在台伯河河边 7 座山丘上建立起了一座新的城堡，并用自己的名字命名。"罗幕洛"这个词念快了就变成了"罗马"。之后，因为罗马是建立在七座山丘之上的城，就此被称为"七丘之城"。

39. 加拉帕戈斯群岛——巨龟的乐园

在南美洲西海岸的太平洋洋面上，散布着几百个面积大概有 8000 平方千米大大小小的岛屿，这些岛屿统称为加拉帕戈斯群岛。

然而加拉帕戈斯群岛还有另一个名称，叫作龟岛。这是为什么呢？

因为，加拉帕戈斯群岛上的人非常稀少，而且仅有的 3000 多人，又主要集中在圣克鲁斯、圣玛利亚等几个岛屿上，自此，其他的岛屿就成了巨龟的乐园。

加拉帕戈斯群岛上的巨龟不但数量多，而且体型都非常巨大，身长均在 1 米以上，体重达 200 多公斤。虽然巨龟可以被视为庞然大物，但它们的性情却比较温顺，不会主动攻击人，喜欢低洼的地方，以仙人掌和树叶为食，而且是"水桶"胃。

虽然加拉帕戈斯群岛被太平洋环绕，但是却受洋流的影响，干旱少雨，所以看上去像一个沙漠岛，居住在这里的人经常缺少水源。而正是巨龟特别能够喝水的特点帮了居民的大忙，岛上的居民可以根据巨龟的爬行轨迹，找到淡水资源，以解决饮水之困。

40. "佛教之都"是哪里呢

一提到佛教，很多人会想到印度，要是谈及"佛教之都"，有人会想到那是印度的某一个城市。其实，真正的"佛教之都"是泰国的首都曼谷。

泰国 90% 以上的人口都信奉佛教，素有"黄袍佛国"之称。更具代表性的是，泰国的首都曼谷是世界上佛寺最多的地方，共有大小佛教寺院 400 多个。

在曼谷众多的寺院中，以玉佛寺、卧佛寺、金佛寺这三个寺庙最为出名，被称为泰国的三大国宝。玉佛寺供奉着一尊高 66 厘米、宽 48 厘米的翡翠玉石雕刻而成的玉佛，整个玉佛被供奉在黄金制成的宝座上面，价值连城；卧佛寺供奉的是一尊长 48.7 米、高 12.2 米的巨大卧佛；而金佛寺也不示弱，供奉的是一尊重达 5500 公斤纯金制造的大佛。

除此之外，曼谷不但寺庙多，僧尼也非常多，而且拥有 32 个成员国的"世界佛教联谊会"总部就设在曼谷。因此，泰国曼谷的"佛教之都"之称可谓名副其实。

41. 美丽的北极冻雾

在北极，以极寒天气为主要气候形态。当气温低于水温 9 摄氏度以下时，会产生海雾；而此时如果空气的温度再下降到 0 摄氏度以下，就会产生北极冻雾。

很多有幸感受过北极冻雾的人，都会被北极冻雾的美丽吸引，并为此感到震惊。这是因为，在冻雾期间，所有空气中细微的水滴处于冷却状态，它们在与人相接的时候，会瞬间冻结成为半透明的薄冰。此刻，你会感觉整个世界瞬间成为晶莹剔透的，而你就正处在一个"银装素裹"的梦幻殿堂里，这一切景象着实让人着迷。

42. 冰冻的热带

乔治岛，很多人都会感到陌生。但是乔治岛却以其"寒冷大陆南极洲的热带"而闻名于世。

乔治岛位于南极洲的低纬度地区，具有南极洲海洋性气候的特点，因此有人风趣地称其为"寒冷大陆南极洲的热带"。实际上，相对其他地方而言，可以说

是十分寒冷的。因为这个"热带"平均气温只有零下 2.8 摄氏度，即使是在最温暖的 1 月，其平均气温也只有 1.5 摄氏度；而最冷月的平均气温也只有零下 7.8 摄氏度。但其与南极洲其他寒冷地区零下几十摄氏度的天气比起来，确实是"热带"，而且还是相当的热。

由于乔治岛天气相对暖和，降水也非常丰沛，所以其冰雪的年累积量和消融量都是非常大的。目前乔治岛的冰雪覆盖面积占全岛面积的 85%。另外，在没有常年冰雪覆盖的地方，除存在地衣、苔藓、藻类等低等植物外，还生长着一些石竹科和三种禾本科类植物。

乔治岛，就是"冰冻的热带"，你知道了吗？

43. 歪打正着而命名的"妇女湾"

在地球西非的某个角落，有个叫几内亚湾的地方，它西起比里亚的帕尔马斯角，东到加蓬的洛佩斯角。

你们知道"几内亚"的真实含义吗？说出来也许你会觉得搞笑。"几内亚"在当地的意思即"我是妇女"，那"几内亚湾"岂不得叫"我是妇女湾"嘛！笑归笑，我们现在得弄清楚这个地方为什么要叫这个名字。

其实，这牵涉到一个令人啼笑皆非的故事。据说，有一群欧洲探险家在初次登上几内亚湾的时候，发现这个地方非常美丽，却不知道它叫什么名字。正在此时，他们碰到了一个路过的妇女，于是就向她打听。可这个妇女听不懂他们的问话，就回答了句"几内亚"。她的意思是说："我是妇女，我不知道你们说什么，有问题请去找男人。"然而欧洲人误以为这就是该国的名字，并一直唤它为"几内亚"，且一直沿用到现在。

为什么这个国家会被叫作这个名字，现在你知道了吧。

44. 世界上最淡的海是哪个海

我们都知道，海水是制盐厂提炼盐的最好素材，那是因为海水几乎都是又咸又涩的。但是，如果我们从波罗的海中舀起一瓢水尝一尝的话，你会发现这里的海水几乎尝不出咸味。这是为什么呢？

一方面是由于历史原因，波罗的海在冰河时期结束时还是一片被冰水淹没的汪洋，所以其形成海的时间不长。后来，随着地壳的运动，大水向北极退去，于是最低洼的谷底就形成了大海，这个海大部分是由冰融化而成的，所以水质自然就比较好。

另一方面要归因于地理条件和自然因素，由于波罗的海处于高纬度地区，气温比较低，海水的蒸发量也就非常小；同时，这里又受西风带的影响，雨水较多，而四周和许多大小河道相连，大量的淡水也就源源不断地流入海中。

以上因素也就造成了波罗的海的海水淡而无味了。

45. 喊水泉之谜

在我国湖南省慈利县伏龙山山腰的一个石灰岩石洞里，有一个非常奇特又神秘的泉眼，被当地人称为"喊水泉"。

"喊水泉"的神秘之处表现在：一方面，每当雨季来临的时候，四周水流如注时，它却滴水不流。但是，一旦天空中打雷，泉中水就会哗哗地往外淌，而雷声一旦停歇，水流也会随之停止；另一方面，到了夏季，不管伏龙山其他的地方再炎热干旱，这口山泉附近却仍然是凉爽宜人，只要有人在泉水边喊上一嗓子，就会有清澈的泉水流出来。见此，有的人便想要在这里挖一条水流。但是不管人们怎么挖，都无法找到水源，最后只好作罢。

那么，为什么"喊水泉"非要在声音的作用下才肯流出水呢？

据地质学家研究表明，"喊水泉"其实属于典型的"声震泉"，它的原理就像毛细血管现象，只要发生震动，地下的地质结构就会跟着震动，最终流出水来。

46. 取之不尽、用之不竭的天然沥青湖

我们都知道，沥青是石油冶炼的最后产物。那么，你会相信在一个湖里存在

取之不尽、用之不竭的沥青吗？如果这种湖是真实存在的，那么沥青湖难道是上天赐给人类的礼物？

位于加勒比海的东南端，有一个叫作特立尼达和多巴哥的美丽岛国，这里山清水秀，葱木苍翠，更有充满神奇色彩的天然沥青湖。

在湖中有一块很软的地方，常年涌现出沥青，因此被称为"湖的母亲"。涌上来的沥青呈乳峰状，昨天刚采集沥青留下的大坑，不用一天又可填平。而涌出来的沥青也会逐渐凝固，像松软的黑地毯一样，日后会逐渐硬化，先是可以供行人走路和推车，接着就可以承受载重车和采掘机械了。既然是这样，那么有人不禁会发出疑问，为什么这个湖能够不断涌现出沥青呢？

其实这主要是因古代地壳变动，岩层断裂，导致地底下的石油和天然气涌溢而出，其与泥沙等物质化合而为沥青，在湖床上逐渐堆积硬化，从而形成了如今的天然沥青湖。天然沥青湖产出的沥青具有很大的用处，用其所铺的道路不但平稳、耐磨，而且还会熠熠闪光。

所以说，这种取之不尽、用之不竭的天然沥青湖真是大自然赐给我们的最好礼物。

q

第九章
意想不到的异域风情

1. 一个女人可以强暴男人的民族

在小小的太平洋岛屿基里维纳岛上，遍布着古老的草屋，草屋里住着一个古老的民族卡图马族。在卡图马族的女人们庆祝她们传统的甘薯节时，她们可以强行与她们碰上的外族男性发生关系，而这种行为是得到批准的。

在甘薯节里，岛上所有的男人们都收到警告，他们战战兢兢地想着怎样绕道而行；而当地的传教士们则开始了长时间的祈祷会。无论是大男人还是小男孩，已婚的或是单身的，牧师还是异教徒，只要是性机能健全的男性，都有危险。

而卡图马族女人们在身上涂上椰子油，戴上贝壳项链、藤织臂环，穿上七彩草裙、赤脚、袒胸，组成浩浩荡荡的队伍，开始一项传统仪式——把她们的主食甘薯从地里搬到村里，兴之所至，还会进行另一种传统习俗。

"如果有男人激怒了我们，我们就会强奸他。"岛上最有实力的部族里的莎拉满不在乎地说道，"但这绝不会影响我们的婚姻关系，这与爱情无关，纯粹是为了好玩。而且我们必须得到批准才能这样做，只有收成好的时候，酋长才会允许我们尽情享乐。"除了岛上的牧师，没有人会谴责这种活动。

卡图马族女人祖祖辈辈都是对误闯入她们领域的男人毫不客气的。她们会先设一个路障，把过路的男人拦住，剥光他的衣服，然后把他推倒在地，一个接一个的女人就这样与他发生关系，很少有人能轻易逃脱。

不过，女人们倒从来不会强奸本族人，只会以敌对部族的人为目标，戏谑、侮辱可以说是最终的目的。

2. 墨西哥人最喜欢喝柠檬汁吗

在中国，我们都知道山西人喜欢吃醋，重庆人喜欢吃辣。这都是某一个区域人的生活习惯而已。在墨西哥，人人都对柠檬非常着迷。

墨西哥人对柠檬确实有瘾。无论是在家里，还是在餐馆，墨西哥人吃饭时，餐桌上都放着一碟切成小块的柠檬，就像中国人吃饭时，餐桌上一定要有酱油、醋一样。墨西哥的中餐馆也不得不入乡随俗，把餐桌上的酱油、醋让位给柠檬。

我国的柠檬跟墨西哥的不一样，它有鹅蛋那么大，椭圆形，皮厚厚的，皮和肉均呈淡黄色。而墨西哥的柠檬要小一些，圆圆的，薄皮，皮、肉都呈绿色，切开后，果肉汁液欲滴，晶莹剔透。

墨西哥人吃柠檬的花样特多。最普遍、最简单的吃法就是喝柠檬水。把柠檬横着一切两半，把汁挤到杯子里，加水、冰块和糖，一杯柠檬水就做成了。在家里或在餐馆宴请亲朋贵客，都少不了柠檬水。

柠檬水味儿酸甜、清凉，餐前、佐餐或平时饮用皆宜，特别是大热天，喝一口，真有沁人心脾之感。

3. 澳大利亚男人"三不敢"

如果我们去澳大利亚旅游，走在大街上，你如果看到一家三口的话，抱孩子的一定是男人。其实，在澳大利亚，男人都是怕女人的，而且，男人的地位似乎都比女人要"低"。在澳大利亚，男人有三件事是万万不可以做的。

其一是不敢打老婆，因为这样做会赔了夫人又丢钱的。在澳大利亚，妇女和儿童地位很高，如果男人动手打女人，哪怕只是一个巴掌都可以被起诉，结果往往是坐牢半年，或者被罚分居1年。如果被判离婚就更惨，不但家庭财产的70%要判给女方，还得负担孩子抚养费的1/3。因此在澳大利亚，女人遭家庭暴力的情况并不普遍。

其二是不敢打孩子。近30年来，澳大利亚人口一直呈下降趋势，所以政府鼓励生育，小孩生下来就有奖金，如果生得多，待遇也会水涨船高。生3个孩子

的话，女人就不用上班了，奖金基本已经够生活支出。澳大利亚法律规定家长不准打骂儿童，违反规定就要剥夺其监护权，那就意味着你不配再做孩子的父母。

其三是连自己养的宠物也不能打，如果被人告上法庭，要坐两年半的牢，罚款2.5万澳元（1澳元约合6.5元人民币）。遗弃宠物也不行，丢掉了要强迫你找回。久而久之，这"三不敢"竟成了男人的美德，也成了澳大利亚社会的一个和谐标志。

4. 阿根廷流行出租"丈夫"

在阿根廷，现在非常流行一种业务，那就是"出租丈夫"。这个业务是由阿根廷首都布宜诺斯艾利斯的一家名为"出租丈夫"的公司开创的。这家公司瞅准了单身女性在生活中的一些不便之处，比如：修水龙头、更换插座、抬床等工作。这家公司出租的"钟点丈夫"的价钱可是非常高的，每小时高达50比索，约合100元人民币，可谓是非常贵的"丈夫"了。但即便如此，这家公司的生意依然非常火爆。

5. 世界各地奇异的吃鸡蛋风俗

鸡蛋，不但是一种美食，还是很多风俗的一部分。比如在我国，女人生孩子了，就必须吃荷包蛋进补；远方的客人到访，主人必定打一碗荷包蛋。但是，在世界许多地方，还有许多其他吃鸡蛋的风俗。

一、英国

在英国，每逢节日盛宴，人们爱把鸡蛋打破，滴入清水中，以其形状来预测日后的生活是否美满。然后，再拌入白糖蒸熟，意味着生活美满、和谐。

二、法国

在法国的一些偏僻村寨，男婚女嫁时，新娘总喜欢把鸡蛋偷放在衣裤中。当步入洞房时，故意跌倒，让鸡蛋掉出，以示自己会"生蛋"。

三、前南斯拉夫

前南斯拉夫的青年，把鸡蛋看成是神圣、纯洁的爱情象征。每逢复活节到来的第一个星期一，青年们聚会跳舞，谈情说爱，处于热恋中的男女青年，总喜欢忠贞不渝。如果男子不吃女子送的鸡蛋，则说明不爱对方，或爱情破裂。

四、土耳其

在土耳其，鸡蛋是生育的象征。如果姑娘立志不谈恋爱、不结婚的话，她是一辈子不吃鸡蛋的。吃鸡蛋的姑娘则表示她们要婚配，要做妈妈。

五、尼日利亚

尼日利亚有一种传统观念，认为鸡蛋是绝育的东西，妇女吃了鸡蛋就不会生孩子。因此，妇女一般不吃鸡蛋。

六、罗马尼亚

在罗马尼亚，妇女认为多吃鸡蛋可多生儿育女，人丁兴旺。因此，该国妇女最喜欢吃鸡蛋。

七、摩洛哥

摩洛哥有一种奇怪的风俗，妇女不能当着丈夫的面吃鸡蛋，否则就会遭到丈夫的谴责。因此，妇女吃鸡蛋只能躲起来吃。

6. 实行走婚的奇异民族

自从人类进入文明以来，都普遍接受一夫一妻制。因为，这不但决定着夫妻双方的忠贞，同时也是社会安定的一个重要保证。但是，在泸沽湖，却仍然流行着古代"走婚"的婚姻形态。

泸沽湖地区，主要生活的是摩梭人。男女恋人之间亲昵地称对方为阿肖。所以，这种"走婚婚姻"又被称为"阿肖婚姻"。这种婚姻的最大特点就是：男女双方之间不存在男婚女嫁，男女双方都仍然属于自己原有的家庭。年轻恋人"结婚"后，其基本形式就是男方到女方处走访、住宿，次日凌晨再回到自己的家中。因为是由男方以"走"的形式来实现婚姻的本质，所以又被称为"走婚"。让人不解的是，男女双方所生的子女属于女方，子女随母亲的姓氏，男方一般不承担抚养的责任。一个男子或者一个女子的"阿肖"数目不确定，可多可少。而且双方的关系也并不是固定不变的。

这种"走婚"的关系不会受到家长、亲族的干预和强迫，也不会注重对方的

门第、身份和地位。在选择上主要看中的是对方的人品、才干、外貌等要素。在这种婚姻关系中，女方的地位被极高地予以尊重。

而且这种关系的解除也是非常自由的。如果男女双方处了一段时间之后，感觉性格不合、感情破裂，无论男方还是女方，都可以提出结束这种关系。男方若想结束，只需告诉女方一声"我以后不来了"就可以了；而女方则会告诉男方"你不要来了"，就是这么简单。

7. 斐尔坝拉族，从不弯腰的民族

在拉丁美洲拉尼克岛有这样一个民族，他就是斐尔坝拉族。这个斐尔坝拉族其实只是一个普通的民族，但是却有一个不同寻常的习惯——从不弯腰。

即使最贵重的物品失落在地上，他们也不是弯下腰去拾起来，而是拔下插在背上的一把竹夹，挺着腰用竹夹夹取失落在地上的物品。斐尔坝拉人从不弯腰的习惯是因历史上受过异族的欺凌所致。

在1635年，马提尼克岛被法国侵略军占领。法国侵略者经常欺辱他们，把他们当牲口骑。为此，有一个叫耐特森的领头人，在被一个法国侵略者当畜生骑着时，猛地跳起来将那名法国侵略者摔得很远，并说："我们斐尔坝拉人要永远站着，不弯腰！"

从此，这个民族就养成了不弯腰的习俗。

8. 欧洲人吃葡萄不吐葡萄皮

欧洲人吃葡萄不吐葡萄皮，也不吐葡萄核，一起嚼碎咽下去。很多人都感到奇怪，连皮一块儿吃能好吃吗？

但，吃葡萄不吐葡萄皮是有科学依据的。据研究表明，葡萄连皮带核一起吃，不但营养好，而且还有益于健康。

的确，欧洲有一种名叫"OPC-3"的营养保健药，在美国广泛畅销。这种保健药就是用高科技的手段，从葡萄籽和葡萄酒里提取的一种粉末状药，该药有抗氧化、助循环、保机体的作用，对糖尿病、高血压都有疗效。

"吃葡萄不吐葡萄皮"的益处，你知晓了吗？

9. 毛里塔尼亚的女子以胖为美，以离婚为荣

通常情况下，现在的女孩子不管是瘦的、胖的，都崇尚以瘦为美，天天叫着嚷着要减肥；而如今的已婚女性，都盼望着自己有个幸福美满的家庭。但与前述现象截然相反的是，在毛里塔尼亚却依旧流传着一些奇特的古老风俗。

首先就是女人以胖为美。

有条件的富人家，女孩从七八岁开始，每天都要让女仆在其身上抹油脂，还要喝羊奶、牛奶，吃奶酪和富含脂肪的食物来增加体重。女孩还经常脱去衣服，在软沙上打滚，据说这样可以尽快成为一个有"肉感"的美女。到了快结婚的年龄，娘家往往会给待字闺中的女儿增加营养，短期内让她们"膀大腰圆、丰乳肥臀"，认为这样才能吸引人，可以嫁一个如意郎君。

其次，毛里塔尼亚的女子以离婚为荣。

女人们都认为离婚次数越多，越能展示一个女子的魅力。据毛里塔尼亚官方公布的数字，该国国内的离婚率一度高达20%，18%的离异女子会再婚6次以上。离异女子认为，离婚并不像在其他国家那样是一种弊端，甚至表示准备结更多次的婚。

真的是"林子大了，什么鸟都有"！

10. 坦桑尼亚的奇异风俗

坦桑尼亚作为一个非洲国家，由于还没有开化，所以很多民族都保留了一些非常奇异的风俗，下面就给大家列举一些：

（1）马赛族——指腹为婚

马赛族至今仍流行"指腹为婚"的习俗。妇女一旦怀孕，许多生有男孩的母亲或亲属就要来提亲，以便为自己的孩子择妻。如果孕妇生下的是女孩，就将与

男孩成为终身伴侣；如果生的是男孩，就要结为终身好友。

（2）哈亚族——露乳引情郎

哈亚族姑娘为了吸引小伙子注意，常把乳房袒露在外，并把这看作一种自然美。同时这也是为了取得父亲的监督，根据乳房的变化，父母可以发现自己的女儿是否已经怀孕，如果未婚先孕，会被看作家门不幸。

（3）津古族——鸡、蜜定婚

津古族男女青年的婚事则另有情趣。津古族小伙子到姑娘家求婚时，通常由姑娘的祖母出面接待，姑娘则躲在隐蔽处偷看，如果中意，女方会通知男方再来。第二次登门时，男方父母要带上4只活鸡和3只宰好的鸡送给女方家里以示吉利。

另外男方还要带一桶玉米面或高粱面给女方以便让女方用以招待客人。而后女方要请人送给男方一桶蜂蜜，以供男方家里酿造喜酒。结婚时，新娘的姑妈横躺在新房的门槛上，新郎必须送上礼物后，才会被允许与新娘共进洞房。这就是"鸡、蜜定婚"。

（4）甸丁拉姆族——迷藏定婚

甸丁拉姆人结婚时有一个暗中寻找新娘的仪式，这种仪式规定新娘由新人送到男方村子时，不能直接送到新郎的家中，而是先送往新郎的邻居家中，找一个隐蔽的地方把新娘藏起来。然后送亲的人去新郎家中报信，请新郎去寻找，找到后将新娘迎娶回来。新郎在两名亲友的陪同下一起去邻居家寻找，邻居们也愿意让新郎入内搜寻，但不能通风报信。

当地风俗认为如果经别人通风报信后找到新娘，就是假婚，婚后两人也不会幸福。新郎寻找新娘可以连找3家，如仍未找到，女方送亲人就要将新娘接回，7天以后再送来，一直等到新郎找到新娘为止。

11. 在印度，厕所成了女人的摇钱树

在印度，由于经济条件的差异，有很多地方都有贫民窟。在这里几乎没有厕所，每天很多人会成群结队地跑到村边浓密的灌木丛里面方便。在灌木丛中如厕经常会遇到野猪和蛇，所以很不安全。在印度，大约有6.9亿人面临着如厕难的问题，所以随地大小便就成为迫不得已、习以为常的社会现象了。

其实，当印度还是英国的殖民地的时候，就援建了很多的公共厕所，但是由于年久失修，很多都无法使用了。现在，当地的很多妇女自己负责管理厕所，每天把这些厕所打扫得干干净净，并摆好香皂供如厕者使用，同时向如厕者收取一些费用。不久远近居民都跑到这里来如厕，每天有1000多人。一个月下来，女人们发现她们竟然靠厕所赚了不少钱。在把厕所办得有声有色的同时，妇女们还积极进行其他尝试。她们自己动手做堆肥，借钱给邻近的贫民窟，帮助那里建厕所。此外，她们还雇了守夜人，以阻止醉鬼晚上爬到厕所捣乱。

渐渐地，厕所成为印度妇女一棵特有的摇钱树。

12. 越南奇异婚俗：新娘初夜给旧情人

越南的姑娘温柔美丽，越南的婚俗奇异独特，有些甚至让人觉得不可思议。最奇特的是三种婚俗。

（1）"初夜""谢恩"婚俗。在越南北部蛮族的一些部落中，结婚时有一种让旧情人先占"初夜"的"谢恩"婚俗。一个新娘在婚前，往往有旧的情郎。如果确定与一个人订婚，就要同其他情人断绝关系。按传统习俗，新婚之夜新娘并不住在新郎的洞房里，而是去找旧情人共枕最后一夜，以示"谢恩"。从此之后，也就与旧情郎断绝一切来往，完全忠于自己的丈夫，不会再有其他的不轨行为了。

（2）"抢亲"婚俗。在越南北部山区居住的娄娄族，青年男女示爱的方式颇为特别，他们用线把竹筒穿起来做成扩音器，男孩子通过自制扩音器向他爱慕的女孩传达信息。如果双方谈得非常开心，决定在一起了，就会计划"抢亲"。男女双方私下计划，女孩先从自己的家里溜出来，让一群年轻的小伙子把姑娘"绑架"到男孩子家中。男方抢到姑娘以后，要杀猪设宴，庆祝抢亲成功。第二天通知新娘家里，第三天托媒人前往说亲。

如果双方父母同意，就可举行婚礼。也有事前没有商量好的，如果女方被抢后不喜欢这位男子，就得设法逃跑，逃跑成功，男子就得向女方赔礼，还要送去一些酒、一只鸡和钱物等，另外还得向女方的村寨加倍赠送食物和现金。

（3）"先入赘、后结婚"婚俗。越南贡族的婚俗也很特别。他们的婚姻最主要的特点是，先入赘、后娶亲。

首先由男方父母、兄弟、族长和未来的新郎一起到女方家去提亲，带上聘礼，晚上到姑娘家。他们一边商量儿女的婚事。如果女方同意，先商定男子入赘女方的年限。以前上门是 8 ~ 12 年，现在大致缩短为 3 ~ 4 年。

商定妥当，第二天新郎就要带上被子、枕头和一把刀入赘女家，姑娘的发式也开始改变，把长发盘于头顶，表示已有丈夫。上门郎入赘期间虽然被视为女方家庭的一个儿子，但有约束。如在家里不能坐凳子，不能穿拖鞋，不能进岳母、嫂子的房间。岳父岳母吃饭时，上门郎不能睡觉，要为吃完饭的岳父母斟茶水，清晨早早起床为全家人烧水煮饭、撒网捕鱼。

13. 欧洲"最勤劳"的德国人的典型生活

一直以来，德国人都是我们心目中最"勤劳"的民族，而且在我们的印象中，德国人总是在一直忙碌着，勤勤恳恳，不知疲倦。但实际情况是这样的吗？让我们来看一下一个普通的德国人的典型生活。

每天花近半个小时时间进行泡澡或淋浴，然后 67% 的人开私家车上班，只有 13% 的人选择公共交通。开的车很多是奥迪、宝马或奔驰。每周上班 4 ~ 5 天，每天工作 8 小时中，2 小时午休，2.5 小时喝咖啡时间。下班后娱乐活动丰富。平均每年德国人休假时间长达 173 天，几乎相当于工作一天休息一天。

看看他们的生活，再想想我们，我们才是世界上最勤劳的民族啊。

14. 世界上最奇异的 12 种饮品

（1）用蝎子浸泡的伏特加、威士忌和梅斯卡尔酒

一些亚洲或中美国家向来有喝蝎酒的传统，人们把专门养殖的蝎子泡在伏特加、威士忌或梅斯卡尔酒中，这种酒喝起来有一种木头的味道，据说还有排毒、助性的功效。而酒里的蝎子也是可以吃的。

（2）东南亚地区的蛇酒

脱发？缺乏"性"致？皮肤干燥？有了蛇酒，这些问题都可以迎刃而解。东

南亚市场上的蛇酒真是五花八门，眼镜蛇威士忌、藤蛇清酒、越南蛇鞭酒……不一而足。

（3）越南的鼬鼠咖啡

鼬鼠咖啡听起来简直难以置信，但实际上确有其物。鼬鼠饱食多肉的咖啡果之后，将难以消化的咖啡豆从体内排出，这时会有村民将它们收集起来，再进行杀菌和烘烤。咖啡豆经由鼬鼠体内发酵后，制作出的咖啡风味得到提纯和强化，格外香浓。

（4）日本的鳗鱼功能饮料

在日本，人们想提神时会喝鳗鱼汤、鳗鱼酒，或者鳗鱼功能饮料。日本有商家就开发了一种黄色的"鳗鱼浪涌"饮料，其主要成分中含有鳗鱼头骨部位的提取物，喝起来"鱼味"十足。

（5）中亚和东亚地区的酸马奶

在这些地区，这种微微起泡的马奶酒是不会装在瓶中，也不在超市里卖的。美国前总统小布什访问蒙古时品尝这种马奶酒后，竟然兴奋地吹起口哨。目前世界其他地方的"马奶酒"则多数是由加糖的牛奶制成的。

（6）印尼苏门答腊岛的果子狸咖啡

世上还有比鼬鼠咖啡更让人反胃的东西吗？那一定就是这种果子狸咖啡。两种咖啡的制作原理是一样的。只不过，果子狸体内没有被消化掉的咖啡豆排出后制成的咖啡，喝上去有一种独特的巧克力味道。

（7）世界上最烈的啤酒

Maximus，Monstrous 和 StoneRuination 等品牌的美国啤酒常常是男人们喜欢扎堆豪饮的。而吉尼斯世界纪录显示，酒精含量27%的美国"塞缪尔·亚当斯·乌托邦斯啤酒"则堪称世界最烈的啤酒。这种餐后酒后劲之足，堪与波特酒、干邑白兰地和雪利酒媲美。

（8）芝加哥的比萨啤酒

另一种人气很旺但价格没那么高的美国啤酒是芝加哥产的比萨啤酒。这种啤酒是由两位有进取心的酿酒商在车库中研制出的。啤酒中加入了制作上好比萨所用的许多原料：西红柿、牛至、罗勒、大蒜等。

（9）中国广东和韩国的鼠仔酒

在中国广东和韩国，人们将老鼠幼崽放入米酒瓶中，待其发酵一年后变成补

酒。假如你能克制自己忘掉那些毛茸茸的啮齿科动物，啜上一口这种酒的话，你会发现满口都是汽油味。

（10）中国和远东地区的蜥蜴酒

外国人能喝到蜥蜴酒刚刚是数十年的工夫，而且这种酒是一直被视为进口奢侈品的。这种绿色的喝起来有点像白兰地的酒是将蜥蜴、壁虎和人参一起泡在米酒桶里制成的。据说喝这种酒，可以避邪、明目。

（11）日本的人奶饮料

对于西方人来说，成年人喝人奶简直是不可思议的事。但是，在某些国家的文化中，喝牛奶才是更不可理解的。例如在日本，人们就会买纸包装的人奶喝。

（12）北非一带的骆驼奶

熟悉养生之道的人们追捧喝骆驼奶已有多年。和牛奶相比，骆驼奶的维生素C含量更高，饱和脂肪含量却更低。欧洲对于骆驼奶的认识已经比较超前。维也纳的一家巧克力生产商就一直在努力生产世界上首块骆驼奶巧克力。

15. 德国人看球爱做笔记

欧洲足球非常盛行，很多欧洲人爱球如爱命。德国作为一个传统的欧洲强国，没有理由不爱看球。德国人不但爱看球，而且还养成了看球做笔记的习惯。

在比赛前，很多的德国杂志或者报纸都会大量地印制球迷手册。到了比赛的时候，很多球迷聚集在一起，边看球边做笔记。笔记的内容五花八门，包括球员的信息，球场的信息，天气情况，甚至是拉拉队员的信息，等等。有的德国球迷甚至记录了记事本看球手册，再加上自己手里的各种足球画册、足球史、足球装备等，几乎就是一个小型的"足球博物馆"。

16. 美国竟然评比年度最差写作奖

我们不管关注什么都会关注各个领域的最好、最佳、最优等奖项，从来也没有人会关注最差的。但是在美国的加利福尼亚州，竟然每年都会评比最差写作比赛的最高奖项——布尔沃·利顿奖。

这个奖项是由州立圣何塞大学评比颁发的。今年获得这项奖的是一名退休机械工程师吉姆·古格。他共提交了64篇参赛作品，最终凭借其作品中乏味的叙述和老套的侦探内容摘得"桂冠"。为此，古格将获得少量的奖金。

这项最差写作比赛始于1982年，以爱德华·乔治·布尔沃·利顿的名字命名。他在1830年创作的小说《保罗·克利福德》开头的第一句"那是一个漆黑的暴风雨之夜"，成为无数人嘲笑的对象。

17. 世界各国离奇的离婚习俗

当年轻的人们急匆匆地跑进"围城"后，却发现自己找错了人，那么就会选择"离婚"。在中国，离婚其实很简单，只需将红本本换成绿本本就可以了。但是，在世界其他国家，离婚还有很多离奇的习俗呢：

（1）日本

在日本，如果丈夫认为自己的妻子睡觉姿势不好看，就可以提出离婚申请。谁没事半夜不睡觉，看妻子的睡姿啊……日本的妻子真的不好当啊。

（2）意大利

在意大利，如果自己的妻子不干家务或不爱干家务，丈夫便可以提出离婚申请（女人的共同心愿：打死都不能嫁到意大利……）

（3）阿富汗

在阿富汗，如果女方提出离婚，那么她再嫁人时，她的再婚丈夫要付给前夫两倍的当年婚礼费用；如果是男方提出离婚，女方重新嫁人时，新郎丈夫则要如数偿还前夫与妻子当年的婚礼费用。这个决定会让很多阿富汗男人乐于离婚的。

（4）英国

在英国，夫妻双方只有一方可以提出离婚，如果双方都提出离婚，则不准离（这……都什么跟什么嘛！真搞不清楚这样做到底是为了什么）。

（5）黎巴嫩

在黎巴嫩，女人出门前先要征得丈夫的同意。如果有朝一日不想要妻子，待妻子出门前征求他的意见时，他只需说"快去，别回家了"，便由此宣告离婚（可

不可以也这样对丈夫说？）

（6）多哥

在多哥，男女双方感情破裂，便到当地部门申请，并各自请管理人员将头发剃去一半，将剃下来的头发互相交换。怎么也想不通，离婚跟头发有啥关系？可能是要"一切从头开始"吧。

（7）厄瓜多尔

在厄瓜多尔，夫妻反目离婚，皆要绝食三天。到第四天早晨，到该地一位年长者处接受"检验"是否真的有气无力，如果真的，分手也是真的；如果是假的，这位年长者会下令：永远不准离。这个倒是给了夫妻双方一个深思熟虑的机会，我们绝对可以效仿。因为夫妻离婚往往就是赌一时之气。

（8）萨尔瓦多

在萨尔瓦多，夫妻感情一旦破裂，可到当地管理处申请登记，然后购买一头牛，宰杀后请双方亲戚朋友前来聚餐一顿。餐毕，夫妻双方面面相觑，各自用手打对方十记耳光，美其名曰：记住最后的痛苦。这样就宣布离了婚。

（9）爱尔兰

在爱尔兰法律规定是禁止离婚的。因为有了这条规定，所以爱尔兰人对婚姻大事考虑得极为周密，生怕"一失足成千古恨"。久而久之，晚婚成为爱尔兰人的风俗。那这个"围城"可真是不能轻易就进去哦。

18. 台湾少数民族的姓竟然是由射箭决定的

宝岛台湾作为我国领土的一部分，一直令人向往。其实，在台湾，除了工业发达、水果美味、风景优美以外，当地的少数民族也一直以其淳朴、善良的性格给人留下深刻的印象。截至 2007 年 1 月 17 日，经台当局认定的台湾少数民族共有 13 个族群，颇有名气的要数阿美、泰雅、赛夏、布农等。作为台湾最早的居民之一，他们见证了这片土地的沧桑巨变。

之前台湾一直是日本的殖民地，到了蒋介石执政的时候，当局致力于去除日本的影响。要求台湾少数民族普遍采取汉姓，用汉字。1984 年，台湾少数民族开始要求"正名"。到 1995 年，台湾"立法院"修订了《姓名条例》，规定台湾的少数民族可以继续用汉人的姓名，也可以使用本民族的传统姓名。

那么台湾少数民族的汉姓是怎么来的呢？说起来非常有意思：有的是从乡公所的墙上抽签来的；有的是把各个姓氏挂在树上，村里推出一个人来射箭，射中什么就姓什么，没射中就姓空；还有的是由乡公所决定的，住在树旁的就姓木，住在田旁的就姓田。

没想到，姓氏还可以用这种方式获得呢！

19. 云南独有的十八怪

云南作为我国南方的少数民族最集中聚集的省份，有很多风俗习惯是我们所不熟悉的，下面就让我们来总结一下云南独有的十八怪到底有多么怪。

云南第一怪

鸡蛋用草串着卖：老乡们为了便于买主携带所购买的鸡蛋，又不被碰坏，便以竹篾或麦草贴着蛋壳编，每个都隔开，十个为一串，可以挂在墙上，想吃的时候便吃几个拿几个。

云南第二怪

摘下斗笠当锅盖：云南竹林较多，因此许多用具都以竹子为原料，而锅盖就形似于内地的斗笠，只是顶略小一点，便于抓拿，而且用此做锅盖，透气保温，做出来的饭更加清香。

云南第三怪

三只蚊子一盘菜：云南的许多地区，天气较为炎热，终年蚊蝇不绝，特别是野地与牲畜圈里的蚊子个头都比较大，故夸张地说三只蚊子一盘菜。

云南第四怪

火筒能当水烟袋：当地人抽烟所用的烟袋很像内地的吹火筒，只不过吹火筒是往外吹，而它是往里吸，烟气经水过滤，可以减低焦油的浓度，味道更加清凉香醇。

云南第五怪

糌粑被叫作饵块：云南产大稻米，特香糯，把大米蒸熟春打后，揉制成长条形的半成品，可炒吃、煮吃、蒸吃，颜色白如雪，像内地做的白米粑，当地称饵块。

云南第六怪

背着娃娃谈恋爱：少数民族期盼人丁，成婚后数日媳妇便回门了，等有了娃娃再回婆家与丈夫相聚，开始真正的谈恋爱。

云南第七怪

四季服装同穿戴：云南地区气候多变，夏天不热冬天不寒，白天和晚上的温差较大，可以说是冷热瞬变，在街上四季服饰随处可见，长的、短的、厚的、薄的，颜色艳丽，绚丽多彩。

云南第八怪

蚂蚱能做下酒菜：云南许多地区的人都有吃虫的爱好，变害虫为佳肴，化昆虫为美味，所以蚂蚱、蝗虫等，都因为油煎之后，焦脆鲜香，而成为美味的下酒菜。

云南第九怪

姑娘被叫作老太：云南有些地区口音嬢、娘不分，喊姑娘其实就是指姑与嬢，而把姑姑与嬢嬢喊为老太，所以你问姑娘他说老太，喊老太也就是内地人所称的小姨。

云南第十怪

和尚可以谈恋爱：云南与老挝、缅甸这几个信奉佛教的国家接壤，而这些佛教国家的男子上寺庙当和尚就像内地上学读书或服兵役一样，到时还可以还俗结婚生子，受其影响，云南边民也穿和尚服谈恋爱。

云南第十一怪

老太太爬山比猴快：云南多高山深谷，当地的妇女们从小到老都勤劳无比，爬山越岭、种地砍柴都习以为常，因此练就了矫健的身手与脚劲，七八十岁的老人登山往往如履平地。

云南第十二怪

新鞋后面补一块：少数民族妇女在绣花鞋后面，用布巧做鞋曳，上面绣花精心点缀，既美观又有挡灰挡泥的实用价值。

云南第十三怪

汽车还比火车快：由于有许多的高山峡谷，所以云南境内的铁路坡度很大、弯道较多，使得火车的速度特慢，形成了火车没有汽车快的独特景观。

云南第十四怪

脚趾常年都在外：云南到处崇山峻岭，行路较不方便，爬山跑路多了会有较多的脚汗，于是就做成浅帮鞋，露出脚趾，能够感到更加凉爽。

云南第十五怪

娃娃全由男人带：云南的妇女们历来勤劳，所以外面的很多活都由她们来干，而男子们相对来说却比较清闲，大多待在家里带孩子。

云南第十六怪

花生蚕豆数着卖：旧时滇省民风多纯善，喜欢以物易物，耻言商品交易，故花生蚕豆等物品都数堆卖，人心就是秤一杆。

云南第十七怪

这边下雨那边晒：这句话是用来形容云南特殊的地理位置与十里不同天的多变气候的。相差十里便会有不同的天气景象，而同一座山的两面也是一面艳阳天，一面雨倾盆。

云南第十八怪：

四个竹鼠一麻袋：山区竹林很多，有繁茂的竹笋。食竹笋的鼠多肥硕，形状与家鼠有很大差异。用这样的山珍待客真是赛过鸡鹅。

20. 西班牙人竟然把 4 楼叫作 1 楼

阿拉伯数字几乎全世界人都会用，也都会数。尤其是从 1 ～ 100 这些数字，应该没有人会数错。但是，在西班牙，人们竟然会把 4 楼叫作 1 楼。这不得不让人奇怪。

其实，按照我们中国的习俗，底楼就是一楼，然后依次往上数。但是，在西班牙，人们却把一楼叫作底楼，而底楼上面的第一层叫作夹层或者阁楼，再往上一层叫作"首层"，一直到第四层的时候才是我们中国所说的"一楼"。这着实让人奇怪。

其实，这只是习惯上的不同而已，并不是西班牙人不会数数。但是，对于刚到西班牙的人而言，这着实会让我们棘手，不出丑就万幸了。

21. 荷兰的楼房竟然在水上"漂着"

荷兰，作为欧洲的一个小国家，国家面积仅仅 4 万多平方千米。由于荷兰的国土面积非常狭小，而且整个国家都低于海平面，所以就造成了荷兰整个国家都在人工造陆。荷兰有句格言："上帝造海，荷兰人造陆。"的确，荷兰的很多国土都是靠填海造陆而成的。而对于土地匮乏的荷兰人而言，把楼房造在水上也的确是一大创举。

在荷兰新建的位于阿姆斯特丹艾美尔湖的人工岛水上社区上，游人只要抬头一看，就会看见远远矗立在湖里的近百栋颜色不一、风格迥异的小楼房。让人称奇的是这些楼房可以随着水位的上升或下降而上升或者下降。但是这些房子是不会前后移动的。据当地人说，这些水上房子不用担心其安全性。如今的荷兰，能够住在水上的楼房俨然已经成为一种生活时尚了。

22. 世界各地最奇怪的十大节日

世界之大，无奇不有，尤其一些国家的人们所过的节日，更是让人摸不着头脑。下面就让我们来看一下世界各地最让人称奇的"十大节日"吧。

（1）巴厘岛安宁日

每年在巴厘岛农历新年举行该节日。节日期间，整个岛十分安静，人们必须待在家里，不能谈话，并关掉电灯、电视和收音机，街上还有巡逻人员巡视。这个节日主要是为了让人们反思自己的内心。

（2）秘鲁库斯科夏至庆典

每年 6 月 24 日，秘鲁人都会将印加人的太阳节再现。这项庆典自 1944 年开始。数百名演员穿上印加传统服饰聚集在一起，举行盛大的歌舞庆典。在庆典中，还会选出一名男子戴上金冠扮演君主，并祈求太阳神的保佑。

（3）希腊过火节

每年 5 月 21 日到 28 日，希腊北部举行过火节。此节源于中世纪，据说圣康斯坦丁大教堂曾经失火，人们听到了圣人和他母亲的塑像在哭泣，勇敢的信徒跳进大火中将这些塑像抢救出来。现在人们赤脚在火上走过或者跳舞，希望能与这些圣人做"亲密接触"。

（4）日本裸体节

每年2月的第3个星期三是日本的裸体节。1300年前，日本和尚为净化灵魂开创此举，之后逐渐成为一项仪式。地方不同，庆祝方式也不同。在冈田，仅穿围腰布的男子们需蹚过桂川河，围绕西大寺转一圈，然后争抢和尚扔到人群中的圣棍。而在其他地方，则是一个全裸男子混入人群供人们寻找，触摸到他的人来年将获好运。

（5）西班牙番茄节

每年8月最后一个星期三，约有3万人聚集在西班牙布诺尔镇，向人群抛扔番茄。至于节日的来历，有人说是为了纪念小镇守护神，也有人说是一种宗教反抗，还有猜测说它是来自番茄车翻倒后，车主的灵感。

（6）墨西哥萝卜之夜

每年12月23日，在墨西哥瓦哈卡都会举行一场萝卜雕刻大赛，人们在萝卜上雕刻出各式各样的形象庆祝耶稣的诞生。该节日始于1897年，当地农民为使自己的产品更吸引人，想出了在产品上雕刻的方法。之后，这种广告方式成为当地的传统节日。

（7）香港太平清醮（又名包山节）

农历四月初八，在香港地区的太平清醮岛上举行此节日。节日源自18世纪，初衷是为了抚慰死人的灵魂。节日期间，人们在北帝庙前搭建约60英尺高的包山塔，此塔通身挂满可食甜包，人们争先恐后地攀爬此塔抢食甜包，抢到越多，运气越好。1978年节日曾因包山塔倒塌而停止，2005年重新恢复了此节日。

（8）冰岛啤酒节

每年3月1日，冰岛举国上下痛饮啤酒。举办该节日的初衷是为了庆祝从1922年到1989年冰岛75年禁啤酒令的解除。

（9）美国阿拉斯加尼纳冰雪融化彩票节

这是阿拉斯加发行时间最长的彩票赌注，1917年，一群铁路工程师开创了此节日。人们在冰面上竖起一个木质架子，若冰面融化，架子就会倒下从而牵引岸上的钟表，定下准确的化冰时间，人们则纷纷下注打赌冰面会何时融化。

（10）泰国罗华富里省猴子大餐节

以前，罗华富里省猴子泛滥成灾。人们觉得制服这些猴子的最佳方式就是"拥抱"它们。于是从 1989 年开始，在每年 11 月份的最后一个周末，人们在三塔寺前摆满猴子们喜欢吃的香蕉、花生等食物，供猴子食用。

23. 世界各地风格迥异的迎宾礼节

现在整个地球都是一个村庄，我们生活在地球村里，时刻要准备招待远方的朋友，同时也准备去会见远方的朋友。那么，为了欢迎尊贵的客人，迎宾仪式自然必不可少，传统的寒暄、敬酒已经 out 了，一些奇特的迎宾礼绝对会让你大开眼界。

一、毛利：碰鼻

新西兰毛利人在客人到来时会选取部落里跑得最快的人，一边挥舞长矛，一边在宾客面前做出各种鬼脸。然后，妇女们边唱边跳迎宾的"哈卡舞"。最后，部落中德高望重的长者缓步走向客人，向他们致以毛利人最高的敬礼——碰鼻子，碰鼻子的时间越长，说明客人受到的礼遇越高。

二、突尼斯：献蛇

如果你怕蛇，要访问突尼斯诗斐米德人家就要三思而后行了。为了表示对客人的欢迎，诗斐米德人会将一黑一红两条蛇放在宾客的口袋里，黑蛇象征友好，红蛇象征欢乐。无论你多么恐惧，都要对主人表示谢意，否则主人会认为你没有诚意，甚至对你产生反感。

三、圭亚那：射箭

同样刺激的还有圭亚那东部依那族的射箭迎宾礼。当尊贵的客人到来时，主人会在距离客人几十步远的地方架起土箭，并冲其连射四箭。当土箭在距离你头顶一二十厘米处飞过时，你或许已经吓得魂飞魄散了。

四、菲律宾：转身

经历一番冒险后，让我们到菲律宾感受一下最冷淡的欢迎仪式吧。来到这里的一些部落和主人握手后，主人便头也不回地走掉了。你可能认为他们不热情，其实他们这样是在告诉客人："我的身上没带武器。"让客人放心，以此表示友好。

五、侗寨：拦路

主人们摆上路障，拦住客人的去路。寨老率领身着盛装的小伙子和姑娘站在路障后，他们一个挨着一个横排站着，客人要想穿过路障和人墙，就必须和姑娘们对歌，还要喝掉主人手中的家酿米酒，不唱歌、不喝酒，就休想进寨。

24. 英国竟然建世界最舒适的监狱

据《英国每日邮报》报道，英国建造了一所监狱，当囚犯进入这所监狱后，由于囚犯们的铁窗生活比外面的生活更加安逸，所以，很多囚犯们都乐不思蜀，不再想着越狱。

在这所监狱里，犯人们可以随时看卫星电视、打免费电话，在床上享受早餐，而且监狱的狱警们生怕得罪了这些囚犯，不得不小心地伺候着。英国一位官员说，犯人们都忙着享受去了，没有人再去想着犯罪了。这听起来倒是非常有趣。

25. 世界上最贵的监狱在哪里

我们知道，在现代文明里，有法制就会有监狱。有的监狱非常简陋，而有的监狱却建得非常豪华。尤其是美国加利福尼亚州的 SanQuentin 监狱，虽然这所监狱只能容纳 3317 名囚犯，但由于已经有 150 年的历史了，所以，其大概价值在八千万到一亿美元，俨然是世界上最贵的监狱。通常监狱的周围应该是很荒凉的，但是这个监狱很特殊，它是坐落在旧金山湾区最美的一块土地上，三面环水，一面环山。旁边就是游船码头。

放眼望去，监狱的建筑和周围几个墨绿色的海岛就像一个被照看了百年的美丽盆景，让人爱不释手。这里的气候宜人，听说是世界上除了地中海地区以外的第二块最适合人类居住的地方……

监狱也适合人类居住，简直让人不可思议。

26. 柬埔寨独特的婚姻习俗

柬埔寨作为一个典型的东南亚国家，有许多习俗非常特别，尤其是在婚姻上，更是有很多令人惊讶的地方。

首先是订婚。在柬埔寨，男女双方的订婚仪式一般是在破晓时分举行，而且就算是日后的婚礼也是在夜间举行。婚礼是不允许在白天举行的。

其次是结婚前对于女孩的约束。在当地的一些习俗中，女孩一旦到了结婚的年龄不是把自己打扮得花枝招展去吸引情郎，而是被父母关在自己的屋子里，直到到了规定日期才能出门。这在当地被称为"蔽日期"。在蔽日期，这个女孩是不允许见到任何男人的，即使是自己的父亲兄弟也不例外。女孩的吃喝拉撒只能在房间里完成。而且只能吃用花椰子做成的食物，不能吃鱼肉等。蔽日期结束后父母才会允许女儿结婚。

27. 埃及人的一些奇特禁忌

埃及的很多禁忌都非常奇特：

第一点：埃及人都喜欢在日落以后一家人共进晚餐，而在这个时候，家族里的任何成员是不允许有约会的，认为这是一种失礼的行为。

第二点：埃及人都非常好客，而且喜欢用自制的甜点来招待客人。在这个时候，你是绝对不能客套一点不吃的，认为这样会让主人感到非常失敬于人。

第三点：埃及人在正式用餐的时候，是不允许互相交谈的，因为这样被认为是对神的一种亵渎行为。同时，埃及人忌讳喝酒而选择喝红茶。忌讳吃猪肉和狗肉，也不允许谈关于猪和狗的话题。同时，埃及人是绝对不吃虾、蟹等食物的。

第四点：在埃及，男士是不允许主动和妇女攀谈的；同时，不要夸人身材苗条；不要称道埃及人家里的东西，否则会被认为你在向他索要；不要和埃及人谈论宗教纠纷，中东政局及男女关系。

第五点：在埃及，一到了下午三五点之后，人们大都忌讳针。商人绝不卖针，人们也不买针，即使有人愿出 10 倍的价钱买针，店主也会婉言谢绝，绝不出售。

第六点：在埃及，人们最喜欢的颜色是绿色、红色和橙色，忌讳蓝色和黄色。因为他们认为蓝色是恶魔，黄色是不幸的象征，遇到丧事的时候，人们会选择穿上黄衣服。

第七点：埃及人喜欢3、5、7、9这几个数字，而忌讳13，认为13这个数字是消极的代表。

第八点：在埃及吃饭的时候，一定要用右手抓食物，不能用左手，因为左手被认为不卫生。在接受他人的礼物或者送他人礼物的时候，要用双手或者右手去接，但一定不能单独用左手。